EBS육아대백과
소아한방 편

기획 | EBS육아학교Pin 육아 전문가들의 믿을 수 있는 정보와 최신 트렌드를 편리하게 제공하는 부모 교육 파트너입니다. 인터넷 라이브 방송을 통해 육아 정보를 얻고, EBS육아학교Pin 애플리케이션을 통해 국내 최고 육아 전문가와 언제 어디서든 직접 만날 수 있습니다.

초보맘이 선택한 베스트 궁금증 TOP 10 ———

7만 EBS육아학교Pin 앱 사용자들이 선택한 소아한방 분야의 질문을 빅데이터로 분석했습니다. 그 결과 '가장 궁금한 소아한방 질문 베스트 10'을 확인할 수 있었어요. 초보맘이라면 누구나 공감하는 가장 대표적인 질문들입니다. 관련 정보를 이 책에서 빠르게 찾아보세요!

BEST 1
체온이 몇 도일 때 응급실에 가야 하나요?

···▶173쪽

BEST 2
아이가 감기약을 복용하는 도중 열이 나요. 왜 그런가요?

···▶167쪽

BEST 3
아이가 경기를 해요. 어떻게 해야 하나요?

···▶184쪽

BEST 4
독감 예방 접종을 했는데도 독감에 걸렸어요. 왜 그런가요?

···▶208쪽

BEST 5
7개월 된 아기의 얼굴에 태열이 있어요. 아토피로 진행될까요?

···▶289쪽

BEST 6
아이가 환절기만 되면 비염 증상이 나타나는데, 알레르기 비염일까요?

···▶249쪽

BEST 7
아이가 머리를 부딪히고 나서 두통을 호소해요. 괜찮을까요?

···▶370쪽

BEST 8
스마트폰 때문에 성조숙증이 생길 수도 있다는 이야기를 들었어요. 정말인가요?

···▶148쪽

BEST 9
수두에 걸려 물집이 생겼는데 흉터가 남을까요?

···▶279쪽

BEST 10
만 3세 아이인데 구토를 너무 심하게 해요. 심지어 물만 마셔도 토하는데, 왜 그럴까요?

···▶224쪽

이 책을 보는 법 내 아이가 아플 때, 갑자기 걱정되는 모습을 보일 때 EBS육아대백과 소아한방 편을 펼치세요. 차례에서 아이에게 의심되는 증상을 찾아서 페이지로 이동하면 그 증상에 대한 간략한 정보와 함께 부모님들이 궁금해하는 질문과 그 답을 바로 찾아볼 수 있습니다. 예를 들면, 열이 나는 아이의 정상 체온과 체온 측정하는 법이 궁금하다면 2부 우리 아이의 면역력과 아토피의 1장 열에서 1~2번 항목에 있는 정상 체온과 체온 측정에서 아이에게 해당되는 문제들을 찾아보세요.

EBS육아대백과

소아한방 편

윤정선 최민형 지음

7만 EBS육아학교 엄마들이 선택한 질문과 답변
가장 궁금한 513개 질문만 콕! 초보맘의 고민을 해결해드립니다

아이를 키우는 데 있어
괜찮은 선배 부모가 되고자 합니다

세상 어떤 부모도 아이가 태어난 순간만큼은 평생 잊을 수 없을 겁니다. 뭐라 표현할 수 없는 뭉클한 감정이 심장을 거쳐 눈물샘을 자극합니다. 더불어 '건강하게만 자라 다오' 하는 소망을 마음에 새깁니다. 아이가 배 속에 있을 때 그랬던 것처럼 말입니다.

그러나 몸과 마음이 튼튼한 아이로 키운다는 게 생각처럼 쉽지 않습니다. 병치레 없이 자라는 아이는 없으며 누군가는 힘든 시기도 겪게 마련입니다. 게다가 정서 발달 쪽은 눈으로 확인하기도 어려워 종종 막연한 두려움에 휩싸이기도 합니다.

그럴 때마다 습관처럼 이런저런 인터넷 사이트를 들락거리는 게 현실입니다. 궁금한 것이 하나둘도 아니고, 클릭 몇 번에 쉽게 해결이 되지도 않습니다. 무엇보다 전문가를 찾아갈 '시점이 언제'인지 잘 풀리지 않습니다. 실제로 굳이 안 가도 되는 병원을 지레 겁먹어 가기도 하고, 반대로 너무 늦게 찾아가 일을 키우기도 합니다.

EBS육아대백과 시리즈는 선배 부모들이 겪었던 실수에 주목해서 기획되었습니다. 후배 부모의 입장에서 굳이 경험하지 않아도 될 실수를 되풀이할 이유는 없겠다는 사명감을 갖고 세상에 나왔습니다.

이를 위해 우선 현실 속에 살아 움직이는 질문을 최대한 많이 반영하고자 했습니다. EBS육아학교Pin 애플리케이션에 올라온 질문 2만여 개를 추려 부모들이 가장 궁금해하는 것을 모았습니다. 두 번째, 전문가 공동 저술의 원칙입니다. 어떤 전문가도 한 명은 오류가 있을 수 있다는 전제하에 많게는 14명까지 전문가 협업을 통해 제작했습니다.

　완벽한 부모가 없는 만큼, 부모 교육에 있어 완벽한 가이드도 없습니다. 그러나 도움이 필요한 시기는 누구에게나 찾아옵니다. 모쪼록 이 책이 아이를 키우는 데 있어 괜찮은 선배 부모가 되기를 바랍니다.

김민태(EBS육아학교Pin 총괄프로듀서)

프롤로그

아무리 훌륭한 의사도
부모를 대신할 수 없어요

한의원을 찾는 부모님들에게 물어보면 아이의 울음소리가 가장 무섭다고 합니다. 아이들이 울면 부모님들은 너무 당황해서 무엇을 먼저 어떻게 해야 할지 몰라 우왕좌왕하는 모습을 많이 보여줍니다. 그런 모습을 보면 초보 부모도 아이를 둘 이상 키운 베테랑 부모도 아이의 울음소리가 무서운 것은 크게 다르지 않은 것 같습니다.

필자 또한 한의사로서 육아에 대한 지식이 많다고 나름 자부했지만 아이의 울음 앞에서는 무용지물이 돼버렸습니다. 그렇지만 나름대로의 육아 원칙을 세우고 엄마로서 더 공부하며 육아에 힘쓴 결과, 세 아이 모두 무탈하게 잘 자라준 것에 감사할 따름입니다. 그동안 세 아이를 키우면서 쌓은 경험과 한의사로서 알고 있는 육아의 모든 것을 육아에 어려움을 겪고 있는 부모님들과 공유하고 싶은 마음이 컸습니다.

아이를 키우면서 부모님들은 수많은 물음표와 마주하게 됩니다. 어디가 어떻게 아픈지 제대로 표현을 못하는 아이를 보면 발만 동동 구르며 무엇을 해야 할지 난감하기만 합니다. 과거에는 민간요법으로 어찌어찌 위기를 넘겼다지만, 요즘은 민간요법보다는 인터넷에서 쏟아지는 의학 정보들에 의존하고 있습니다. 그러나 너무 무분별하게 쏟아지는 정보 덕분에 질환의 검진부터 응급 처치까지 오히려 병을 더 키운 뒤에 병원을 찾는 경우가 늘어나고 있는 것이 현실입니다. 제가 부모님들에게 꼭 하고 싶은 말은 의사처럼 모든 의학 지식을 알고 있으라는 것은 아닙니다. 부모님이 주관을 가지고 아이에 대한 질문만이라도 제대로 하라고 말하고 싶습니다. 아이의 증상을 꼼꼼하게 살펴 질문만 잘해도 치료의 반은 시작된다고 할 수 있기 때문입니다. 아이는 부모가 아는 만큼 보이고, 아이의 치료는 부모의 질문으로부터 시작된다는 것을 잊지 마세요.

이 책 『EBS육아대백과 소아한방 편』은 EBS육아학교Pin에서 그동안 많은 부모님들이 질문했던 내용을 선별한 뒤 그에 대한 답변을 담아 만들었습니다. 아이의 건강으로 걱정이 많은 부모님의 근심을 조금이나마 덜어주고 싶은 바람과 마음이 들어 있습니다. 아무리 훌륭한 의사도 부모를 대신할 수 없다고 합니다. 이것은 제가 현장에서 직접 겪은 가장 소중한 경험이기도 합니다. 이 책은 20년의 진료 경험을 완성시켜준 여러 환자분들과 건강하게 커준 고마운 세 아이 그리고 지금 이 순간도 제게 수많은 질문을 던지며 아이의 건강을 위해 애쓰는 부모님들 모두가 함께 썼다고 해도 과장이 아닙니다. 이 세상 모든 아이와 부모의 건강과 행복에 응원을 보냅니다.

윤정선(EBS육아학교 육아 멘토, 한방여성·소아과전문의)

아이 건강, 불필요한 치료를 줄이고
올바른 면역력의 방향을 잡아주세요

과거와는 달리 지금은 언제든 병원에 갈 수 있고 어디서든 의학 정보를 쉽게 접할 수 있지만, 막상 내 아이의 건강에 대해서 궁금한 점들을 속 시원하게 해결하는 데는 어려움이 많습니다. 오히려 수많은 의학 정보 때문에 많은 부모님이 혼란스러움을 경험하고 있습니다. 그래서 내 아이를 위한 최선의 선택이 무엇인지 결정하기가 더욱 어렵습니다.

아이가 아프면 많은 부모님이 걱정스러워 안절부절못하고 당황하게 되는 것이 사실입니다. 그래서 부모님은 아이가 아프다는 사실만으로도 조바심을 내며 어쩔 줄 몰라 합니다. 사실 아이의 건강에 대한 많은 걱정과 궁금증은, 그저 아이를 믿고 기다려주는 것만으로 충분히 해결되는 경우가 많습니다. 예를 들어 아이가 감기에 걸렸더라도 감기약과 항생제를 복용하지 않아도 저절로 낫습니다. 또 잘 먹지 않는 아이도 시간이 지나면서 소화력이 발달하면 차츰 잘 먹게 됩니다. 늦게 걷는 아이, 대소변 가리기가 늦은 아이들도 마찬가지입니다.

EBS육아학교Pin을 통해 부모님들의 질문에 하나하나 답을 달면서 가장 많이 했던 것이 바로 "괜찮습니다. 아이를 믿고 기다려주시면 좋아질 수 있습니다"였습니다. 실제 많은 부모님이 이렇게 아이가 괜찮다는 말 한마디에 안심할 수 있었고 걱정이 줄어들었다고 합니다. 아이의 건강에 대한 부모님의 이런 걱정에도 불구하고 별다른 문제없이 시간이

해결해주는 경우가 많습니다. 이때 부모님이 해줘야 할 역할은 불필요한 치료를 줄이고, 올바른 면역력의 방향을 잡아주는 것입니다.

물론 아이의 건강에 문제가 있고 치료가 필요한 경우도 있습니다. 치료가 필요할 때에는 제때에 적절한 치료를 해주는 것이 중요합니다. 아이에게 불필요한 치료는 줄이고 꼭 필요한 치료를 결정하는 것이 바로 의료인의 올바른 역할입니다.

『EBS육아대백과 소아한방 편』은 이러한 부모님의 조바심과 궁금증에서 시작합니다. 아이를 생각하는 부모님을 위해 조금이라도 걱정을 덜어드리고 싶은 마음으로 EBS육아학교Pin을 통해 많은 부모님들이 질문한 내용을 선별해서 뽑아냈고, 우리 아이의 건강을 위한 답을 성심껏 달아 만들었습니다. 그리고 그동안 제가 한방소아과전문의로서 많은 부모님과 아이의 질병을 상담하고 치료해온 노하우를 담아냈습니다. 이 책 『EBS육아대백과 소아한방 편』이 아이의 건강을 위해 항상 고민하고 노력하는 부모님들의 걱정을 조금이나마 줄여주고, 우리 아이 건강의 방향을 올바르게 잡아주는 나침반이 되기를 소망합니다.

최민형(EBS육아학교 육아 멘토, 한방소아과전문의)

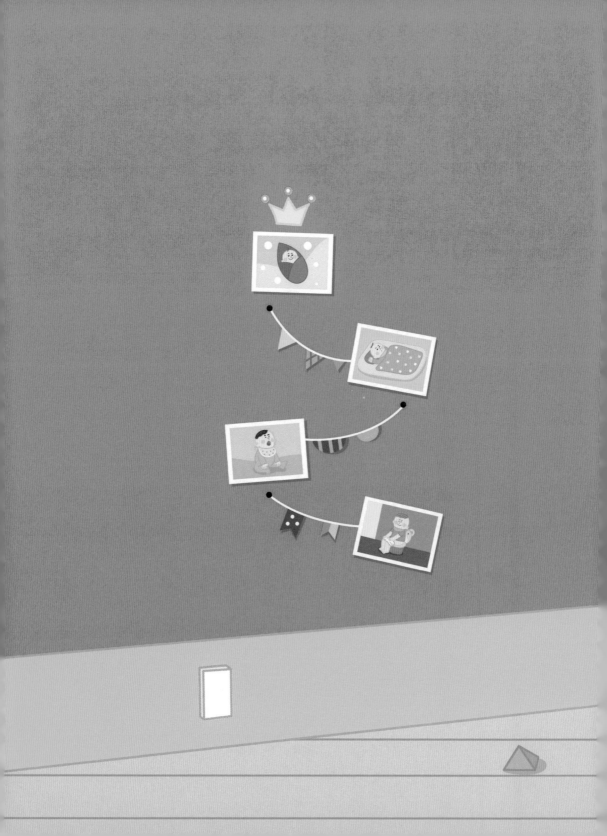

1부

우리 아이의
성장과 발달

EBS 육아학교 아이들이 잘 먹고, 잘 자고, 화장실만 잘 가도 부모는 행복합니다. 하지만 이런 기본적인 요소가 부모를 힘들게 만들기도 합니다. 부모는 이런 일상적인 생활에서 아이가 잘 먹지 못하고 잘 자지 못하게 되는 작은 변화에도 예민해지고 불안해집니다. 그래서 아이가 조금이라도 평소와 다른 모습을 보이면 습관적으로 인터넷을 검색하지만 못 미더운 정보나 광고성 글들이 많고, 선배 맘들이 겪어온 이야기를 통해 잠시 위안을 얻어보지만 걱정과 고민이 사라지는 것은 아닙니다. 그렇다고 병원에 가서 사소할 것만 같았던 아이의 변화를 하나하나 빠짐없이 얘기하기란 정말 어려운 일이 아닐 수 없습니다. 이번에는 꼭 물어보겠다고 다짐하며 병원에 가지만 막상 가면 물어야 할 말은 제대로 묻지 못한 채 돌아오는 일이 부지기수입니다. 그러다 보면 어느새 아이도 괜찮은 듯싶어 슬쩍 넘어가는 일도 있습니다.

아이의 사소한 증상이나 변화가 부모에겐 늘 큰일이 될 수 있습니다. 부모도 처음부터 부모로 태어나는 것이 아니기 때문입니다. 아이가 다칠세라 이러지도 저러지도 못하는 부모의 마음을 담아 1부 '우리 아이의 성장과 발달'에서는 아이의 성장과 발달에 가장 중요한 수면, 식생활, 배변 훈련, 소아비만, 성장 발달 속도 등의 기본 정보를 한데 모았습니다. 또 실제 진료 현장에서 많은 부모님이 질문했던 육아에 대한 궁금증을 각 주제별로 정리해 답변과 함께 생생한 사례를 들어 좀 더 알기 쉽게 했습니다. 하루가 다르게 성장하는 아이들과 함께 엄마들의 육아법도 조금씩 달라집니다. 각 시기별로 알아야 할 올바른 육아법을 제대로 숙지할 때, 내 아이에게 맞는 맞춤 육아가 시작된다는 것을 잊지 마세요.

신생아 건강:
우리 아이가 막 태어났어요!

이제 막 태어난 아이는 부모님에게 분명 큰 선물이고 축복입니다. 하지만 아이를 집으로 데려와 먹이고 재우려면 어떻게 해야 할지 막막하기만 합니다. 미리 육아 서적을 보고 공부했다 해도 아이에게 적용하려면 쉽지 않습니다. 게다가 실제 아이를 기르는 일과 육아서는 다른 경우도 많아서 더 헷갈리고 걱정됩니다.

육아는 항상 내 아이가 기준이에요

아이를 키우면서 항상 기억해야 할 점이 육아는 책이 아닌 내 아이를 기준으로 삼아야 한다는 것입니다. 육아서의 내용은 평균적인 모습이고, 아이들이 자라는 모습은 아이들마다 모두 다르게 나타납니다.

육아서에 나오는 모습과 다르다고 내 아이에게 문제가 있는 것은 아닙니다.

신생아기에는 아이가 이상해 보여서 더 걱정이 많아요

신생아기는 아이가 엄마 배 속에서 막 바깥세상으로 나왔기 때문에 모든 기능이 미숙합니다. 그래서 아이의 모습이 이상해 보이고 걱정될 때가 많습니다. 하지만 실제로는 별문제가 없는 경우가 많습니다. 이번 장에서는 신생아의 모습이 이상해 보일 때 어떻게 하면 되는지에 대해 부모님들의 걱정과 불안을 말끔히 해결해보겠습니다.

1. 신생아 생활 관리

신생아는 하루 중 대부분의 시간을 자요

신생아의 수면 시간은 하루에 16시간 정도입니다. 일반적으로 두세 시간 자고 30분 동안 깨는 패턴이 반복되는데, 깨어 있는 동안 수유를 하고 기저귀를 갈아주면 다시 잠듭니다. 하지만 실제 수면 패턴은 아이들에 따라 다르게 나타납니다. 30분에  서 한 시간마다 깨서 우는 아이도 있고, 깨우지 않으면 다섯 시간까지 자는 아이도 있습니다. 이런 수면 패턴은 아이가 자라면서 점차 규칙적이 됩니다.

네 시간 이상 자면 깨워서 수유해주세요

막 태어난 아이는 체온 조절을 위한 에너지 생산과 수분 손실 등으로
며칠 동안은 체중이 감소합니다. 아이의 체중이 원래대로 회복할 때까
지는 아이가 오래 자면 깨워서 수유를 해줘야 합니다. 일반적으로 일
주일 정도면 원래의 체중을 회복하고, 이때부터는 아이가 오래 자더라
도 깨워서 먹이지 않아도 괜찮습니다.

수유 시간은 두 시간 이하가 되지 않아야 해요

아이가 두 시간 이하의 짧은 간격으로 자주 먹게 되면, 한 번에 모유
를 충분히 먹지 못하고 영양이 많은 후유(수유 뒷부분에 나오는 모유)를
제대로 먹을 수 없습니다. 그래서 짧게 조금씩 먹이기보다는 3~4시간
간격으로 수유하는 것이 좋습니다.

Q1　분유 수유를 하고 있는 신생아인데 어느 정도 먹여야 하나요?
A 🧑 신생아는 보통 60~90cc씩 3~4시간에 한 번 수유를 하고, 생
후 1개월 정도에는 한 번에 먹는 수유 양이 120cc까지 늘어납니다.

Q2　신생아인데 모유는 어느 정도 먹여야 하나요?
A 🧑 모유 수유할 때 수유 시간을 측정하거나 유축해서 양을 확인
해볼 수 있습니다. 하지만 그보다 더 중요한 것은 아이와의 커뮤니케
이션입니다. 아이는 엄마에게 배가 고픈지 충분히 먹었는지 신호를 보

내주고, 엄마는 이 신호를 알아내는 아이와의 커뮤니케이션이 중요합니다. 아이의 신호를 잘 알아내고 규칙적인 수유 패턴을 갖도록 방향을 이끌어주는 것이 바로 엄마의 역할입니다.

Q3 아이가 자주 울어서 두 시간에 한 번씩 모유 수유를 하는데, 괜찮을까요?

A 아이에게 짧은 수유 간격으로 조금씩 먹이면 영양이 많은 후유를 충분히 먹을 수 없기 때문에 수유 간격을 좀 더 늘리는 것이 좋습니다. 아이가 울면 바로 젖을 물리기보다 아이에게 불편한 점이 없는지 살펴보고 먼저 달래주는 것이 좋습니다. 그리고 정말 배가 고파서 운다고 생각되더라도 바로 젖을 물리기보다 5분씩 수유 간격을 천천히 늘려주세요.

Q4 아이가 자꾸 졸아서 충분히 못 먹고 잠들어요. 괜찮을까요?

A 신생아 때는 하루의 대부분을 자기 때문에 수유 중에 조는 경우가 많습니다. 아이가 졸 땐 뺨과 귀를 만져주거나 손가락으로 발바닥을 꾹꾹 눌러주거나 옷을 갈아입히거나 기저귀를 갈아주고, 말을 걸거나 노래를 불러주세요. 아이가 충분히 먹어야 성장에 도움이 됩니다.

Q5 네 시간 이상 수유하지 않으면 아이에게 탈수가 생기나요?

A 신생아기에 네 시간 이상 수유하지 않으면 탈수가 생기기 때문에 깨워서라도 먹여야 하는 것으로 알고 있는 경우가 있습니다. 하

지만 아이에게 탈수가 생겨서 그러는 것은 아닙니다. 신생아 초기에는 아이의 체중이 조금 감소하므로 체중을 늘리기 위해 아이가 오래 자면 깨워서 먹이는 것이 좋습니다.

Q6　아이가 하루에 먹는 양이 1000cc를 넘어요. 괜찮을까요?

A 🤱 신생아의 하루 수유 양이 960cc를 넘으면 비만 위험이 있다고 알려져 있습니다. 하지만 실제로 하루 수유 양이 1000cc를 넘는 아이들도 많습니다. 아이들의 성장 패턴에 따라 생후 1~3개월 사이에 많이 자라는 아이들은 에너지가 많이 필요해 하루 수유 양이 1000cc를 넘을 수 있습니다. 이런 아이들은 대체로 자라면서 성장 속도가 주춤해지면 수유 양이 조금씩 줄어듭니다.

Q7　공갈젖꼭지는 언제부터 사용할 수 있나요?

A 🤱 아이가 보챌 때 빨리 진정시키고 아이의 빠는 욕구도 함께 충족시켜주는 공갈젖꼭지는 아이가 수유에 익숙해지고 수유 패턴이 만들어지는 생후 3~4주 이후에 사용합니다. 공갈젖꼭지를 처음 시도할 때는 먼저 아이의 입술 주위를 공갈젖꼭지로 살짝 건드려 아이가 입을 벌리면 입천장을 향해 살며시 넣어주세요. 이때 공갈젖꼭지가 뒤로 밀리지 않고 아이가 잘 물 수 있게 해주는 것이 중요합니다.

Q8　아이의 젖병은 살균해야 하나요?

A 🤱 아이가 사용하는 젖병과 공갈젖꼭지를 꼭 살균할 필요는 없습니다. 세제로 깨끗이 씻어주는 것만으로도 대부분의 병균은 제거됩니

다. 그리고 아이들은 외부 환경에서 받아들이는 세균들로부터 면역력을 키워가기 때문에 지나친 살균은 오히려 아이의 면역력 발달을 방해할 수 있습니다.

Q9 아이가 자면서 움찔움찔 놀라는데 괜찮을까요?

A 아이가 렘수면을 하는 동안 무의식적인 근육 활동으로 움찔움찔하는 모습이 마치 놀라는 것처럼 보일 수 있습니다. 아이의 수면은 어른과 달리 렘수면으로 시작하고, 렘수면의 비중이 더 크기 때문에 지금처럼 움찔움찔하는 모습을 더 많이 보일 수 있습니다. 하지만 아이가 자는 정상적인 모습이기 때문에 크게 걱정하지 않아도 됩니다.

Q10 신생아인데 속싸개를 사용하는 것이 좋을까요?

A 속싸개를 사용하면 아이는 엄마 배 속에 있는 것처럼 안정감을 느껴 잠을 더 푹 잘 수 있습니다. 하지만 속싸개를 사용할 때는 몇 가지 주의할 점이 있습니다. 먼저 아이가 등을 바닥에 댄 채 위쪽을 보고 자도록 해야 합니다. 그리고 아이가 너무 덥지 않게 신경 써주세요. 다리는 일직선으로 쭉 펴지 않고 엉덩이 부분은 살짝 느슨하게 해서 다리가 살짝 벌어지도록 하면 아이의 고관절 발달에 도움이 됩니다.

2. 신생아 피부

신생아의 피부가 무결점인 것만은 아니에요

신생아의 피부는 일반적으로 트러블이 없는 백옥 같은 상태로 알고 있는 경우가 많지만, 실제론 그렇지 않습니다. 아이의 피부는 연약하고 면역력이 미숙하기 때문에 외부 환경의 자극으로 트러블이 생기기 쉽습니다. 하지만 이런 트러블은 아이의 피부가 튼튼하게 성장하는 과정입니다. 그리고 아이의 피부는 회복력과 재생력이 좋아 대부분 흉터 없이 깨끗이 낫습니다.

신생아의 피부는 건조해요

엄마 배 속의 양수에서 10개월 동안 지내고 나온 아이의 피부는 외부 환경의 공기에 낯섭니다. 그래서 신생아의 피부는 건조해지기 쉽고, 거칠어지고 각질이 벗겨지는 경우도 있습니다. 하지만 걱정하지 않아도 됩니다. 이는 아이

의 연약한 피부가 외부 환경에 적응해가는 과정이고, 아이의 피부가 튼튼해지면 건조한 피부는 다시 매끈해집니다.

신생아기에는 보습에 신경 써야 해요

아이의 피부 장벽 기능은 아직 미숙해서 피부가 외부 환경에 적응하는

동안 쉽게 건조해지고 트러블이 생길 수 있습니다. 그러니 아이의 약한 피부가 튼튼해지기까지는 피부 보습을 신경 써주세요. 아토피 유전 가능성이 있는 아이라면 특히 신생아기에 보습을 잘해주는 것이 중요합니다.

Q11 아기의 피부에 태지가 남아 있는데 어떻게 해야 하나요?

A 태지는 엄마 배 속에 있는 아기의 피부에서 탈락한 상피세포와 피지 분비물이 쌓여 만들어진 흰색 크림 형태의 물질입니다. 태지는 엄마 배 속에서 아기의 피부를 보호하고, 출산 후에는 바깥세상으로부터 보호해주는 방어막과 천연 보습제 역할을 합니다. 태지는 억지로 제거하지 말고 자연스레 떨어지도록 놔두는 것이 좋습니다.

Q12 아기의 목욕은 며칠에 한 번씩 해야 하나요?

A 통목욕은 아기의 배꼽이 떨어진 뒤 시작할 수 있고, 며칠에 한 번씩 해주세요. 가만히 누워 있는 아기의 피부는 더러워지지 않기 때문에 매일 하지 않아도 괜찮습니다. 오히려 너무 잦은 목욕은 아기의 피부를 건조하게 만들 수 있습니다. 목욕 후에는 잘 닦고 바로 보습을 해주세요.

Q13 아기의 피부가 건조하고 거칠어 보이는데 아토피일까요?

A 아기의 피부는 연약하고 면역력이 미숙하기 때문에 피부가 건

조해지고 거칠어지는 경우가 많습니다. 이러한 피부 상태와 함께 가려워하는 증상이 오래 지속될 때 아토피를 의심할 수 있는데, 지금 아기에게 가려워하는 증상이 나타나지 않으면 아토피가 아닙니다. 지금은 너무 걱정하지 말고 아이의 피부가 튼튼하게 성장할 수 있도록 잘 관리해주세요.

Q14 아기에게 신생아 독성 홍반이 있다는데 괜찮을까요?

A 신생아 독성 홍반은 막 태어난 아기의 피부가 붉어지는 상태로, 신생아의 절반에서 흔하게 볼 수 있는 모습입니다. 보통 일주일 사이에 좋아지고, 간혹 6주까지 지속되는 경우도 있지만 별다른 치료 없이 자연스럽게 좋아집니다.

Q15 신생아에게도 여드름이 생기나요?

A 아기의 몸에 남아 있는 모체 호르몬의 영향으로 피지선이 자극을 받으면 여드름이 생길 수 있습니다. 하지만 아기의 피부에 문제가 있는 것은 아니에요. 신생아 여드름은 보통 생후 3주일쯤 나타나 생후 4개월 이전에 흉터를 남기지 않고 없어집니다. 그리고 이러한 여드름은 피지가 많이 분비되는 상태이기 때문에 자극이 적은 비누와 물로 여드름이 있는 부위를 깨끗이 씻어주세요.

Q16 아기에게 땀띠가 생겼어요. 어떻게 해야 하나요?

A 아기가 땀을 많이 흘리면, 땀샘이 막혀 염증이 생기면서 땀띠가 생길 수 있습니다. 하지만 땀띠를 낫게 하는 약이나 연고는 없습니

다. 아기의 땀띠는 아기가 덥지 않게 생활하고 땀을 흘리지 않으면 자연스럽게 좋아질 수 있습니다.

Q17 아기의 머리에 노란 딱지가 생겼어요. 괜찮을까요?

A 아마 지루성 피부염으로 생각됩니다. 지루성 피부염은 아기의 몸에 남아 있는 모체 호르몬의 영향으로 피지의 분비가 많아져서 생기는데, 대체로 별다른 치료 없이 좋아집니다. 노란 딱지는 머리를 감길 때 오일이나 바셀린으로 불린 다음 조심스럽게 제거해주고, 아기의 머리에 피지 분비가 많은 상태이니 매일 샴푸를 해주세요. 만약 이러한 상태가 오래 지속되거나 심해지면 병원에서 정확한 진찰을 받아보세요.

▌ 3. 신생아 우리 아기, 괜찮을까요?

우리 아기에게 걱정되는 모습이 나타날 때가 있어요

신생아는 몸의 모든 기능이 미숙하기 때문에, 부모님을 걱정하게 하는 여러 가지 모습이 나타날 수 있습니다. 대부분 아기가 자라면서 자연스럽게 나타나는 모습이지만, 부모님으로선 병원에 가서 검사를 해봐야 하는 게 아닌지 많이 걱정될 수 있습니다. 여기에서는 신생아에게 나타날 수 있는 여러 가지 걱정스러운 모습에 대해 살펴보겠습니다.

Q18 아기의 가슴이 나와 보여요. 성조숙증인가요?

A 엄마의 호르몬이 아기의 몸에 남아 있을 때 신생아의 가슴이 나와 보일 수 있습니다. 하지만 성조숙증은 아니니 걱정하지 않아도 됩니다. 이런 모습은 아이가 자라면서 자연스레 좋아집니다. 혹시 시간이 지나도 호전되지 않거나 더 심해지면 병원에서 정확한 진찰을 받아보세요.

Q19 아기의 젖꼭지에 하얀 멍울이 있어요. 괜찮을까요?

A 아기의 몸에 남아 있는 엄마의 호르몬이 아기의 유방 조직을 자극해서 분비되는 모습입니다. 아기가 자라면서 자연스럽게 좋아지기 때문에 걱정하지 않아도 됩니다. 하얀 멍울은 억지로 짜면 감염 증상이 생길 수 있기 때문에 그냥 두는 것이 좋습니다.

Q20 아기가 숨 쉴 때 코에서 그르렁 소리가 들려요. 괜찮을까요?

A 신생아의 코를 통하는 숨길은 매우 좁아서 조금만 붓거나 콧물이 차도 그르렁 소리가 날 수 있습니다. 그래도 아기가 힘들어하지 않고 잘 잔다면 걱정하지 않아도 됩니다. 혹시 아기가 코막힘으로 자다가 깨면 빨대나 흡입기로 콧물을 부드럽게 제거해주세요. 그르렁 소리가 코가 아닌 가슴에서 들리는 것 같다면 병원에서 정확한 진찰을 받아보세요.

Q21 아기가 갑자기 재채기를 많이 해요. 알레르기 비염일까요?

A 아기는 면역 체계가 약하고 외부 환경이 낯설어서, 새로운 환경에 대한 반응으로 재채기가 나타날 수 있습니다. 재채기는 낯선 물질을 몸 밖으로 내보내기 위한 아기 몸의 면역 작용입니다. 실내에서 햇빛이 비치는 실외로 나갔을 때도 재채기를 할 수 있습니다. 하지만 이러한 상태라고 해서 아기에게 알레르기가 있는 것은 아니기 때문에 걱정하지 않아도 됩니다.

Q22 아기의 머리가 비대칭인 것 같아요. 괜찮을까요?

A 아기의 머리는 부드러워서, 엄마 배 속에 있는 동안 또는 신생아 시기의 수면 자세 등으로 머리 한쪽이 눌려 보이거나 머리 모양이 비대칭으로 보일 때가 있습니다. 아기의 머리가 비대칭으로 보이면 아기가 누울 때와 수유할 때 방향을 자주 바꿔주고, 아기가 깨어 있는 동안에는 자주 엎드리게 해서 터미 타임tummy time을 갖게 해주면 도움이 됩니다. 그래도 비대칭 모양이 지속된다면 아기 머리 교정용 헬멧을 사용하여 머리 모양을 교정해줄 수 있습니다.

Q23 아기의 기저귀가 붉은데 괜찮을까요?

A 신생아 시기에 붉은 소변을 보는 것은 두 가지 이유 때문입니다. 먼저 여자아이의 경우 아기의 몸에 남아 있는 모체 호르몬의 영향으로 생식기가 자극을 받아 일시적인 혈뇨가 나타날 수 있습니다. 이는 아기들에게서 자주 볼 수 있는 모습이고, 아기 몸의 호르몬이 안정되면 자연히 없어집니다. 두 번째로 아기의 소변에 요산이 많아서 나

타나는 모습일 수 있습니다. 아기의 수유 패턴이 아직 규칙적이지 못하고, 수분 섭취가 부족할 때 소변에 요산이 많아져 아기의 기저귀가 붉어질 수 있습니다. 요산은 혈뇨에 비해 색깔이 좀 더 밝은 벽돌색이나 오렌지색으로 나타납니다. 이러한 두 가지 증상은 아기가 자라면서 자연스럽게 없어집니다.

Q24 아기에게 사시가 있는 것 같아요. 괜찮을까요?

A 아기는 눈동자의 운동을 조절하고 초점을 맞추는 기능이 미숙해서, 신생아 시기에 사시가 나타나는 경우가 종종 있습니다. 그러나 아기가 자라면서 시력이 발달하면 점차 좋아집니다. 생후 6개월까지 이러한 모습이 계속 남아 있다면 병원에서 정확한 진찰을 받아보세요.

2장

수면:

아이가 잠을 잘 못 자요

아이는 푹 자야 잘 자라요

아이들은 잠을 푹 자야 건강하게 자랍니다. 밤에 잠을 자면 성장 호르몬의 분비가 늘어나는데, 이 성장 호르몬은 아이의 키와 몸무게가 자라도록 도와줄 뿐만 아니라 낮에 활동하면서 쌓인 피로를 풀어주는 역할을 합니다.

돌 이전까지 15~18시간 정도 잠을 자요

신생아의 경우 돌 전의 아기들은 15~18시간 정도, 두 돌까지는 12~14시간 정도 자는 것이 평균입니다. 물론 아기마다 잠자는 시간은 조금씩 다릅니다. 하지만 평균적인 시간보다 너무 많이 잔다거나 지나치게 못 잔다면 문제가 있는 것은 아닌지 진료를 받아봐야 합니다.

밤에 잘 못 자는 아이는 성장 발달에 문제가 생길 수 있어요
아이들이 밤에 잠을 잘 자지 못하고 중간에 깨서 우는 것을 한의학에서는 '야제증'이라고 합니다. 야제증은 만 3세가 되기 전에 대부분 자연스레 좋아지지만, 야제증으로 깊은 잠을 자지 못하면 아이들의 성장 발달에 문제가 생길 수 있으니 반드시 치료해주는 것이 좋습니다.

▌ 1. 야제증(밤에 자다 깨서 우는 아이)

야제증은 비위가 차거나 심장의 열 때문에 생길 수 있어요
낮잠을 잘 때는 한 번도 안 깨고 잘 자는데, 밤엔 중간에 깨서 보채고 우는 아기 때문에 속상해하는 부모님들이 많습니다. 잠깐 울다가 그치면 괜찮은데, 아기가 오랜 시간 자지러지게 울면서 잠을 자지 않으면 부모님은 하나같이 아기에게 무슨 문제가 있는 것은 아닌지 걱정하게 마련입니다. 중간에 깨서 우느라 못 자는 아기나, 그런 아기를 달래느라 못 자는 부모 둘 다에게 야제증은 매우 괴로운 증상입니다.
  한방에서 야제증은 비위가 차거나 심장에 열이 있을 때 생기는 것으로 봅니다. 비위가 차서 자주 배가 아프거나 심장에 열이 있는 아이들의 경우 깊은 잠을 자지 못하고 자주 깨게 됩니다. 이뿐만 아니라 선천적으로 신경이 예민한 아이들, 무언가에 깜짝 놀라거나 무서운 일을 경험했던 아이들에게 야제증이 생기기도 합니다.

야제증은 아이의 성장 발달을 위해 적극적으로 치료해야 해요

아이의 증상과 수면 패턴, 몸 상태에 맞는 한방 치료로 야제증의 원인을 치료해주면 아기는 잠을 푹 잘 수 있습니다. '크면서 저절로 나아지겠지' 하고 방치했다가는 아이의 일상생활뿐만 아니라 성장 발달에도 좋지 않은 영향을 줄 수 있으므로 적극적인 치료가 필요합니다.

Q25　아기가 백일 이후부터 자는 중간에 깨기 시작하더니 두 달 넘게 새벽에 깨서 계속 웁니다. 야제증이라고 하던데, 왜 푹 자지 못하고 계속 우는 걸까요?

A 한방에서 볼 때 야제증은 비위가 차서 배가 자주 아픈 아이, 심장에 열이 있어 가슴이 답답한 아이, 태어날 때부터 신경이 예민하거나 스트레스를 받아 정서적으로 불안정한 아이에게 나타납니다. 야제증인 아이는 다음과 같은 증상을 보입니다. 첫째, 배가 자주 아픈 아이는 몸이나 손발이 다른 아이들보다 차고, 얼굴색은 창백하거나 누렇게 떠 있습니다. 배탈이 자주 나고 대변이 쉽게 묽어지고, 잘 체하기도 합니다. 둘째, 심장에 열이 있는 아이는 몸과 손발이 뜨겁거나 얼굴이 비교적 붉은 편입니다. 소변색이 붉어지거나 변비에 자주 걸리고 밤에 이불을 덮어주면 싫어하는 경우도 종종 있습니다. 셋째, 태어났을 때부터 신경이 예민하거나 무섭고 놀란 일을 겪었던 아이는 잠을 자다가

아주 작은 소리에도 잠을 깨곤 합니다. 처음부터 예민한 아이들도 있지만, 크게 아프고 난 뒤이거나 비염, 아토피 등 만성 질환을 달고 사는 아이도 후천적으로 신경이 예민해져서 잠을 깊이 자지 못합니다.

아이가 평소에 불편해하던 부분을 찾아 원인을 치료해주면 야제증도 좋아질 수 있습니다. 단, 엄마 혼자서는 아기가 잠을 잘 못 자는 원인을 찾는 것이 매우 어렵기 때문에 한의원을 찾아 진료를 받아보는 것이 좋습니다. 치료와 함께 엄마의 노력이 더해진다면 아이는 잠을 푹 잘 수 있을 겁니다.

Q26 만 15개월 아기인데 자다가 깨서 계속 울어요. 그리고 평소에 많이 먹지 않는데도 배탈이 자주 나요. 어떻게 해야 할까요?

A 평소 배탈이 잘 나는 것을 보면 비위 기능이 약한 듯싶습니다. 비위 기능이 약해 잠을 푹 자지 못하는 아이들은 제일 먼저 배를 따뜻하게 해주는 것이 중요합니다. 그리고 찬 음식이나 음료는 삼가는 것이 좋습니다. 여름철이라도 배는 꼭 이불을 덮어주고, 엄마가 따뜻한 손으로 자주 아기 배를 마사지해주면 밥도 잘 먹고 잠자는 데도 큰 도움이 됩니다.

Q27 우리 아기는 신경이 예민해서 잠을 잘 못 자는 것 같아요. 다른 곳은 크게 아픈 데 없이 건강합니다. 어떻게 해야 하나요?

A 신경이 예민해서 잠을 잘 못 자는 아기의 경우 정서적으로 안정시켜주는 것이 가장 중요합니다. 잠자리에 들 때뿐만 아니라 평소에도 놀라는 일이 없도록 신경 써주세요. 잠들 때까지 엄마가 옆에 있어

준다거나 엄마 냄새가 나는 이불이나 인형을 옆에 놓아두는 것도 좋은 방법입니다. 잠들기 전에 따뜻한 물로 목욕을 시켜주면 아기의 긴장감을 완화해 숙면을 취하는 데 도움이 될 수 있어요. 낮에는 낯선 환경 또는 낯선 사람에게 갑자기 노출되거나 TV, 라디오 등에서 놀랄 만한 영상이나 소리에도 조심해주세요. 또 햇빛을 충분히 쬐고 낮에 열심히 놀 수 있게 해주는 것도 아기가 잠을 잘 자도록 도와줄 수 있습니다.

Q28 우리 아이는 특히 여름만 되면 잠을 잘 못 자고 중간에 자꾸 깨서 울어요. 그리고 평소에도 열이 많은데, 어떻게 하면 좋을까요?

A 평소 열이 많은 아이들, 특히 심장에 열이 많은 아이는 밤에 잠을 잘 못 자고 깨서 우는 야제증이 생길 수 있습니다. 이런 경우에는 아이가 푹 잘 수 있는 환경을 만들어주는 것이 중요합니다. 아기가 더워서 깨지 않도록 방 안의 온도를 약간 서늘하게 만들어주세요. 그래도 자꾸 깬다면 심장의 열을 빼주는 치료를 받는 것도 한 방법입니다.

▍2. 야경증(자다가 소리 지르는 아이)

야경증은 아이의 뇌가 아직 성장하지 못해서 나타나요

자다가 갑자기 깨서 악몽이라도 꾼 것처럼 소리를 지르거나 팔다리를 휘젓거나 하는 증상을 야경증이라고 합니다. 심한 경우에는 몽유병자처럼 자다가 일어나 돌아다니기도 합니다. 야경증은 아이가 잠을 많이 못 자고 스트레스 받는 일이 있었을 때, 열이 나고 크게 아프고 난 후에 주로 나타납니다. 하지만 야경증은 증상에 비해 큰 문제는 없고, 아이의 뇌가 발달하는 과정에서 생기는 것입니다. 뇌 혹은 지능에 문제가 있어서 생기는 것은 아니기 때문에 크게 걱정하지 않아도 됩니다.

야경증은 흔한 증상이에요
초등학생 열 명 중 한두 명에게 야경증이 있을 정도로 흔한 증상입니다. 대부분 자라면서 저절로 낫기 때문에 안심하고 기다려주세요.

Q29 네 살과 한 살짜리 아이를 둔 엄마예요. 첫째가 동생이 태어난 뒤로 가끔 자다가 소리를 지르고, 경기하듯 울기도 하는데 병원에 가야 할까요?

A  아이가 낮에 활동할 때 큰 불편함 없이 잘 먹고 잘 논다면 큰 이상이 있는 것은 아니니 너무 걱정하지 마세요. 아이들이 큰 스트레스를 받았을 때 야경증이 생기기도 하는데, 동생이 태어난 뒤에 생겼다면 첫째가 엄마의 사랑이 부족해진 것처럼 느껴져 힘들었던 것 같습니다. 야경증은 자라면서 저절로 좋아지기 때문에 크게 걱정할 필요는 없습니다. 하지만 아이가 야경증 때문에 다치지 않도록 신경 써주는 것이 중요합니다. 잠자는 동안 자기도 모르는 행

동을 해서 다치지 않게 주변에 위험한 물건을 두지 마세요.

Q30 아이가 야경증 진단을 받았습니다. 특별한 치료약이 없다면서 지켜보자고 하시는데 밤마다 깨서 우는 걸 보니 마음이 많이 아픕니다. 야경증을 좋아지게 할 수 있는 방법은 없을까요?

A 아이의 수면 시간을 늘려주면 야경증을 치료하는 데 도움이 될 수 있습니다. 낮잠을 재우거나 밤 수면 시간을 늘렸을 때 수면 장애와 몽유병 증상을 완화시키는 데 도움이 되었다는 연구 결과가 있습니다. 수면 시간 못지않게 수면의 질도 중요한데, 잠을 깨지 않고 푹 자려면 규칙적인 시간에 자고 깨는 습관을 들이는 것이 좋습니다. 아이가 잠자는 방을 어둡고 조용하게 만들어주는 것도 숙면을 취하는 데 도움이 됩니다. 한방에서는 심장과 담의 기운이 허약한 아이가 잘 놀라고, 야경증 같은 증상을 보인다고 여깁니다. 아이가 많이 힘들어한다면 심장과 담의 기운을 도와주는 한방 치료를 통해 증상을 완화시킬 수 있으니 진료를 받아보는 것도 좋습니다.

3. 숙면을 도와주는 방법

안정되고 조용한 환경을 만들어주세요

어른도 주변이 시끄럽고 불빛이 밝거나 낮에 신경 쓰이는 일이 있었다면 밤에 쉽게 잠들지 못합니다. 그건 아이들도 마찬가지입니다. 아이들이 잠을 푹 잘 수 있게 하려면 안정되고 편안한 환경을 만들어주는 것이 중요합니다. 잠들기 두 시간 전부터는 TV나 인터넷 등 밝은 화면에 노출되지 않도록 신경 써주세요. 자기 전에는 TV와 전등을 끄고 안정된 환경을 만들어주고, 낮에는 아이가 낯선 환경이나 낯선 사람들에게 갑자기 노출되지 않도록 하는 것이 좋아요. 신경이 예민한 아이는 낮에 놀랐던 경험으로 밤에 잠을 이루지 못할 수 있습니다.

낮에는 신나게 바깥 활동을 하게 해주세요
아이가 낮에 열심히 놀고, 적당한 햇빛도 쬐어야 밤에 잠을 푹 잘 수 있습니다. 숙면을 취하도록 도와주는 호르몬 '멜라토닌'은 낮에 햇빛을 쬐면 분비가 원활해집니다. 낮에는 햇빛을 쬐게 하고, 밤에는 어둡게 해주면 수면 리듬이 일정해지고 숙면을 취할 수 있게 됩니다.

한방 차로 숙면을 도와주세요
한방에선 신경을 안정시키고 불면을 치료하는 약재로 '산조인'이라 불리는 멧대추씨를 사용합니다. 아이가 잠을 못 잘 때 산조인을 묽게 끓여 차처럼 마시게 하면 잠을 푹 자게 해주는 데 도움이 됩니다. 물 2L에 산조인 10~20g 정도를 넣고 연하게 끓여 먹이세요. '용안육'도 마음을 안정시키고 숙면을 취할 수 있도록 도와주는 약재입니다. 평소 신경이 예민하거나 잘 놀라는 아이의 심장을 튼튼하게 해주어 잘 놀라는 증상을 완화하는 데 도움이 됩니다. 용안육은 달아서 아이가 거부감 없이 잘 먹을 수 있습니다.

Q31 네 살 아이를 둔 엄마입니다. 아이가 늦게까지 잠을 안 자고 11시가 넘어서야 겨우 잠드는데 이대로 두어도 괜찮을까요?

A 아이가 늦게 자는 것은 아이의 성장 발달에 좋지 않은 영향을 줄 수 있으므로 반드시 교정해주어야 합니다. 아이가 늦게 잠드는 것은 엄마 아빠가 늦게 잠들거나 TV를 늦게까지 본다거나 하는 경우가 많습니다. 아이가 잘 자고 잘 크기 위해서는 일정 시간이 되었을 때 TV와 불을 끄고 엄마 아빠도 잠자리에 드는 것이 좋습니다. 늦게 자도 늦게 일어나면 수면 시간은 부족하지 않지만, 성장 호르몬이 분비되는 밤 10시에서 새벽 2시 사이에는 잠들어야 아이의 성장 발달에 도움이 됩니다. 또한 잠들기 직전에 음식을 먹는 것 역시 아이의 숙면을 방해합니다. 먹고 나서 바로 잠들면 숙면을 취하기 어려울뿐더러 아이의 비위 기능을 떨어뜨리는 원인이 됩니다. 그러므로 잠자리에 들기 3~4시간 전에는 식사를 마칠 수 있도록 해야 합니다. 만약 아이가 배고픔 때문에 잠들기 어려워할 때는 너무 많이 먹지 않도록 주의하세요.

Q32 아이가 잘 때 너무 뒤척이는데 괜찮을까요?

A 아이들은 어른보다 몸에 열이 많고 체온 조절 기능이 떨어집니다. 그러다 보니 잠을 자다 조금 더워지면 다른 곳으로 잠자리를 옮기거나 이불을 차버리는 경우가 많습니다. 뒤척거리는 것이 잠버릇일

수도 있지만 잠자리가 덥고 불편해서일 수도 있습니다. 만약 아이가 너무 자주 뒤척거리면서 굴러다니고, 차가운 벽 옆이나 방바닥에서 자려 한다면 아이가 옷을 덥게 입고 있는 것은 아닌지, 방 안의 온도가 높은 것은 아닌지 확인해보세요. 그런 경우 방을 조금 서늘하게 해주면 아이가 뒤척이지 않고 푹 잘 수 있습니다.

Q33 아이가 잘 때 코를 골아요. 문제가 있는 건가요?

A 아이가 코를 골면서 자게 되면, 뇌가 필요한 만큼의 산소를 충분히 받아들이지 못할 뿐만 아니라 숙면을 취하지 못하기 때문에 원인을 찾아 치료해주어야 합니다. 코를 골면 숙면에 방해되어 성장 호르몬이 충분히 분비되지 못합니다. 그래서 아이의 키 성장이 다른 아이들보다 더뎌지고, 낮 동안 쌓인 피곤이 풀리지 못해 항상 피곤해하거나 짜증이 많고, 공부에도 집중하지 못하는 경우가 생깁니다.

아이들이 코를 고는 주요 원인 중 하나는 아데노이드 비대 때문입니다. 아데노이드는 인두의 보호 기관인 인두편도로 이물질과 세균을 걸러내는 역할을 하는 중요한 기관입니다. 그런데 면역 기능이 떨어지고 감기에 자주 걸리면 아데노이드에 염증이 생기고 붓기도 합니다. 증상이 일시적이라면 큰 문제가 아니지만 만성적으로 아데노이드가 비대해 있을 경우에는 비염이나 코골이 등을 일으켜 성장에 방해가될 수 있어 적절한 치료가 필요합니다. 평소 아이가 코가 아닌 입으로 숨을 쉬고, 입을 반쯤 벌리고 있다면 아데노이드 비대를 의심해봐야합니다. 이때는 면역력을 향상시키고 신장의 기운을 도와주는 치료를 통해 아데노이드의 염증을 개선할 수 있습니다. 평소 감기에 걸리지 않도록 신경 쓰고, 외출했다 돌아오면 손발을 꼭 씻고 양치질을 하게 해주세요. 또 아데노이드가 부어 있을 때는 집에서 도라지차를 연하게 끓여 마시게 하거나 도라지 조청을 먹이면 염증을 가라앉히는 데 도움이 됩니다. 바람이 많이 불거나 기온이 내려가면 목도리, 손수건 등으로 아이의 목을 따뜻하게 감싸주는 것도 잊지 마세요.

식생활:

아이 먹는 것이 걱정이에요

이유식, 빨리 시작하면 오히려 해로울 수 있어요

이유식은 생후 4개월 이후 아이가 목을 가누기 시작할 때 합니다. 간혹 아이의 성장이 다른 아이들보다 빠르다고 이유식을 먼저 시작하는 엄마들도 있는데, 아직 소화기가 약한 아이에게는 오히려 독이 될 수 있습니다. 또한 면역 체계가 제대로 자리 잡지 않은 상태에서 이유식을 빨리 시작하게 되면 각종 알레르기에 노출되기 쉽습니다.

아이의 성장 단계별 이유식 레시피를 지켜주세요

생후 4~6개월 된 아이의 처음 이유식에는 다른 곡류를 섞지 않고 쌀을 곱게 갈아 미음으로 먹이는 것이 좋습니다. 이후 잇몸으로 우물거리는 정도가 되면 묽은 죽처럼 이유식을 만들어 먹이면 됩니다. 이때 엄마가 씹어 먹는 모습을 보여주면 아이는 따라 하게 됩니다. 아이가 9개월 이상 되면 채소나 고기 등을 잘게 다져서 밥알이 약간 느껴질 정도로 으깨주세요. 이때 국에 밥을 말아주면 씹지 않고 그냥 삼키게 되므로 주의해야 합니다. 이유식을 시작하는 아이가 처음 접하는 음식물이 낯설어 뱉어낼 때도 있는데, 당황하지 말고 천천히 반복적으로 시도하세요. 절대 이유식을 포기하면 안 됩니다. 하지만 아이에게 체기가 있거나 놀란 경우에도 이유식을 거부할 수 있으므로 잘 관찰해서 이유식을 먹이세요.

생후 6개월 이후에도 자주 토하면 주의 깊게 살펴보세요

어른과 달리 신생아들은 원래 자주 토합니다. 가로로 비스듬하게 누워 있는 성인의 위와 달리 아직 위가 세로로 세워져 있어 젖을 먹으면 음식물이 넘쳐흐르기 때문입니다. 이 증상도 생후 6개월 이후부터는 많이 나아집니다. 그러나 이후에도 아이가 특별한 질병 없이 자주 토하면 다른 아이들보다 비위 기능이 약하다고 볼 수 있기 때문에 비위 기능에 도움을 주는 곽향차, 진피차 등을 먹이는 것이 좋습니다. 그리고 아이가 평소 멀쩡하다가 갑자기 토하기 시작한다면 감기, 장염, 뇌수막염 등 급성 감염성 질환을 의심해볼 수 있으므로 잘 살펴봐야 합니다. 또 소화 기능이 좋지 않은 아이들은 멀미를 더 많이 하는데 체질적으로 약하게 타고난 것이기 때문에 이유식에 더 주의를 기울여야 합니다.

1. 모유 수유

모유 수유, 자연주의 육아의 시작이에요

엄마는 막 태어난 아기에게 무엇이든 해주고 싶어 합니다. 좋은 것만 주고 싶고, 좋은 음식만 먹이고 싶은 엄마의 마음으로 아기에게 해줄 수 있는 최고의 선물은 무엇일까요? 바로 '모유 수유'입니다. 모유는 내 아이에게 최고의 자연식이며 건강한 자연주의 육아의 시작이라고 할 수 있습니다.

초유는 꼭 먹이세요

아이를 낳으면 엄마의 유방이 천천히 불어오르고 48시간 전후로 모유가 나오기 시작하는데 분만 후 4~10일 동안은 초유가 분비됩니다. 이

초유도 처음 1~2일은 한 번 수유할 때 2~5cc 정도로 하루 종일 나오는 양이 다 합해서 20~40cc로 아주 적습니다. 하지만 신생아에겐 충분한 양으로 농도가 진하고 단백질과 무기질이 많으며 면역 성분이 많아 어떤 음식으로도 보충할 수 없으므로 반드시 먹이는 것이 좋습니다. 하루에 8~12차례, 한 번에 10~15분 정도 먹이면 금방 모유가 늘게 되니 걱정하지 말고 열심히 젖을 물려주세요.

1) 모유 수유의 장점

모유에는 엄마 몸의 각종 면역 물질이 들어 있어 바이러스에 의한 감

염 질환인 장염, 중이염, 뇌염 등에 걸릴 확률이 분유를 먹은 아이보다 현저히 줄어듭니다. 특히 초유에는 면역력을 키워주는 성분이 많아서 분유를 먹은 아이보다 아토피, 비염, 천식 등 알레르기 질환에 걸릴 위험이 낮습니다. 또 수유 과정에서 엄마와 아이의 유대가 강해져 아이가 정서적으로 안정되고 두뇌 발달에도 도움이 됩니다.

모유 수유는 외출할 때 젖병이나 보온병 등의 물품을 따로 준비해야 하는 번거로움이 없고, 아이에게 젖병을 물리기 위해 물을 데우거나 준비하는 과정이 없어서 편리합니다. 게다가 만만치 않은 분유 구입 비용도 절약할 수 있고, 가끔 문제 되는 분유 속 유해 성분을 걱정할 필요가 없는 건강하고 자연주의적인 수유 방법입니다.

Q34 모유 수유가 아기에게 좋다는 이야기는 많이 들었는데, 산모에겐 어떤지 궁금합니다. 모유 수유를 하면 출산 후 회복이 빨라질 수 있나요?

A 아이가 젖을 빠는 동안 옥시토신 호르몬의 분비를 자극해 자궁 수축이 효과적으로 이루어집니다. 이때 오로 배출이 촉진되어 출산 후 출혈을 멎게 해서 자궁 회복이 빨라지고 산후 회복에 도움을 줍니다. 한방에서는 산후에 어혈이 자궁에 남아 있으면 그로 인해 혈액 순환에 장애가 생기고 산후 회복이 더뎌지면서 산후풍의 원인이 된다고 보기 때문에 산후 어혈을 풀어주는 모유 수유야말로 가장 좋은 치료제라고 할 수 있습니다.

또한 모유 수유를 하면 임신 중 몸에 생긴 지방을 활용하여 젖을 만들기 때문에 산후에 몸무게가 빨리 줄어드는 효과가 있습니다. 게다가 칼슘 대사를 촉진시켜 골다공증 발생률이 줄어들고 난소암과 폐경 전 유방암 발생 빈도를 낮춰주는 것으로 알려져 있습니다.

2) 모유 수유 방법

모유 수유는 최대한 빨리 시작하는 것이 좋아요

모유 수유는 아이가 태어난 후 30분에서 한 시간 이내에 젖을 물리는 것이 좋습니다. 아이가 젖을 빨 수 없는 상황이라면 최대한 아이와 함께하는 시간을 갖는 것이 필요합니다. 그래야 아이가 엄마 젖에 익숙해져서 모유 수유에 성공할 수 있습니다.

모유만 먹여야 해요

출산 직후 분비되는 초유는 양이 매우 적어서 엄마들은 아기가 탈수라도 되지 않을까 불안한 마음에 모유 양이 늘 때까지 기다리지 못하고 분유를 먹이는 경우가 많습니다. 이렇게 되면 모유 수유에 실패할 가능성이 높아집니다. 생후 3~4주 이전에 분유병 젖꼭지나 공갈젖꼭지를 사용하면 아기가 쉽게 빨리는 젖꼭지에 익숙해져서 엄마 젖을 물지 않으려 하는 '유두 혼동' 현상이 생길 수 있습니다. 그러니 적어도 생후 1개월이 지난 뒤에 젖병을 사용하는 것이 좋습니다.

모유는 아기에게 필요한 만큼 충분히 나와요

출산 후 4~6주 동안은 아기에게 모유만 먹여야 엄마의 모유 양이 늘어납니다. 그래서 24시간 동안 8~12차례 아이가 배고파할 때마다 먹이는 것이 좋습니다. 자주 물려야 모유 양도 늘게 됩니다.

Q35 아기가 젖을 빨다가 힘들거나 졸리면 안 먹으려고 해서 젖을 끝까지 물리지 못한 적이 많습니다. 그래도 괜찮을까요?

A 분만 후 2주가 되면 모유는 양도 늘고 완전한 성숙유가 됩니다. 성숙유의 단백질은 아이의 성장과 뇌 발달을 돕고, 지방은 아이에게 필요한 열량을 공급합니다. 성숙유는 유당, 비타민, 무기질, 수분이 많아 갈증을 해결해주는 전유와, 지방과 열량이 높은 후유로 나뉩니다. 전유로 70~80% 배를 채운 후에 나오는 것이 바로 후유입니다. 그래서 전유는 물젖, 후유는 참젖이라고도 합니다. 그런데 대부분의 엄마가 아이에게 전유를 먹인 후, 그다음에 나오는 후유를 먹기 전에 다른 쪽 젖을 물려 아이는 계속 전유만 먹게 됩니다. 영양이 많은 후유를 먹지 못하게 되는 것이지요. 모유 수유를 할 때는 꼭 한쪽 젖을 충분히 빨려 후유까지 먹을 수 있도록 하는 것이 중요합니다.

Q36 제 몸이 약해서 모유 양이 충분하지 않을까 봐 걱정됩니다. 분유를 함께 먹여야 할까요?

A 모유는 분유처럼 정확한 양을 확인할 수가 없어서 젖이 적은 게 아닐까 걱정하는 엄마들이 많습니다. 가장 쉽게 알아볼 수 있는 방법은 아이의 소변 양을 확인하는 것입니다. 생후 1~2일까지는 하루에

두세 개의 소변 기저귀와 한두 개의 대변 기저귀를 가는 것이 정상이고, 3~4일째부터는 네댓 개의 소변 기저귀와 두 개의 대변 기저귀가 나오는 게 평균입니다.

만약 아기가 5~7일 동안 하루에 적어도 6회 이상의 소변과 3~4회의 대변을 보지 않는다면 의사와 상의해보아야 합니다. 또 아기의 몸무게가 느는 추이를 반드시 살펴봐야 합니다. 생후 2~4일에는 아이의 몸무게가 약간 줄기도 하지만 생후 4~5일쯤 되면 몸무게가 하루에 15~30g 이상 늘게 됩니다. 그래서 모유를 잘 먹는 아이들은 생후 1주가 되면 태어날 때보다 100g 이상의 몸무게가 늘기도 합니다. 몸무게가 출산 직후보다 7% 이상 감소한 경우에는 모유가 부족하거나 잘 먹지 못하는 것은 아닌지 확인이 필요합니다. 이렇게 아이가 먹는 모유 양이 충분한지 체크해보고 모유가 제대로 나오지 않아서 아기가 계속 배고파하거나, 모유 수유 후에도 피검사상 저혈당이거나 탈수가 있을 때, 체중이 7% 이상 감소했을 때, 생후 2주까지 출생 시 몸무게를 회복하지 못할 때는 분유로 보충해주세요.

Q37 혼합 수유를 하는데요. 차라리 분유만 먹이는 것이 좋을까요?
A 모유만 먹일 수 없는 사정이 있을 때에는 분유만 먹이기보다는 혼합 수유가 훨씬 좋습니다. 반대로 모유 양이 적거나 질이 안 좋은데도 모유 수유에 너무 집착해서 아이가 영양 부족으로 고생하게 해서도 안 됩니다.

Q38 모유가 잘 나오지 않아요. 모유 양을 늘리는 방법이 있을까요?

A 예로부터 젖이 부족한 산모에게는 돼지 족을 끓여 먹였습니다. 이때 황기, 목통, 왕불유행 등의 약재와 함께 달이거나 한의사에게 처방을 받은 약재와 돼지 족을 함께 달여서 먹으면 도움이 됩니다. 그 밖에 적두(붉은팥)를 달여 먹거나 상추씨와 찹쌀을 함께 달여서 수시로 마시는 것도 도움이 됩니다. 수유를 시작하기 전에 파를 끓인 물을 수건에 적셔 따뜻하게 유방 마사지를 해주는 것도 좋습니다.

Q39 모유에 좋은 음식이 있을까요?

A 모유의 질을 높이려면 최대한 영양이 풍부하면서 균형 잡힌 식단으로 엄마와 아기의 건강을 지키는 것이 중요합니다. 모유 1000cc를 만들어내려면 800kcal의 열량이 필요한데, 임신 중에 저장해둔 지방에서 300kcal를 가져다 쓰고 나머지 500kcal는 엄마가 평소보다 음식을 더 많이 먹어서 보충해야 합니다. 미네랄, 비타민, 칼슘이 풍부한 녹황색 채소와 뿌리채소, 해조류 등이 좋습니다. 단백질 섭취도 빼놓아서는 안 됩니다. 등 푸른 생선보다는 흰 살 생선을, 기름에 튀긴 육류보다는 삶거나 찐 살코기로 최대한 향신료가 적고 담백하게 식사하는 것이 좋습니다. 한방에서는 모유 수유 할 때 산모에게 자극적이고 매운 음식과 밀가루 음식, 인공 조미료가 많이 들어간 음식, 인스턴트 음식 등은 아기의 태열을 조장한다고 여겨 삼가고 있습니다.

Q40 엄마가 스트레스를 받으면 모유가 줄어든다는데 사실인가요?

A 엄마의 정신적 불안은 모유 분비에 큰 영향을 미칩니다. 엄마

가 과도한 스트레스를 받았을 때 모유 분비를 촉진시키는 호르몬이 줄어들기 때문인데요. 아이를 위해 충분한 수면과 휴식으로 스트레스를 피하는 것이 좋습니다. 사실 출산 후 엄마는 육아와 살림, 경우에 따라서는 직장 일까지 쉴 틈이 없는 경우가 있습니다. 또 산후 스트레스로 우울증에 걸리는 엄마들도 있습니다. 하지만 엄마가 건강해야 아이를 건강하게 키울 수 있다는 사실을 명심하고, 혼자 참고 이겨내기보다는 가족이나 남편에게 도움을 청하세요.

Q41 제왕 절개로 출산을 했습니다. 아기에게 모유 수유를 하고 싶은데 어떻게 해야 할까요?

A 제왕 절개로 아이를 낳은 산모들의 경우, 수유 시작 시기를 놓치기 쉽습니다. 산후 2~3일 동안 몸을 자유롭게 움직이지 못하기 때문입니다. 이 시기를 놓치면 모유 수유에 실패할 가능성이 높습니다. 제왕 절개를 했더라도 수술 때 사용한 마취제나 항생제는 모유 성분에 문제를 일으키지 않으니 안심하고, 서둘러 모유 수유를 시작하는 것이 좋습니다. 모유를 먹일 생각이라면 아이에게 젖병을 물리지 않도록 미리 병원에 당부하는 것도 잊지 마세요.

Q42 직장맘입니다. 모유 수유를 꼭 하고 싶은데 엄두가 안 나네요.

A 직장맘들의 가장 큰 고충은 직장 내 모유 수유 공간과 시간의 부족입니다. 생후 3개월에 완전 모유 수유율을 조사한 결과, 취업 여성이 43.1%, 비취업 여성이 61.6%로 나타났습니다(한국보건사회연구원 실태 조사, 2009년). 아무래도 직장 일과 가사를 병행하면서 모유 수

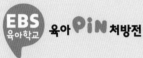

- 직장에 다닐 경우 낮에는 직접 수유할 수 없으므로 산후 휴직이 끝나고 직장에 나가기 2주 전부터 젖병에 모유를 담아 먹이는 연습을 해주세요.
- 모유를 안전하고 위생적으로 보관하려면 젖을 짜자마자 보냉병에 넣은 뒤 날짜와 시간을 써서 냉장고에 보관하고 오래된 것부터 먹이세요.
- 아침 출근 직전과 퇴근 직후에 모유를 수유하고, 집에 있을 때는 가능한 한 젖을 직접 물려 젖의 양이 줄지 않도록 해주세요.
- 직장 동료들에게 도움을 청하세요.

유까지 한다는 것은 현실적으로 어려움이 많습니다. 그래도 모유 수유를 한다면 미리 계획하고 준비하는 것이 좋습니다.

Q43 직장을 다니기 때문에 모유를 유축해 냉동 보관을 한 뒤 먹이려고 합니다. 어떻게 해야 되는지 알려주세요.

A 직장에 다니는 엄마들에게 모유 수유는 힘든 일입니다. 그래도 내 아이를 위한 엄마의 마음으로 다음과 같이 모유를 유축하는 방법을 통해 모유 수유에 성공하세요.

- 젖을 짜기 전에 손을 비누로 깨끗이 씻어주세요.
- 냉장고에 보관한 모유는 24시간 안에 먹이세요(24시간 안에 먹이지 못할 경우에는 냉동해주세요).
- 냉동한 모유는 3개월을 넘기지 말아야 합니다.

- 냉동한 모유를 녹일 때는 따뜻한 물에 담가 살살 흔들어 녹이거나 전날 밤 냉장실에 옮겨놓으세요. 전자레인지는 사용하지 않는 게 좋습니다. 모유의 면역 성분이 파괴될 수도 있습니다.
- 해동한 모유는 반드시 냉장 보관해야 하고 24시간 이내에 먹입니다. 한번 녹인 모유는 다시 얼리면 안 됩니다.
- 먹다 남긴 모유는 아까워도 버려야 합니다.
- 모유를 보관할 때는 깨끗이 씻어서 말린 보관 용기를 사용해주세요 (모유 전용 보관 용기를 사용하면 더 좋습니다).

Q44 모유는 언제까지 먹이는 게 좋을까요?

A 모유는 적어도 돌까지는 먹여야 하고, 엄마와 아기가 원하면 두 돌이 지날 때까지 먹여도 됩니다. 세계보건기구에서는 두 돌까지 먹이는 것을 권장하고 있습니다. 하지만 모유를 오래 먹이려면 8개월부터 절제를 가르치는 것이 필요합니다.

Q45 사정상 모유를 더 이상 먹일 수 없게 되었습니다. 단유 방법을 알려주세요.

A 젖을 떼는 과정은 엄마와 아이에게 커다란 스트레스입니다. 하루아침에 갑자기 젖을 끊으면 아이의 상실감은 이루 말할 수 없습니다. 아기에게 모유 수유는 영양분을 섭취하는 것 이외에도 엄마와의 신체 접촉을 통해 정서적 안정감을 느끼는 과정이기 때문입니다. 단유할 때는 아이가 불안감을 갖지 않도록 애정 표현을 많이 해주는 것이 좋습니다. 갑자기 단유하면 엄마도 젖이 붙고 울혈이 생길 가능성이

크므로 젖몸살 없이 젖을 말리면서 천천히 끊으세요. 젖을 끊는 과정에서 유방이 팽팽하게 불면 유축기를 사용해 젖을 짜주고 짜낸 후에는 자극을 주면 안 됩니다. 그리고 절대로 아기에게 젖을 물리면 안 됩니다.

예로부터 엿기름이 젖을 말리는 데 도움이 된다고 알려져 있습니다. 엿기름을 내려서 식혜처럼 마시지 말고 물을 조금 섞어 진하게 수시로 먹는 것도 도움이 됩니다.

Q46 아기가 설사를 하는데 모유 수유를 계속해도 될까요?

A 아주 심한 장염은 전해질 용액을 먹이기도 하지만, 급성기가 지나면 모유 수유를 해도 됩니다.

Q47 유선염에 걸렸어요. 모유 수유를 중단해야 할까요?

A 유선염이나 젖몸살은 모유 수유를 하는 엄마의 3분의 1 이상이 한 번쯤 생길 정도로 흔합니다. 유선염에 걸리면 유방에 열감이 있고 울혈, 고열 등의 증상과 젖에서 고름이 나오고 온몸이 쑤시고 아픈 증상이 나타나기도 합니다. 이를 젖몸살이라고도 하는데 심하면 병원에서 항생제나 해열제를 처방받기도 합니다. 하지만 유선염을 치료하는 최고의 방법은 수유를 계속하는 것입니다. 대부분 수유해도 상관없는 항생제를 처방해주기 때문에 걱정하지 않아도 됩니다. 모유에 함유된 소량의 균이나 농은 아기에게 거의 해가 되지 않고 수유를 해야 유즙과 농액의 배출이 원활해져서 유선염 치료에도 도움이 됩니다.

Q48 모유 수유 중인데 한약을 먹어도 될까요?

A  모유 수유 중이어도 한약 처방이 가능합니다. 『동의보감』 등에 오래전부터 전해 내려오는 산후 치료 처방들은 이미 모유 수유를 한다는 전제하에 구성된 것으로 생각하면 됩니다. 5000년 전에 엄마들은 모유 수유가 원칙이었을 테니까요. 다만 반드시 한의사의 처방이 있어야 한다는 걸 잊지 마세요.

▍ 2. 이유식

생후 4~6개월 이후부터는 이유식을 해야 해요

아기가 어릴 때는 모유나 분유만으로도 영양 공급이 가능하지만, 생후 4~6개월 후부터는 성장 속도가 빨라 모유나 분유 이외에 다양한 영양소가 필요합니다. 이때 아기에게 충분한 탄수화물과 지방, 철분, 무기질, 비타민 등을 공급해주지 못하면 성장 발달이 더뎌질 뿐만 아니라 빈혈 등 영양 부족으로 인한 온갖 질환이 생길 수 있습니다.

이유식으로 씹는 연습을 해야 해요

이유식은 모유나 분유만으로는 부족한 영양소를 섭취하는 보충식의 의미도 있지만, 그 못지않게 중요한 것이 바로 음식물을 씹는 연습을 할 수 있다는 것입니다. 아이가 젖을 빠는 것은 본능적인 행동입니다. 하지만 음식을 씹는 것은 연습이 필요하기 때문에 돌이 지나 밥과 반찬을 제대로 먹기 위해서는 이유식을 통한 준비 과정이 반드시 필요합니다.

이유식은 아기의 성장 속도에 맞춰야 해요

시중에 나와 있는 책들을 보면 이유식 방법과 무엇을 먹여야 하는지에 대해 알려주고 있습니다. 책에 나오는 보편적인 이야기를 따르고 지켜야 하는 원칙을 아는 것도 필요하지만, 가장 중요한 것은 아기의 성장 속도에 맞추는 것입니다. 아직 준비가 안 된 아기에게 이유식을 먹이려고 전쟁을 치르기보다는 식사가 즐거운 시간이 될 수 있도록 느긋한 마음으로 아기에 맞추는 것이 매우 중요합니다.

1) 이유식의 시작 시기

아이가 목을 가누면 이유식을 시작하세요

아기가 다른 아기보다 성장이 빨라 보일지라도 아직 목을 가누지 못한다면 이유식 시작 시기를 조금 미루는 것이 좋습니다. 일반적으로 아기가 목을 가누는 때가 생후 4개월 정도이므로, 생후 4~6개월 사이에 이유식을 시작하면 됩니다.

이유식을 일찍 시작하면 오히려 독이 될 수 있어요

많은 엄마들이 이유식을 일찍 시작하면 아이의 성장에 도움이 되는 줄 알고, 백일도 채 되지 않은 아기에게 이유식을 먹이기도 합니다. 하지만 이유식을 빨리 시작한다고 아기가 더 잘 성장하는 것도, 지능이 좋아지는 것도 아닙니다. 소화기가 약한 아이에게 이유식을 시작하면,

소화기 발달에 무리를 줄 뿐만 아니라 면역 체계가 제대로 자리 잡지 않아 각종 알레르기에 노출되기 쉽습니다. 이유식은 반드시 제때에 시작하는 것이 아이의 건강과 성장을 위해 좋습니다.

Q49　처음 이유식을 줄 때, 어느 정도 먹여야 하나요?

A 아기에게 이유식을 처음 줄 때는 영양분을 공급한다는 의미보다는 숟가락으로 음식물을 먹을 수 있는 정도로만 목표를 잡는 것이 좋습니다. 처음 며칠 동안은 작은 숟가락 끝에 음식을 살짝 얹어서 아기가 맛만 볼 수 있도록 시도해보세요. 처음부터 잘 받아먹는 아기도 있지만, 시간이 오래 걸리는 아기도 있습니다. 처음 이유식을 시작할 때는 아무것도 첨가되지 않은 쌀미음이 좋습니다. 만약 아기가 쌀미음을 계속 거부한다면, 사과를 갈아서 미음과 살짝 섞어 줘보거나 숟가락으로 사과즙만 조금씩 먹여보는 것도 이유식에 대한 거부감을 없애는 데 도움이 됩니다.

Q50　이유식을 젖병에 담아 먹여도 괜찮은가요?

A 이유식을 시작할 때는 반드시 숟가락으로 먹는 연습을 시켜야 합니다. 아기의 이유식은 모유나 분유 이외에 새로운 음식을 처음 접하는 과정이기도 하지만, 젖병을 떼고 숟가락으로 음식을 먹는 것에도 큰 의미가 있습니다. 이유식을 시작할 때 아기가 숟가락으로 음식을 받아먹는 것을 거부하면, 엄마는 조금이라도 더 먹이고 싶은 마음

으로 젖병에 이유식을 담아 먹이는 경우도 종종 있습니다. 이렇게 되면 아기는 젖병에 음식을 담아 먹는 것에만 익숙해져서 나중에 숟가락을 사용하거나 음식을 씹어 먹는 일이 더 힘들어질 수 있습니다. 큰 숟가락은 아기가 거부감을 가질 수 있으니 처음에는 작은 티스푼을 이용해 먹여보세요. 오목하게 파인 것보다는 편평한 것이 좋고, 차가운 금속보다는 플라스틱이 거부감이 덜할 수 있습니다. 처음부터 너무 욕심내지 말고 티스푼 끝에 쌀미음을 살짝 얹어 먹여주세요. 아기가 티스푼 위의 음식을 입안에 조금 넣기만 해도 이유식의 시작은 성공입니다.

Q51 6개월 아기를 둔 엄마입니다. 아기가 모유를 잘 먹어서 아직 이유식을 시작하지 않고 있는데, 언제까지 미뤄도 괜찮은 걸까요?

A 생후 6개월이 지나기 전에 시작하는 게 좋습니다. 이유식을 너무 늦게 시작하면 음식을 씹는 연습이 힘들어져 나중에 씹는 것을 거부할 수 있습니다. 그럴 경우 돌이 지나도 젖병으로만 이유식을 먹는 상황이 생길 수 있습니다. 또 이유식을 일찍 시작했을 때 음식물에 대한 알레르기가 쉽게 생기는 것과 마찬가지로 늦게 시작한 경우에도 알레르기가 증가한다고 알려져 있습니다. 특별한 이유가 없다면 생후 4~6개월 사이에 이유식을 시작하는 것이 좋습니다.

2) 이유식의 단계

이유식 초기(만 4~6개월)

이 시기에는 이유식을 통해 영양분을 보충한다는 생각보다 아기가 이유식과 친해지고, 숟가락으로 음식을 받아먹고, 오물오물 음식을 씹어 먹는 경험을 처음 하게 된다는 데 의미를 두어야 합니다. 또 이유식은 알레르기를 가장 적게 일으키는 쌀미음으로 시작하는 것이 좋습니다. 미음을 끓일 때는 곱게 간 쌀과 물을 1:10의 비율로 해서 거의 물에 가까울 정도의 액체 상태로 끓여 먹이는 것이 좋습니다. 그리고 쌀미음을 잘 먹게 되면 다른 음식을 하나씩 첨가해가며 먹여야 합니다.

이유식 중기(만 6~8개월)

이제는 아기가 숟가락으로 음식을 받아먹는 데 어느 정도 익숙해졌을 때입니다. 이가 없어 제대로 씹지는 못하지만, 잇몸으로 우물거릴 수는 있습니다. 이때는 묽은 죽 정도의 되기로 이유식을 만들어주는 것이 좋습니다. 아직 제대로 씹는 방법은 모르지만 엄마가 먼저 음식을 씹는 모습을 보여주면 아기도 따라 하면서 씹는 방법을 익힐 수 있습니다. 아기가 묽은 죽 정도의 이유식을 잘 받아먹으면 잼이나 마요네즈 정도의 점도로 음식물의 되기를 조절해보세요. 이때부터는 음식을 갈아서 주기보다는 으깨서 주는 것이 좋습니다. 그래야 아기가 음식물의 질감을 느낄 수 있습니다.

이유식 후기(만 9~10개월)

이유식 후기에는 채소나 고기 등의 음식물을 으깨지 말고 잘게 다져서 이유식을 만들어주세요. 죽을 끓일 때도 밥알이 약간 느껴질 정도로 으깨서 주면 됩니다. 아기가 잇몸으로 으깰 수 있는 바나나 정도의 굳기라고 생각하면 됩니다. 아기가 이유식을 잘 먹더라도 어른처럼 국에 밥을 말아주는 것은 바람직하지 않습니다. 아직 아기는 밥알을 씹고 소화시킬 정도로 발달하지 못했기 때문에 국에 밥을 말아서 주면 씹지 않고 그냥 삼킵니다. 이런 일이 반복되면 아기가 이유식 먹는 것을 점점 힘들어할 수 있으므로 주의해야 합니다.

Q52　이유식 단계별로 어떤 음식을 먹이면 좋을지 알려주세요. 부드럽게 만들어 먹이기만 하면 어떤 음식이든 상관없나요?

A　처음 이유식을 시작할 때는 쌀미음이 좋습니다. 아기가 쌀미음을 잘 받아먹으면 새로운 음식을 한 가지씩 첨가합니다. 이때는 적어도 일주일 정도 간격을 두는 것이 좋은데, 이렇게 해야 어떤 음식물이 아기의 장에 과민 반응을 일으키는지, 알레르기를 일으키는지 확인할 수 있습니다. 이유식 단계별로 활용할 수 있는 음식은 다음과 같습니다.

이유식 초기	쌀, 찹쌀, 감자, 고구마, 당근, 사과, 배, 달걀노른자(완숙 상태) 등
이유식 중기 & 후기	소고기, 닭고기, 대구, 명태, 가자미 등의 흰 살 생선, 두부, 버섯, 잣, 호두 등

Q53　이유식은 하루에 몇 번 먹여야 되나요? 분유 수유를 하고 있는데, 어떻게 이유식과 병행해야 할지 잘 모르겠어요.

A　이유식 단계별로 이유식 횟수와 수유 횟수가 조금씩 달라집니다. 이유식 초기는 아기가 이유식에 적응하는 과정이니 하루에 한 번,

돌 이전에 먹이면 안 되는 음식

- **가공된 육류나 등 푸른 생선** 알레르기를 유발할 수 있으므로 너무 일찍 먹이면 두드러기가 생길 수 있어요.
- **꿀** 보툴리즘이라는 균이 있어 돌 이전의 아기에게 먹이면 안 돼요.
- **생우유나 치즈 등의 유제품** 알레르기를 일으킬 수 있고 배탈이 날 수도 있습니다. 요거트는 생후 8개월 이후면 먹일 수 있는데, 이때는 설탕이나 다른 첨가물이 없는 플레인 요거트가 좋습니다.
- **초콜릿, 코코아** 카페인이 들어 있어 아기에게 좋지 않아요.
- **딱딱하거나 덩어리 있는 음식** 이가 있지만 아직 씹는 능력이 완벽하지 않은 시기여서 덩어리가 있거나 딱딱한 음식을 먹으면 소화시키기 어려울뿐더러 기도로 음식이 들어갈 위험이 있어요.

오전 10시쯤 먹여주세요. 한 번 먹일 때 티스푼으로 5~10차례 먹으면 충분합니다. 이때는 이유식만으로 아기가 배부를 만큼 한 번에 음식을 섭취할 수 없기 때문에 분유나 모유 수유를 통해 나머지 영양분을 보충해줘야 합니다. 이후의 식사는 하던 대로 분유나 모유 수유를 해주면 됩니다. 이유식 중기에는 이유식 횟수를 늘려 하루에 두 번, 오전 10시와 오후 6시쯤 주면 됩니다. 아기가 배고파할 때 주면 이유식을 더 잘 받아먹게 됩니다. 양은 한 번에 아이 밥공기로 2분의 1 정도면 충분합니다. 모유나 분유는 800ml 정도를 하루에 4~5회 나누어 수유해주세요. 이유식 후기에는 아침, 점심, 저녁으로 하루 세 번 이유식을 먹이고 간식은 아침과 점심 사이, 점심과 저녁 사이에 두 번 정도 먹이면 적당합니다. 한 번에 먹는 양은 아이 밥공기로 3분의 2에서 5분의 4가 좋지만, 아기에 따라 먹는 양이 모두 다르기 때문에 표준치보다 너무 많이 먹거나 적게 먹는 것이 아니라면 아기가 먹고 싶어 하는 양에 맞춰 먹여주세요.

그리고 아기에게 식사 중간에 간식을 주는 것이 좋은데, 과일 한 조각 또는 고구마나 감자 한 조각 정도의 양이면 충분합니다. 간식을 너무 많이 주면 오히려 다음 끼니를 제대로 먹지 않으려 하기 때문에 제대로 된 식습관을 만드는 데 방해될 수 있습니다. 모유나 분유 수유는 600~700ml 정도를 하루 서너 번에 걸쳐 먹을 수 있게 해주세요.

Q54 생후 10개월 된 아기에게 꿀을 먹여도 괜찮은가요?

A 꿀은 절대 안 됩니다. 꿀 속에는 보툴리즘botulism이라는 균이 있는데 돌 이전의 아기에게는 위험할 수 있습니다. 이 균은 끓여도 죽지 않으므로 반드시 돌이 지난 다음에 먹이세요.

Q55 시중에서 판매하는 유리병에 든 이유식을 줘도 괜찮은가요?

A 시중에는 아기의 건강에 좋고, 영양소가 풍부하다며 엄마들을 현혹시키는 이유식이 많습니다. 특히 병뚜껑만 열면 언제든 먹일 수 있고 보관이나 휴대도 간편해서 한 번쯤 관심을 가지게 됩니다. 하지만 아무리 간편해도 시판하는 이유식을 아기에게 먹이는 것은 권하고 싶지 않습니다. 이유식을 시작하는 초기에는 쌀미음부터 시작해 음식물을 하나씩 첨가해가며 어떤 음식이 아이에게 맞지 않는지 확인하는 과정이 꼭 필요합니다. 그런데 대부분의 시판되는 이유식은 다양한

음식이 섞여 있어 알레르기를 유발하는 음식을 확인하기 어렵습니다. 또 이유식 초기가 지나면서 덩어리가 약간씩 씹히는 고형식을 씹는 연습을 해야 하는데 시판되는 이유식은 덩어리가 없고 묽은 경우가 많아 아기들이 씹는 연습을 하는 데도 적합하지 않습니다. 또 식품 첨가물이나 보존제 등이 들어 있는 경우도 많습니다. 아이는 이유식으로 처음 접하는 음식을 통해 평생 입맛이 결정됩니다. 그러니 시판되는 이유식보다는 엄마의 사랑이 들어간 이유식을 만들어 먹이세요.

Q56 아기에게 과일을 줄 때는 어떻게 해야 하나요?

A 과일에는 온갖 비타민이 들어 있어, 어른뿐만 아니라 아기에게도 중요한 식품입니다. 그렇다고 해서 너무 일찍부터 먹일 필요는 없습니다. 이유식과 마찬가지로 생후 4~6개월부터 시작하면 충분합니다. 과일을 줄 때는 씨나 껍질을 다 벗기고, 처음에는 갈거나 으깨서 주다가 나중에는 잘게 잘라서 주세요. 이유식 초반에는 과일이 부드러워질 만큼 익혀서 주는 것도 좋습니다.

그러나 시중에서 파는 과일 주스는 주의해야 합니다. 무가당이라고 적혀 있지만 설탕 이외에 다른 첨가물이 들어 있고, 대부분의 과즙 음료는 많은 양의 설탕이 들어 있습니다. 시판용 과일 주스를 줄 때는 꼭 성분표를 확인해야 합니다. 또 집에서 직접 짠 과일 주스라 할지라도 많이 주는 것은 좋지 않습니다. 분유나 이유식 대신 과일 주스를 먹이면 필요 이상의 당분을 섭취하게 되고, 당분 때문에 배는 부르지만 필요한 영양소를 충분히 섭취하지 못해서 아기의 성장 발달에 지장을 줄 수 있습니다.

Q57 이유식은 얼마나 따뜻하게 데워서 줘야 하나요?

A 아기가 가장 먹기 편안한 온도는 모유와 비슷한 온도입니다. 체온 정도의 온도로 데워주는 것이 가장 좋습니다. 이유식을 데울 때는 중탕이 좋습니다. 전자레인지로 데우면 전자파가 음식의 영양분을 파괴하고 변형시켜 아기에게 좋지 않을 뿐만 아니라 고루 데워지지 않고, 특정 부분만 너무 뜨거워질 수 있어 위험합니다. 전자레인지를 이용할 때는, 데운 후 이유식을 잘 저어서 온도를 균일하게 맞춰 너무 뜨겁지는 않은지 확인한 뒤에 줘야 합니다. 전자레인지에서 나온 그대로 바로 먹이면 안 됩니다.

3) 이유식을 잘 먹지 않는 아기

처음 접하는 이유식은 아기에게 매우 낯설어요

엄마 젖이나 분유만 먹던 아기에게 이유식은 매우 생소하고, 유쾌하지 않은 경험일 수 있습니다. 배는 고픈데 원래 먹던 밥은 주지 않고, 차가운 숟가락으로 한 번도 맛보지 못했던 음식을 주니 아기로선 당황스럽고 짜증이 날 수도 있습니다. 엄마가 정성 들여 만든 이유식을 맛있게 먹어주면 좋으련만, 뱉어버리고 고개를 돌려버리는 아기가 야속하겠지만 아기 입장에서 보면 당연한 일이라 생각하고, 인내심을 가지고 기다리세요. 숟가락을 입에 넣어주면 뱉어내더라도 그 과정을 반복하다 보면 점점 숟가락과 새로 접하는 음식에 익숙해져서 이유식을 잘 받아먹게 되는 날이 올 겁니다.

갑자기 이유식을 안 먹는다면 불편한 곳이 있는지 확인하세요

어른들처럼 아기들도 아프고 난 뒤에는 입맛이 떨어질 수 있습니다. 특히 아기들은 소화 기능이 아직 약해서 조금만 불편한 것이 있어도 먹지 않으려고 할 수 있습니다. 그럴 때는 억지로 먹이려 하지 말고 잠시 쉬었다가 다시 먹여보세요. 또 아기가 크게 놀란 일이 있었거나 체기가 있는 경우에도 이유식을 거부할 수 있습니다.

Q58 3일 전부터 이유식을 시작했어요. 숟가락에 음식을 조금 담아 먹여보려고 하는데, 아기가 계속 뱉어내며 먹으려 하질 않네요. 이유식을 시작할 때가 아니어서 그런 걸까요?

A 처음 이유식을 접하는 아기는 당황하기 마련입니다. 모유나 분유가 아닌 다른 음식물을 접하는 일도 처음이고, 젖병이 아닌 숟가락이 입에 들어오는 일도 처음이기 때문입니다. 아기가 이유식을 먹을 때 당황하고 불편해하지만 조금이라도 먹어보려 한다면 계속 시도해보세요. 하지만 아기가 계속 거부한다면 며칠 쉬었다가 다시 시작하는 것이 좋습니다. 싫어하는 아기에게 무리하게 강요하거나 억지로 숟가락을 입안에 밀어 넣으면 아기가 음식을 먹는 것은 괴로운 일로 인식할 수 있으니 조심해야 합니다.

Q59 아기가 후기 이유식에 접어들었습니다. 그런대로 잘 먹기는 한데, 몇 숟가락 먹고 나면 한자리에 있지 않고 여기저기 기어 다니기 바쁘네요. 따라다니면서 먹이고 있지만 이렇게 해도 되는지 모르겠어요.

A 이유식은 아기가 새로운 음식을 접하는 과정이기도 하지만, 태어나서 처음으로 식사 습관을 익혀나가는 과정이기도 합니다. 이때 엄마가 따라다니면서 음식을 입에 넣어준다면, 아기는 한참 커서까지도 제자리에 앉아서 식사를 하지 않으려 할지 모릅니다. 아무리 아기라도 식사는 꼭 한자리에 앉아서 할 수 있게 해주세요. 이때는 안전벨트가 있는 아기용 의자를 이용하는 것이 좋습니다. 또 아기에게 혼자 숟가락을 쥐여주고 식사를 하게 하면 흘리거나 던져버리는 경우가 태반이라 옆에서 숟가락을 들고 먹여주는 엄마들이 많습니다. 이렇게 하면 아기는 혼자서 숟가락으로 식사하는 것을 배울 수 없습니다. 아기가 8개월쯤 되면 혼자 숟가락을 사용해 식사할 수 있게 해주세요. 처음에는 혼자 이유식을 떠서 입안으로 가져가는 것이 불가능하기 때문에 아기가 들고 있는 숟가락에 음식을 얹어주는 것이 좋습니다. 물론 처음에는 숟가락 잡는 것도 서툴고, 입에 가져가지도 못하고, 또 입안에 넣어도 먹는 양보다 흘리는 양이 많을 수밖에 없습니다. 하지만 엄마가 인내심을 가지고 기다려준다면 돌 지날 무렵에는 어느 정도 혼자서 숟가락을 사용할 수 있게 될 겁니다.

Q60 아기가 소고기를 먹고 배탈이 난 것 같아요. 방귀도 자주 끼고 설사도 했는데, 혹시 소고기 알레르기가 아닌지 궁금합니다.

A 이유식을 처음 시작할 때는 어떤 음식을 먹고 배탈이 나거나

보채거나 설사를 하는 등 다양한 증상이 나타날 수 있습니다. 이런 증상이 나타나면 그 음식에 대한 알레르기라고 생각하여 그 음식을 다시 먹이려고 하지 않습니다.

이런 증상들이 나타나는 과민 반응은 실제로 특정 음식에 대한 알레르기 반응과는 조금 다릅니다. 음식 알레르기로 나타나는 증상은 여느 알레르기 증상과 마찬가지로 눈 주위가 붉어지고 가렵거나 목구멍과 입안이 붓기도 하고, 콧물이 나오기도 하고, 몸에 발진이 생기거나 두드러기가 돋는 등 다양합니다. 심한 경우에는 재채기를 하고 숨이 차서 쌕쌕거리기도 합니다. 만약 이런 알레르기 반응이 아니라 가볍게 배탈이 나는 정도의 과민 반응이라면 2~3개월 그 음식을 중단했다가 다시 먹여보는 것이 좋습니다. 아기의 장이 민감해서 생긴 증상일 가능성이 크기 때문에 아기가 어느 정도 자란 후 다시 먹이면, 그때는 잘 소화시키는 경우가 있습니다. 그렇게 먹였을 때도 또 배탈이 났다면 다시 몇 개월 뒤에 조금씩 먹여보세요. 아기의 장은 돌이 지나면서 어느 정도 튼튼해지기 때문에 돌 이전에 문제가 생겼던 음식들도 시간이 지나면 자연스레 먹을 수 있게 됩니다.

3. 식욕부진

식욕부진은 반드시 고쳐야 해요

아이가 밥을 잘 먹지 않으면 엄마의 마음은 애가 타기 마련입니다. 어떻게든 한 숟가락이라도 더 먹이려고 애쓰는 엄마들이 많습니다. 아이가 한창 자랄 시기에 식욕부진으로 성장에 필요한 영양소를 충분히 섭취하지 못하면 성장 발달이 늦어질 수밖에 없으므로 아이가 잘 먹지 않는다면 반드시 고쳐줘야 합니다.

잘못된 식습관이 가장 큰 원인이에요

아이들의 식욕부진은 이유식을 할 때 너무 부드러운 음식만 먹여 많이 씹어야 하는 음식에 적응하지 못한다거나, 아이가 잘 안 먹는다고 따라다니면서 밥을 먹였거나, 뭐든 먹이려고 좋아하는 음식만 먹여서 편식하는 등 이유식 시기에 습관을 잘못 들여 생기는 경우가 가장 많습니다. 안타깝고 속상한 이야기지만, 엄마가 아이를 잘 키우고 싶은 마음에 너무 신경 쓰면 오히려 아이가 바른 식습관을 들이지 못하고 이로 인해 식욕을 잃을 수도 있습니다.

억지로 음식을 강요하면 안 돼요

잘못된 식습관으로 밥을 잘 먹지 않는 아이들도 있지만, 선천적으로 소화 기능이 약해서 소화시키는 데 시간이 오래 걸리는 아이들도 있습니다. 이런 아이들에게 음식을 많이 먹이면 자주 체하고 탈이 나서 오히려 밥 먹는 것을 더 싫어하게 되고 엄마는 더 힘들어질 수 있습니다. 소화 기능이 약한 아이들에게는 소화를 돕는 치료가 우선되어야 합니다. 소화를 잘 시켜야 먹는 것도 잘 먹을 수 있다는 점을 잊지 마세요.

1) 밥 먹는 시기

돌 지난 뒤부터 시작하는 것이 좋아요

다른 아이보다 밥을 일찍 먹기 시작했다고 해서 아이의 성장이 빠르거나 똑똑해지는 건 아닙니다. 아이가 처음 밥을 먹는 시기는 대부분 돌 지난 다음에 시작하는 것이 좋습니다. 돌이 되기 전부터 밥을 먹기 시작한 아기들은 처음엔 잘 먹는 것처럼 보이지만, 결국에는 밥에 적응을 잘 못하거나 이유식에 실패하는 원인이 될 수도 있습니다.

아이들마다 밥 먹는 시기가 달라요

만 10개월경부터 밥을 달라는 아이들이 있는가 하면 만 18개월이 지나도 밥보다 우유를 더 좋아하는 아이가 있습니다. 아이의 몸무게가 제대로 늘고 있고 건강에 큰 이상이 없다면, 옆집 아이나 육아 서적에 나오는 평균치에 맞추려 하기보다 내 아이의 성장 속도에 맞춰주세요. 육아는 내 아이가 기준임을 잊지 마세요.

Q61 아이가 만 16개월입니다. 5개월 전부터 밥을 먹이고 있는데 얼마나 먹여야 좋을지 잘 모르겠어요.

A 아이마다 먹는 양이 모두 다르기 때문에 얼마만큼 먹어야 정상이라고 말하긴 어렵습니다. 보통 만 1~2세의 아이들은 작은 사이즈의 밥공기에 반 공기씩, 하루 세끼를 먹는 것이 표준치에 가깝다고 할 수 있습니다. 물론 절대적인 양은 아니지만 이보다 너무 많이 먹거나

너무 적게 먹는다면 아이의 식사 습관이나 식사량을 정확히 체크해보고, 문제가 있다면 해결해줘야 합니다. 아이의 몸무게가 개월 수에 맞게 정상적으로 늘고 있다면 충분한 양을 먹고 있다고 생각해도 됩니다.

Q62 이유식은 잘 먹었는데, 밥으로 바꾸려 하니 갑자기 잘 먹지 않습니다. 어떻게 해야 하나요?

A 별다른 이유 없이 아이가 갑자기 먹는 것을 싫어할 수도 있습니다. 특히 이유식에서 유아식으로 넘어갈 때 아이의 식욕이 떨어지는 경우가 종종 있는데요. 아이가 어떤 음식을 싫어한다면 조리법을 바꾸어 먹이는 것도 도움이 됩니다. 그리고 체중이 정상적으로 늘고 있다면 며칠 덜 먹는다고 해서 큰일 나는 것은 아니므로 억지로 먹이지 말고 좀 더 지켜보세요.

2) 식욕부진과 식습관

엄마의 잘 먹이려는 행동이 식습관을 망쳐요

아이가 밥을 잘 먹지 않으려 한다거나 먹는 양이 신통치 않을 때 많은 엄마들이 숟가락을 들고 아이를 따라다니며 한 입이라도 더 먹이려고 애를 씁니다. 그러다 보면 아이는 한자리에 앉아서 식사하는 바른 식습관을 가지기 어렵고, 억지로 음식을 먹이려 해서 오히려 밥 먹는 것을 더 싫어할 수도 있습니다. 또 아이가 밥을 잘 먹지 않는다고 좋아하는 음식만 주면 편식하는 습관이 생기는데, 이는 식욕부진의 원인이 되기도 합니다.

몸에 좋은 음식이 아이에게 꼭 좋은 것만은 아니에요

엄마라면 몸에 좋은 음식을 아이에게 먹이고 싶은 마음이 큽니다. 하지만 아무리 좋은 음식도 아이가 싫어하는 것을 억지로 먹이면 밥 먹는 것을 싫어할 수 있습니다. 이 또한 식욕부진의 원인이 됩니다.

Q63 아이가 밥을 잘 먹게 하려면 어떻게 해야 하나요? 또 어떤 것이 좋은 식사 습관인지 궁금합니다.

A 아이가 밥을 잘 먹게 하려면, 밥을 처음 먹기 시작할 때부터 좋은 식사 습관을 갖도록 해주는 것이 중요합니다. 먼저 밥 먹는 시간은 즐거운 시간이라는 것을 아이가 느낄 수 있도록 해주세요. 여기서 가장 중요한 것은 엄마 아빠부터 즐거운 식사 시간을 만드는 것입니다.

아이에게 올바른 식습관을 들이기 위해서는 다음의 두 가지를 명심하면 됩니다. 첫째, 아이 스스로 숟가락을 써서 밥을 먹게 해야 합니다. 아이가 만 8개월이 지나면 혼자 숟가락을 쥐고 먹는 연습을 할 수 있도록 해주세요. 물론 이 시기엔 먹는 양보다 흘리는 양이 더 많고, 식탁 주변은 엉망이 되기 쉽습니다. 더러워지고 먹는 양이 줄어든다고 해서 엄마가 계속 아이 입에 음식을 넣어주다 보면, 아이는 밥은 누군가가 먹여주는 것이라는 생각을 하게 되고 스스로 음식 먹는 일이 즐거운 일이라는 것을 깨달을 기회가 사라집니다. 혼자 숟가락을 사용해서 식사하는 아이들이 우유병만 찾는 아이보다 편식을 적게 하고,

좋은 식습관을 가질 가능성이 높아집니다. 둘째, 먹기 싫어하는 음식을 강요하지 않습니다. 아이는 어떤 때는 잘 먹다가 갑자기 덜 먹기도 하고, 한동안 먹는 것을 싫어하는 등 다양한 변화를 보일 수 있습니다. 아이가 평소보다 음식을 덜 먹으면 '혹시 아이에게 큰 문제가 있는 것은 아닐까? 제대로 자라지 않으면 어쩌지?' 하고 걱정하는 부모님이 많습니다. 그런데 이때 먹기 싫어하는 아이에게 억지로 음식을 먹이면 아이는 밥 먹는 것이 힘들고 괴로운 기억으로 남아 이후에도 밥 먹는 것을 거부할 수 있습니다. 이때는 혼내지 말고 느긋하게 기다려주는 것도 아이에게 밥 먹는 즐거움을 알려주는 방법입니다.

Q64 아이가 밥을 잘 먹지 않아 간식을 자주 주는데, 이렇게 해도 괜찮은 건가요?

A 아이가 밥을 잘 먹지 않을 때 간식을 더 챙겨주는 엄마들이 의외로 많습니다. 이런 습관은 오히려 아이가 밥을 더 안 먹게 하는 원인이 됩니다. 한창 성장기에 있는 아이들에게는 식사뿐만 아니라 간식도 중요한 에너지원입니다. 아이들은 어른만큼 소화 기능이 완전하지 못해서 세끼 식사만으로는 충분한 양을 섭취할 수 없습니다. 하루에 필요한 열량의 10~15% 정도는 간식으로 보충해주는 것이 좋지만, 아이가 밥을 잘 먹지 않는다고 간식의 양이나 횟수를 늘리면 아이가 다음 식사를 할 때 배가 고프지 않게 되고, 규칙적인 식습관을 배우는 것이 어려워질 수 있습니다. 아이가 밥을 잘 먹지 않는다면, 차라리 간식을 줄여서 다음 식사 때까지 배고픈 상태로 두세요.

아프지 않고 건강하게 생활하려면 무엇보다 건강한 식습관을 갖는 것이 중요합니다. 특히 어릴 때 만들어진 입맛과 식습관은 평생을 가는 것이므로 아이가 바른 식습관을 가질 수 있도록 엄마가 도와주는 것은 아이에게 건강이라는 큰 재산을 만들어주는 것과 같습니다. 예로부터 선인들은 무엇을 먹고 어떻게 먹는 것이 건강에 좋은지에 대해 많은 관심을 기울였는데, 이러한 관심은 『동의보감』 같은 한의학 서적 곳곳에서 찾아볼 수 있습니다. 건강한 식습관에 대한 양생법은 현대에도 꼭 지켜야 할 만큼 중요한 내용이 많습니다. 그중에서 우리 아이를 위해 꼭 필요한 식습관 몇 가지를 소개합니다.

1. 음식은 담백하게 먹어요

옛 선인들은 음식을 담백하게 먹으면 신身과 혼魂이 편안해지고 혈기血氣를 기를 수 있다고 했습니다. 즉 음식을 담백하게 먹으면 육체적인 건강과 정신적인 건강까지 모두 지킬 수 있다는 뜻입니다. 우리가 자주 먹고, 쉽게 접할 수 있는 음식은 짜고 매운 자극적인 음식이거나 기름진 음식, 단 음식이 많습니다. 이런 음식에 길들여지다 보면, 채소나 과일 등 자연 그대로의 음식을 점점 싫어하고 멀리하게 됩니다. 자극적이고 기름진 음식이나 패스트푸드는 우리 몸이 필요로 하는 영양소와 식이섬유가 부족해 아이들의 성장을 방해하며, 열량만 지나치게 높아 비만을 유발할 수 있습니다.

2. 음식은 즐겁게 먹는 것이 중요해요

『동의보감』에는 '미음식양위기美飮食養胃氣'라 하여, 음식을 맛있게 먹어야 기운을 잘 기를 수 있다는 양생법이 나옵니다. 즉 식사할 때는 즐겁게 하는 것이 중요하다는 이야기입니다. 우리 몸에는 교감 신경과 부교감 신경이라는 자율 신경이 있는데 기분이 나쁘면 교감 신경이 활성화되고, 기분이 좋을 때는 부교감 신경이 활성화됩니다. 교감 신경은 긴장할 만한 일이 있을 때 활성화되어 소화 기관의 운동과 소화액 분비를 억제하므로 체하기 쉽고, 영양분의 흡수도 더뎌집니다. 엄마가 정성 들여 해준 음식으로 아이들이 좋은 영양분을 많이 흡수할 수 있도록 기분 좋은 식사 시간을 만들어주는 것이 꼭 필요합니다.

3. 저녁은 배불리 먹지 마세요

건강 증진법을 다룬 『양성서』에는 "섭생을 잘하기 위해서는 저녁에 배불리 먹지 않는 것이 중요하다"라는 내용이 있습니다. 요즘은 엄마 아빠의 퇴근이 늦어지고, 아이들의 일과도 늦게 끝나 저녁 식사가 많이 늦거나 야식을 챙겨 먹는 경우가 늘고 있습니다. 늦은 시간에 배불리 식사하면 잠자리에 들기 전까지 소화가 다 되지 않아 음식물이 위에 남아 있게 됩니다. 이 상태로 누우면 음식물이 역류하여 위염이나 식도염을 유발하고, 잠자는 동안 더딘 소화 기능 때문에 다음 날까지 속이 더부룩합니다. 이런 상태가 반복되면 몸에 '식적'이 쌓이는데 이로 인해 소화 기능이 다시 떨어지는 악순환이 반복됩니다. 게다가 자는 동안에도 소화시키느라 에너지를 써야 하므로 숙면에 방해될 수 있습니다.

4. 여름에 찬 음식을 많이 먹으면 좋지 않아요

옛 어른들의 건강법 중 하나가 "여름에는 나이와 상관없이 따뜻한 음식을 먹어야 한다"는 것입니다. 여름에는 날씨가 더워져서 찬 음식으로 열을 내려야 할 것 같지만, 오히려 그 반대입니다. 더운 날씨 때문에 체온을 유지하기 위해 오히려 체내 혈액과 기운이 체표로 몰려 피부는 뜨겁고 속은 차가워지기 때문입니다. 이때 소화기가 약한 아이들이 차가운 과일이나 음료수, 아이스크림을 많이 먹게 되면 비위 기능이 떨어져 배탈이나 설사 등을 일으키기 쉬울 뿐만 아니라 몸이 냉해지고 원기도 크게 떨어집니다. 물이나 과일은 상온이 적당하고, 아이스크림이나 얼음 등을 너무 많이 먹지 않는 것이 좋습니다.

3) 식욕부진의 원인

선천적으로 먹는 양이 적은 아이도 있어요

간혹 소화기계가 선천적으로 약하게 태어난 아이들이 있습니다. 대부분 수유나 이유식 시기부터 먹는 양이 적어서 엄마의 마음을 애타게 했던 아이들입니다. '이렇게 조금 먹어도 괜찮을까?' 싶은데 그만큼 먹고도 잘 뛰어놀고 움직이는 걸 보면 정말 신기할 따름입니다.

억지로 먹이지 마세요! 소화되는 데 시간이 많이 걸려요

비위 기능이 약한 아이들은 음식물을 소화시키는 시간이 정상적인 아이보다 많이 걸립니다. 위와 장에 음식물이 오래 머물다 보니, 식사 시간이 되었는데도 배고픈 줄 모르고, 음식도 적은 양만 먹고 배부르다며 숟가락을 놓는 경우가 많습니다. 이런 아이들은 엄마가 옆에서 더 먹여보려고 아무리 애써도 밥을 더 많이 먹지 않습니다.

　소화가 제대로 되지 않는 아이에게 억지로 밥을 먹이면 체하거나 탈이 생겨 아이가 자주 배앓이를 하게 됩니다. 배는 볼록하게 나오는데 살은 안 찌고, 툭하면 설사를 하고, 얼굴이 누렇게 뜨기도 합니다. 이런 경우에는 음식을 억지로 먹일 것이 아니라 아이의 체기를 내려주고 소화 기능을 도와주는 치료가 우선되어야 합니다.

Q65　아이가 이유식도 적게 먹더니, 밥도 한 끼에 몇 숟가락 뜨지 않아 고민입니다. 어떻게 해야 밥을 잘 먹을 수 있을까요?

A 처음부터 먹는 양이 적은 아이는 잘못된 식습관 때문이 아니라 선천적으로 소화 기능이 떨어져서일 가능성이 높습니다. 이런 아이들에게 집에서 해줄 수 있는 간단한 한방 요법을 알려드릴게요.

첫째, 아침저녁으로 아이의 배를 마사지해주세요. 그러면 위와 장의 움직임이 활발해질 뿐만 아니라 소화액이 더 잘 나옵니다. 꾸준히 해주면 아이의 식욕부진을 치료하는 데 도움이 됩니다.

둘째, 누룩차를 끓여 먹이세요. 누룩은 한방에서 신곡이라 부르는 약재로, 체기를 내려주고 소화를 도와줍니다. 주전자에 물을 넣은 뒤 살짝 볶은 누룩을 30~40g 정도 넣고 차처럼 끓여주세요. 한 번에 많이 먹이지는 말고 하루 동안 여러 차례 나누어 150ml 정도 마시게 하면 아이의 소화에 도움이 됩니다.

Q66 선천적으로 잘 먹지 않는 아이도 치료할 수 있나요?

A 식욕부진이 있는 아이에겐 비위 기능을 좋게 해주는 한약 치료가 도움이 될 수 있습니다. 보중익기탕이나 삼령백출산 등이 대표적인 한약입니다. 체질과 증상에 맞게 처방하면 아이의 식욕부진을 완화하는 데 도움이 됩니다. 하지만 선천적으로 비위 기능이 약한 아이의 경우 단기간의 치료로는 힘듭니다. 이런 아이들은 약을 소화, 흡수시키는 것도 다른 아이들에 비해 더디기 때문에 인내심을 가지고 꾸준히 치료해주세요.

4) 식욕부진과 질병

질환 때문에 식욕부진이 생길 수 있어요

아이들도 어른처럼 아플 때나 아프고 난 후에 입맛이 떨어지기도 합니다. 대표적인 예로 감기에 걸렸을 때 밥을 잘 먹지 않으려는 아이들이 많은데, 몸이 감기 바이러스와 싸우느라 힘을 써서 밥을 먹고 소화시킬 힘이 부족하기 때문입니다. 또 아이에게 구내염이나 호흡기 질환이 있을 경우, 선천적으로 심장이 약하거나 빈혈이 있을 경우, 갑상선 기능이 저하되었을 경우 등 다양한 질환으로 식욕부진 증상이 동반될 수 있습니다. 이때는 질환부터 치료해야 아이의 입맛을 되찾을 수 있습니다.

기를 정돈시켜주는 치료가 필요해요

감기나 다른 질환에서 회복된 뒤에도 밥을 잘 먹지 않으려는 아이들이 종종 있습니다. 병이 나았는데도 식욕이 돌아오지 않는 것은 아이의 기운이 아직 흐트러진 상태이기 때문입니다. 이때는 아이의 흐트러진 기를 정돈시켜주는 치료를 해주어야 밥도 잘 먹고, 잘 자랄 수 있습니다.

Q67 아이가 아토피 증상이 생긴 이후 밥을 잘 먹지 않으려고 해요. 아토피 때문일까요?

A 아토피는 간단히 말해서 면역 과민 반응으로 피부에 염증이 생기는 질환입니다. 우리 눈에는 피부의 염증만 보이지만, 사실은 이런 염증 반응으로 눈에 보이지 않는 인체 내부의 점막까지 겉의 피부

처럼 약해지게 됩니다. 아토피가 있는 아이들은 소화기 점막도 피부처럼 예민해져서 알레르기가 생기기 쉽고, 소화를 잘 못시킨다거나 설사를 자주 하는 등 다양한 증상이 동반될 수 있습니다. 소화 기능을 도와주는 치료를 해주면 아이의 입맛이 좋아질 뿐만 아니라 아토피 증상도 완화시킬 수 있습니다.

4. 구토

1) 신생아의 구토

신생아는 원래 자주 토해요

아기들은 원래 자주 토합니다. 하루에도 몇 번씩 젖이나 분유를 먹은 뒤에 토하는 모습을 볼 수 있습니다. 신생아가 이처럼 자주 토하는 이유는 성인의 위가 가로로 비스듬하게 누워 있는 것과 달리, 아직 세로로 세워져 있어서 젖을 많이 먹으면 넘쳐흐르기 때문입니다. 또 위에는 위쪽과 아래쪽에 음식물이 흐르는 것을 막아주는 괄약근이 있는데, 아기는 이 근육이 아직 발달하지 못해, 음식물이 넘쳐흐를 때 막아주지 못해서 쉽게 토하는 것입니다.

6개월이 지나도 자주 토하면 비위 기능을 치료해주세요

대부분의 아기들은 혼자 앉을 수 있는 생후 6개월 정도가 되면 토하는 증상이 많이 나아집니다. 하지만 그 이후에도 특별한 질병 없이 자주 토하면 비위 기능이 약하다고 볼 수 있습니다. 비위 기능이 떨어지면 같은 양의 음식을 먹어도 소화가 더디고, 부족한 소화 능력으로 몸에 '담음淡飮'이라는 물질이 생기면서 토하는 증상이 나타납니다. 이럴 때는 비위 기능을 돕고 담음을 없애주는 한방 치료가 도움이 될 수 있습니다.

질병 때문에 토하는 경우도 있어요

수유가 끝난 뒤 가볍게 게워내는 정도가 아니라 분수처럼 내뿜듯이 토하거나, 토한 것의 색깔이 이상하거나, 열이 나면서 토한다면 다른 질환으로 생긴 구토 증상일 수 있으니 병원에서 진료를 받아보아야 합니다. 아기들은 감기 같은 상기도 감염이나 장염 등에 걸렸을 때도 쉽게 토하고, 뇌수막염이나 중추신경계 질환이 있을 경우에도 토합니다. 혹시 아기가 머리를 부딪히거나 이상한 음식을 먹은 후에 갑자기 토한다면 바로 응급실로 가야 합니다.

수유 후에는 꼭 트림을 시켜주세요

아기들 중에는 수유 도중 공기를 마셔서 토하는 아기들이 많습니다. 수유 후에는 꼭 트림을 시켜주어야 먹였던 모유나 분유를 게워내지 않습니다. 아기가 트림을 하지 못했더라도 20분 정도 바로 눕히지 말고 아기를 안고 있거나 비스듬히 앉혀두면 토하는 것을 예방할 수 있습니다.

Q68 수유 후에 꼭 트림을 시키는데도 매번 조금씩 먹었던 분유를 게워냅니다. 문제가 있는 것은 아닐까요?

A  아기가 수유 후에 분유를 조금씩 게워낸 다면, 아기가 먹을 수 있는 양보다 더 많이 먹는 것은 아닌지 체크해보세요. 수유 중에 공기가 들어갔을 때도 아기가 토할 수 있어요. 모유 수유인 경우에는 공기가 들어가지 않도록 젖을 물릴 때 유륜 전체가 아기 입에 들어가게 물려야 해요. 분유 수유인 경우에는 분유를 탄 후 바로 아기에게 주지 말고 몇 분간 가만히 두어 공기가 빠진 다음 수유하세요. 그리고 젖병을 충분히 기울여서 먹여야 공기가 들어가지 않습니다.

Q69 우리 아기는 다른 아기들과 달리 조금 게워내는 정도가 아니라 수유 후에 먹었던 젖을 왈칵왈칵 토하는데요. 가끔은 뿜어내듯 토할 때도 있어 걱정됩니다. 열이 난다거나 어디가 아파 보이지는 않는데 병원에 데려가야 할까요?

A 아기가 뿜어내듯이 젖을 토하는 증상을 여러 번 보였다면 병원에 데려가보는 것이 좋습니다. 이런 증상을 보일 경우 대개 유문이 좁아져 있거나 협착되어 있는 '유문협착증'일 가능성이 많습니다. 유문은 위에서 장으로 넘어가는 입구를 말하는데, 이 입구가 좁아져서

수유 후 토하는 경우

- 모유를 먹던 아기가 갑자기 분유를 먹었을 경우에도 토할 수 있어요.
- 분유 종류가 바뀌어도 토할 수 있어요.
- 분유가 너무 진해도 토할 수 있어요.
- 수유 후에 아기를 흔들거나 갑자기 자세 변경을 했을 때도 토할 수 있어요.
- 아기가 놀랐거나 스트레스를 받았을 때도 토할 수 있어요.

모유나 분유가 장으로 넘어가지 못하기 때문에 아기가 토하는 것입니다. 유문협착증이 있는 아기의 경우 생후 2~3주부터 토하는 증상이 나타나기 시작해 시간이 갈수록 뿜어내듯 토하는 증상이 심해지고, 체중도 잘 늘지 않습니다. 아기가 한 번 정도 그렇게 토한 것은 문제 되지 않지만, 지속적으로 뿜어내듯이 토하는 증상을 보였다면 진료를 받아보는 것이 좋습니다. 치료를 받으면 좋아질 수 있으니 너무 걱정하지 마세요.

Q70 트림을 시켜도 눕혀놓으면 먹었던 분유를 조금씩 게워내는데요. 이럴 때는 어떻게 해야 하나요?

A 아기가 토할 때 가장 조심해야 할 점은 토한 음식물이 기도로 들어가지 않게 하는 것입니다. 토사물이 기도로 들어가면 흡인성 폐렴에 걸릴 수 있습니다. 아기의 머리를 옆으로 돌려 음식물이 잘 흘러나오도록 해주면 토사물이 기도로 들어가는 것을 예방할 수 있습니다.

Q71 아기가 토할 때 꼭 병원에 가야 하나요? 어떤 경우에 병원으로 가야 하는지 알려주세요.

A 🧑 아기가 먹었던 분유나 젖을 게워내는 정도가 아니라 평소에 토하던 양상과 다르다면 병원에 가야 합니다. 문제가 될 수 있는 아기의 구토 증상은 처방전(83쪽, 문제가 될 수 있는 아기의 구토 증상들)을 참조하세요.

2) 돌 이후 자주 토하는 아이

비위 기능이 떨어지는 아기는 자주 토해요

신생아 때 자주 토하던 아기도 생후 6개월에서 늦어도 12개월 정도 지나면 잘 토하지 않게 됩니다. 돌이 지나서도 아기가 종종 토한다면 소화기의 기능이 떨어졌기 때문입니다. 평소 배가 차거나 잘 체하는 아기들은 비위 기능이 떨어져 음식물의 소화가 느리고, 몸속에 담음이라는 물질이 생기기 쉽습니다. 이 담음이 구토나 구역감, 만성적인 식체를 유발할 수 있습니다.

갑자기 토하는 증상이 생겼다면 감염을 의심해보세요

평소에 멀쩡하던 아기가 갑자기 토하기 시작한다면 급성 감염을 의심해볼 수 있습니다. 감기와 같은 상기도 감염이나 장염, 위장염, 뇌수막염 등의 감염성 질환에 걸렸을 때도 갑자기 토하는 경우가 종종 있습니다. 또 아기가 갑자기 놀라거나, 크게 스트레스를 받았을 때도 구토 증상이 생길 수 있어요.

Q72 어릴 때부터 자주 체하고 토하더니 돌이 지나서까지 종종 그러네요. 열은 나지 않아요. 치료 방법이 있을까요?

A 아기가 특정 질환 때문에 토하는 것이 아니라면 비위 기능을 향상시켜주는 한방 치료가 도움이 될 수 있습니다. 아기가 자주 체하고 토하는 것은 비위 기능이 떨어져서인데요. 비위 기능이 떨어지면 음식물을 소화시켜 아래로 내려보내는 작용이 더뎌 다른 아기들보다 자주 토하거나 체할 수 있습니다. 자주 토하는 아기에게는 배 마사지가 도움이 됩니다. 아기를 편안히 눕히고 손바닥으로 배꼽 주위를 시계 방향으로 문질러주세요. 이때 엄마 손바닥을 따뜻하게 해서 문질러주는 것이 좋습니다. 배 마사지는 위장 운동을 활발하게 해주고 소화액이 잘 분비되게 도와주어 아기의 비위 기능을 튼튼히 하고 토하거나 체하는 증상을 예방하는 데 도움이 됩니다.

Q73 자주 토하는 아기에게 집에서 해줄 수 있는 방법에 대해 알려주세요.

A 평소에 소화 기능을 도와주는 곡향, 신곡, 맥아, 진피, 산사육과 같은 한약재를 묽게 끓여 차처럼 마시게 해주면 좋습니다.

Q74 18개월 아기를 둔 엄마입니다. 음식을 잘못 먹었는지, 너무 많이 먹어 체했는지 점심으로 먹은 밥을 다 토했습니다. 병원에서 처방

- 아기가 토하면서 여덟 시간 이상 소변을 보지 못한다면 탈수 증상이 생긴 거예요. 입술이 바짝 마르거나 피부가 차고 기운이 없어 축 처지거나 하는 경우에도 위험해요.
- 열이 심하게 나면서 구토하는 경우에도 응급실에 데려가야 합니다.
- 토사물의 색깔이 우윳빛이 아니라 노랗거나 녹색이고 피가 섞여 있다면 다른 질환 때문일 수 있으니 병원에 가야 해요.
- 토사물에서 대변 냄새가 난다면 복막염이나 장폐색을 의심해볼 수 있어요.
- 아기가 토하면서 배를 아파하는 증상이 지속되면 빨리 병원에 가야 해요.
- 토하는 증상이 여섯 시간 이상 지속될 때에는 응급실에 가야 해요.

을 받아왔지만, 아기가 계속 토해서 밥도 못 먹이고 약도 못 먹이고 있는데 아무것도 안 먹여도 괜찮은 걸까요?

A 계속 토하는 아기에게 가장 주의해야 할 점은 탈수입니다. 식사를 못했더라도 죽이나 밥을 먹이면 다시 구토 증상이 심해질 수 있으니 증상이 완화될 때까지는 보리차 같은 물을 먹여 탈수를 예방하는 것이 중요합니다. 보리차도 한꺼번에 많이 먹이면 다시 토할 수 있으니 조금씩 입을 축이는 정도로 먹이세요. 증상이 완화되면 미음이나 묽은 죽부터 시작해 속을 가라앉힌 뒤에 밥을 먹이는 것이 좋습니다.

만약 아기가 계속 구토해서 탈수 증상이 생긴다면 바로 병원에 데려가야 합니다. 아기 입술이 바짝바짝 마르거나 울어도 눈물이 나오지 않는다거나 아기가 축 늘어져 있거나 8~10시간 이상 소변을 보지 않는다면 탈수된 것으로 위험할 수 있으니 바로 병원에 데려가세요. 처방전(83쪽, 문제가 될 수 있는 아기의 구토 증상들)을 참조해서 아기에게 문제가 되는 증상을 미리 알아두면 좋습니다.

3) 멀미

소화 기능이 좋지 않을 때 멀미를 더 많이 해요

아기들도 어른들처럼 멀미를 합니다. 평소에 자주 체하거나 토하고, 배가 차고 예민한 아이일수록 차멀미를 하기가 더 쉽습니다. 자주 토하는 아기와 마찬가지로 멀미를 자주 하는 아기들은 비위 기능이 떨어져 있고, 몸에 담음이 있는 경우가 많습니다.

비위 기능을 도와주면 멀미를 치료할 수 있어요

비위 기능을 개선시켜 소화를 도와주고 위장관 안의 담음을 없애주는 치료를 하면 차멀미로 고생하는 아기의 증상을 고칠 수 있어요. 체질적으로 약하게 타고난 부분을 도와주는 치료이므로 아기의 성장 발달에도 도움이 됩니다.

Q75 아기가 차멀미가 심해요. 어쩔 수 없이 차를 태워야 할 때가 있는데 조심해야 할 점은 뭐가 있을까요?

A 차멀미를 하는 아기의 경우, 차를 타기 직전에 음식을 먹이지 않는 것이 좋습니다. 차를 타기 전에는 체할 염려 없이 소화가 잘되는

육아 PiN 처방전 | **소화 기능에 도움이 되는 한방 차**

- **곽향차** 곽향은 방아 잎을 말려 만든 것으로, 예로부터 소화를 돕고 장염이나 설사, 구토 등의 소화기 관련 질환을 치료하는 데 빠지지 않고 들어갈 정도로 효과가 좋은 약재입니다. 구토 증상뿐만 아니라 설사를 하거나 배가 살살 아플 때도 곽향차를 끓여 따뜻하게 먹이면 증상을 완화시키는 데 도움이 됩니다.

- **진피차** 진피는 귤껍질을 말린 것으로 비위의 기능을 강화시켜주고, 기가 막힌 것을 부드럽게 돌려주며, 담음을 없애 구토를 진정시키는 데 도움을 주는 약재입니다. 맛이 부드럽고 순해서 아기들이 먹는 데에도 큰 부담이 없습니다. 차처럼 연하게 끓여 조금씩 나눠 마실 수 있게 해주세요.

음식으로 식사하고 적어도 두 시간 전에는 식사를 마칠 수 있게 해주세요. 또 차가 움직이고 있을 때 책을 읽는다든가 다른 것을 본다거나 옆을 보고 있으면 멀미가 더 심해질 수 있기 때문에 달리는 중에는 앞을 볼 수 있도록 해줘야 합니다. 급격한 변속이나 과격한 운전은 멀미를 더 심하게 만들 수 있으니 아기가 타고 있을 때는 차를 천천히 모는 것이 좋아요. 그리고 차 안에서 불쾌한 냄새가 나지 않도록 평소 차를 청결하게 유지해주세요. 주행 중간에도 아기가 차에서 내려 쉴 수 있도록 해주고, 자주 창문을 열어 환기시키는 것도 멀미를 줄이는 데 도움이 됩니다.

Q76 시중에 파는 멀미약을 아기에게 사용해도 괜찮을까요?

A 아기에게는 멀미약을 권하고 싶지 않습니다. 시중에는 먹는 멀미약과 간편하게 붙이는 멀미약도 나와 있지만, 아직 어린 아기에게는 적합하지 못한 약들입니다. 멀미약은 만 3세 이하의 아이에게 사용하면 안 됩니다. 붙이는 멀미약도 만 7세 미만의 아이에게 사용하면 안 됩니다. 3세 이상의 아이가 어쩔 수 없이 멀미약을 복용해야 할 때는 꼭 어린이용 멀미약을 사용하고 적정 용량을 반드시 지켜주세요.

4장

배변 훈련:

대소변 가리기, 어떻게 해야 하나요?

대소변 가리기, 조급해하지 마세요

아이가 기어 다니기 시작하면 '언제 설 수 있을까?', 혼자 서면 '언제 걸음마를 할 수 있을까?' 하고 많은 부모님들이 조급해합니다. 부모라면 누구나 내 아이가 다른 아이보다 느린 건 아닌지, 제대로 잘 자라고 있는지 걱정하게 됩니다. 옆집 아이는 대소변을 가리는데 우리 아이는 아직 못 가리면, 또 첫째 아이는 이맘때쯤 대소변을 가렸는데 둘째는 이보다 늦으면 무슨 문제가 있는 것은 아닌지 마음이 조급해지게 마련입니다. 하지만 아이가 대소변을 조금 늦게 가린다고 해서 지능이 떨어지는 것도 아니고, 조금 일찍 가린다고 해서 영특한 것도 아닙니다. 대소변은 때가 되면 다 가리게 되고, 대소변을 가리는 시기는 아이마다 다르기 때문에 절대 조급해하거나 아이에게 스트레스를 주지 말아야 합니다.

아이를 닦달하면 오히려 역효과가 날 수 있어요

부모가 아이의 대소변 가리기에 지나친 관심을 보이거나 못 가린다고 아이에게 스트레스를 주면 오히려 대소변 가리는 시기가 늦어질 수 있습니다. 어른들이 보기엔 아무것도 아닌 듯싶지만 아이에게 대소변 가리기는 난생처음 자기 힘으로 생리 현상을 조절해야 하는 큰일입니다. 그래서 아직 준비되지 않은 아이에게 억지로 하게 하거나 엄격한 배변 훈련으로 스트레스를 주면 대소변 가리기에 실패할 수 있고, 나아가 유분증이나 변비, 배뇨 장애, 야뇨증 등을 유발할 수 있습니다.

문제가 되는 시기를 기억하세요

대부분의 아이가 생후 3년 이내에 대변을 가릴 수 있게 됩니다. 밤에 소변을 가리는 것은 이보다 좀 더 늦습니다. 여아의 경우 생후 5년 이내에, 남아의 경우 생후 6년 이내에 가린다면 큰 문제가 되지 않습니다. 그러나 만 4세가 지나서도 대변을 지리거나 만 5세가 지나서도 일주일에 2회 이상 야간에 오줌을 지린다면 장이나 방광에 이상은 없는지 심리적 원인이 있는 것은 아닌지 진료를 받아봐야 합니다.

1. 배변 훈련 시기

만 18~24개월에 시작하세요

배변 훈련은 일반적으로 만 18~24개월에 시작하는 것이 좋습니다. 그러나 이것은 평균 수치일 뿐이지 대소변을 가리는 시기는 아이에 따라 다르기 때문에 '꼭 이 시기에 이루어져야 정상이다', '언제 가리는 것이 좋다'라고 단정 지어 말하기가 어렵습니다. 하지만 반드시 기억해야 할 점은 대소변을 가리는 훈련은 적어도 18개월이 지나서 시작해야 한다는 것입니다. 아이가 대소변을 가리려면 화장실에 갈 때까지 참을 수 있도록 해주는 근육이 발달해야 하기 때문입니다. 그런데 아이가 대소변을 가릴 준비가 아직 안 되었다면 만 24개월이 넘었다 해도 배변 훈련을 미루는 것이 좋습니다.

아이가 원할 때 시작해야 스트레스가 없어요

배변 훈련을 시작할 때 가장 중요한 점은 아이가 원해야 한다는 것입니다. 아이가 배변 훈련 때문에 스트레스를 많이 받는다면 만 24개월이 지났어도 미루는 것이 좋습니다. 엄마가 너무 강압적으로 훈련을 시키거나 대소변 가리기에 간섭하면 아이의 성격 형성에 좋지 못한 영향을 끼칠 수 있고, 대소변을 가리는 시기가 더 늦어질 수도 있습니다.

Q77 돌 지난 아들을 둔 엄마입니다. 맞벌이라 만 15개월이 지나 자마자 어린이집에 보내려고 배변 훈련을 조금 일찍 시작해볼까 하는데, 괜찮을까요?

A 일찍 어린이집에 보내야 하더라도 배변 훈련을 시작하기에는 너무 이릅니다. 대소변을 조절하는 근육이 아직 발달하지 않았을뿐 더러, 대소변 가리기를 강요하면 아이는 극한 스트레스를 받을 수 있 습니다. 이런 스트레스는 아이의 정서 발달에도 좋지 않은 영향을 끼 치고, 이른 배변 훈련 때문에 변비나 야뇨증이 생길 수 있습니다. 너 무 이른 나이에 대소변 가리기 훈련을 시작한 아이들의 경우 오히려 만 4세가 지나서도 대소변을 제대로 가리지 못할 수 있습니다. 아이들 은 대개 만 3세 이전에 대소변을 잘 가리게 되니 너무 조급해하지 마 세요.

Q78 만 28개월 여아의 엄마입니다. 아이가 대소변을 잘 가리다가 요즘 들어 실수하는 일이 잦아졌어요. 문제가 있는 건 아닐까요?

A 대소변을 잘 가리던 아이들도 환경의 변화 등으로 스트레스를 받으면 갑자기 잘 가리지 못하는 경우가 생길 수 있습니다. 대표적인 예가, 아이에게 동생이 생기면 그동안 독차지하던 엄마 아빠의 사랑 을 동생이 빼앗아갔다고 생각해 불안해할 수 있습니다. 또 어린이집이 나 유치원에 처음 갔을 때 낯선 환경에서 낯선 사람들을 만나는 것도

큰 스트레스가 될 수 있습니다. 이럴 때 아이를 다그치고 화내면 오히려 더 심해질 수 있습니다. 아이가 힘들어하거나 스트레스 받는 원인을 찾아 해결해주고, 많이 안아주고 격려해주세요. 엄마 아빠의 사랑이 가장 좋은 치료 방법이 될 수 있습니다.

Q79 두 달 전부터 대변 가리는 훈련을 시작했는데 아이에게 갑자기 변비가 생겼습니다. 왜 그런 걸까요?

A 아이의 식단이나 수분 섭취량, 생활 환경이 특별히 변한 게 아니라면 대변을 가리는 훈련이 아이에게 힘들었을 가능성이 큽니다. 배변 훈련을 너무 엄격히 하거나 아이가 제대로 가리지 못할 때마다 야단을 치면 아이가 대변을 참아서 변비에 걸릴 수 있습니다. 심한 경우 속옷에 대변을 지리는 유분증이 생길 수 있습니다. 소변도 마찬가지입니다. 소변 가리기를 너무 엄격하게 시키면 아이가 소변을 너무 자주 보거나 밤에 소변을 가리지 못하는 야뇨증이 생길 수 있습니다. 대소변 가리기를 억지로 하면 오히려 부작용이 생길 수 있으니 주의해야 합니다.

2. 배변 훈련 요령

아이의 얼굴 표정이나 보채는 징후를 놓치지 마세요
아이가 대변을 보고 싶어 하는 표정을 짓거나, 엉거주춤한 자세를 취한다거나, 대변을 보기 위해 특정 장소를 찾는다거나, 방귀를 뀌는 등 아이마다 대소변을 보고 싶다는 자기만의 신호를 보냅니다. 이런 신호가 보일 때는 아이를 변기에 몇 분간 앉혀주세요. 아이가 대소변이 마렵다는 신호를 보내기 시작하고, 대소변을 본 후에 젖은 기저귀를 차고 있는 것을 불편해한다거나 갈아달라고 보챈다면 이때가 대소변 가리기를 시작하기에 좋은 시기입니다.

일정한 시간에 변기에 앉혀주세요

아이가 아침에 일어났을 때나 낮잠을 잔 후, 식사를 하기 전이나 식사를 마친 후 등 일정한 시간에 아이를 변기에 앉혀주세요. 이때는 아이가 좋아할 수 있는 알록달록한 유아용 변기를 사용하는 것이 좋습니다. 변기에 앉으면 '쉬 마려울 땐 변기에 쉬하자', '쉬~' 등의 소리로 배뇨를 유도하세요. 그리고 아이가 변기에 소변 보는 것을 성공했을 때는 반드시 칭찬해주어야 합니다. 칭찬받은 아이가 변기에 대소변 보는 것이 즐거운 일이라는 걸 받아들이면 처음에는 서툴더라도 점점 잘할 수 있게 됩니다.

Q80 대소변 훈련을 시작하려고 합니다. 초보 엄마라 무엇을 준비해야 하는지, 아이에게 어떻게 알려줘야 하는지 모르겠어요.

A 먼저 아이가 사용할 변기를 따로 준비해주세요. 아이가 좋아하는 캐릭터나 알록달록한 유아용 변기를 배변 훈련 시작 전부터 준비해 아이가 변기와 친숙해질 시간을 주는 것이 좋습니다. 처음에는

변기로 사용하기보다 옷을 입힌 채 의자처럼 앉게 해서 재미있는 놀이를 한다든지, 맛있는 음식을 먹는다든지, 책을 읽어주는 등의 방법으로 변기에 앉는 것이 무서운 게 아님을 인식할 수 있도록 도와주세요. 아이가 변기에 잘 앉을 때는 많이 칭찬해주는 것이 좋아요. 아이가 변기와 친해졌다면 변기에서 대소변 보는 시범을 보여주세요. 남자아이는 형이, 여자아이는 언니가 변기를 사용하는 모습을 보여주거나 엄마 아빠가 대소변 보는 시범을 보여주면 아이들은 따라 하고 싶어 합니다. 이때 여자아이에게 남자가 대소변 보는 모습을, 남자아이에게 여자가 대소변 보는 모습을 보여주는 것은 좋지 않습니다. 그리고 아이가 조금 실수하거나 늦더라도 '괜찮다'고 말해주면서 많이 사랑해주는 것이 중요합니다.

Q81 아이가 변기에 앉는 것을 싫어해요. 1분도 채 못 앉아 있는데 어떻게 하면 좋을까요?

A 아이 하고 싶은 대로 하게 해주세요. 처음부터 억지로 강요하면 변기에 앉는 것을 싫은 일로 인식하여 배변 훈련이 어려워질 수 있습니다. 아이가 변기에 앉는 것을 싫어한다면 대소변 가리기 훈련을 하기에 조금 이르다고 볼 수도 있습니다. 억지로 강요하지 말고 좋아하는 장난감이나 인형 등을 변기 옆에 두는 방법 등으로 변기와 조금씩 친해질 수 있도록 도와주세요.

Q82 대변이 안 나오는데 변기에 오래 앉혀두어도 괜찮나요?

A 5분 정도 지나도 아이가 대소변을 보지 못한다면 그때는 일어

나게 해주세요. 아이가 변기에 앉는 것에 거부감을 가지지 않는다면 그다음엔 변기가 대소변을 보기 위해 앉는 곳이라고 인식시켜줄 필요가 있습니다. 대소변을 바로 보지 못하더라도 하루에 몇 번씩 규칙적으로 변기에 앉혀주세요. 처음에는 잘 못해도 시간이 지나면 자연스럽게 대소변을 가릴 수 있으니 너무 걱정하지 마세요.

Q83 대변 가리는 훈련을 시작한 지 한 달이 넘었는데, 아이가 아직 변기에서 대변을 보지 못합니다. 아이에게 문제가 있는 것은 아닐까요?

A 지극히 정상이니 걱정하지 않아도 됩니다. 평균적으로 아이들이 대소변 가리는 훈련을 시작해서 어느 정도 가릴 수 있기까지는 2개월 정도가 걸립니다. 하지만 대소변 가리는 시기는 아이들마다 달라서 어떤 아이는 빨리 가리고, 어떤 아이는 몇 개월씩 더 걸릴 수도 있습니다. 하지만 특별한 문제가 있는 것은 아니므로 걱정하지 않아도 됩니다.

3. 소변 가리기와 질병

야뇨증은 밤에 소변을 못 가리는 질병이에요

야뇨증은 만 5세가 지나도 일주일에 두 번 이상 밤에 자다가 무의식적으로 소변을 보는 것을 말합니다. 밤에 소변을 가리지 못하면 야뇨증, 낮에 소변을 가리지 못하면 주간 유뇨라고 합니다. 밤에는 물론 낮에도 오줌 싸는 증상을 보이는 아이들이 꽤 있습니다. 일반적으로 야뇨증은 여아보다 남아에게서 세 배 정도 더 흔하게 나타납니다. 또 부모가 어릴 때 야뇨증이 있었다면 아이에게 야뇨증이 생길 가능성은 더 커집니다.

치료를 받으면 좋아져요

만 5세가 지나도 낮이나 밤에 소변을 제대로 가리지 못하면 반드시 진찰을 받아보는 것이 좋습니다. 치료를 받으면 대부분 좋아지므로 너무 걱정하지 않아도 됩니다. 아이가 늦게까지 소변을 못 가린다면, 어린이집이나 유치원 등의 단체 생활에서 실수를 해 자존심에 상처를 입을 수 있고 사회성 발달에도 좋지 않은 영향을 미칠 수 있습니다. 아이가 만 3~4세가 지나서도 소변을 가리지 못한다면 미리 치료를 시작하는 것도 좋습니다.

Q84 아이가 병원에서 야뇨증 진단을 받았는데 큰 이상은 없다고 하네요. 한방으로도 치료가 가능한가요?

A 한의학에서는 야뇨증을 허약증의 하나로 보고, 신장과 방광이 허약한 아이, 심장과 담이 허약한 아이, 원기가 부족한 아이로 구분해서 치료할 수 있습니다. 신장과 방광이 허약한 아이는 야뇨증뿐만 아니라 낮에도 소변을 자주 보거나 속옷에 오줌을 지리는 증상을 보이며, 소변을 자주 보러 가는 경우가 많습니다. 심장과 담이 허약한 경

우에는 겁이 많거나 예민해서 밤에도 깊은 잠을 잘 못 잡니다. 소변을 잘 가리다가 갑자기 못 가리는 아이의 경우, 크게 놀랐거나 스트레스를 받아 심장과 담이 허약해져서 야뇨증이 생긴 경우가 많습니다. 원기가 부족한 아이는 다른 아이들보다 마르고 잔병치레가 잦거나 밥을 잘 안 먹고, 감기를 달고 사는 경우가 많습니다. 또 밤에 소변을 보고도 알아채지 못한 채 그냥 자는 경우도 종종 있습니다.

방광이나 신장에 기질적인 원인이 없어도 허약증 때문에 야뇨증이 생길 수 있습니다. 이런 경우 한의학에서는 원인을 찾아 허약해진 오장육부를 도와주고 몸을 건강하게 관리해줌으로써 야뇨증뿐만 아니라 아이의 성장 발육까지 도와주는 치료가 가능합니다.

Q85 아이가 야뇨증 치료를 받고 있습니다. 평소 어떤 점에 주의하면 좋을지 알려주세요.

A 야뇨증 치료에서는 생활 습관 관리도 중요합니다. 부모는 다음의 일곱 가지 사항에 주의하고 아이에게 평소 생활습관이 될 수 있도록 도와주세요.

• 잠들기 세 시간 전부터는 물을 먹지 않도록 해주세요. 물뿐만 아니라 음료수, 우유, 수분이 많은 과일도 피하는 것이 좋아요.

• 평소 탄산음료나 카페인이 들어 있는 음료 등은 이뇨 작용을 일으키기 때문에 먹지 않는 것이 좋습니다. 초콜릿이나 오렌지 주스도 피해주세요.

• 자기 전에는 반드시 소변을 보고 잘 수 있도록 해주세요. 밤중에 소변이 마려우면 일어나서 화장실에 가라고 일러주고, 아이의 방을

화장실 가까운 곳에 두는 것도 도움이 됩니다.

- 자는 아이를 일부러 중간에 깨워서 화장실에 가게 하지 마세요. 그렇게 하면 이불에 지도를 그리지 않아 야뇨증이 치료된 것처럼 보일 수 있지만 근본적으로 치료된 것은 아닙니다. 오히려 아이의 숙면을 방해하여 방광이 성장하는 데 방해될 수 있습니다.
- 아이가 밤에 오줌을 싸도 야단치지 마세요. 벌을 주거나 야단을 치면 증상이 더 심해질 수 있습니다.
- 밤에 오줌을 싸면 스스로 옷을 갈아입을 수 있도록 여벌의 옷을 잠자리 옆에 준비해두는 것이 좋습니다.
- 벌을 준다고 젖은 이불에서 아이를 재운다거나, 지린내가 나는 이불에서 아이를 재우지 마세요.

Q86 아이가 계속 밤에 오줌을 싸는 바람에 너무 힘들어 저도 모르게 아이에게 화를 냅니다. 야뇨증이 점점 더 심해지는 것 같은데 혹시 저 때문일까요?

A 야뇨증을 치료할 때 가장 중요한 것은 엄마 아빠의 칭찬과 사랑입니다. 아이가 밤에 오줌을 싸면 자주 이불과 옷을 빨아야 하는 엄마로선 힘들고 지칠 수밖에 없습니다. 하지만 이 때문에 아이에게 야단을 치거나 벌을 주면 아이의 야뇨증은 더 심해질 수 있습니다. 아이가 오줌을 잘 못 가리더라도 칭찬과 격려를 많이 해주세요. 야단치거나 벌주는 것은 야뇨증 치료에 전혀 도움이 되지 않습니다.

Q87 만 5세 남자아이로, 아직 소변을 잘 못 가립니다. 유치원에 보내야 하는데 기저귀를 채워서 보내는 게 좋을까요? 실수할까 봐 걱정입니다.

A 이 시기에 소변을 잘 못 가린다고 계속 기저귀를 채우면 오히려 아이에게 스트레스가 될 수 있습니다. 다른 아이들은 팬티와 바지를 입고 있는데 자기만 기저귀를 차고 있다면, 아이가 수치심을 느낄 수 있고 또래 아이들의 놀림거리가 될 수도 있습니다. 적극적인 치료와 생활 습관 개선을 통해 아이가 하루빨리 기저귀를 뗄 수 있도록 도와주세요.

4. 대변 가리기와 질병

유분증은 대변을 못 가리는 질병이에요

유분증은 아이가 만 4세가 지나서도 대변을 못 가리고 속옷에 지리는 증상인데, 100명 중 한두 명의 아이에게서 나타날 정도로 흔한 증상입니다. 야뇨증과 마찬가지로 여자아이보다는 남자아이들에게서 더 많이 나타납니다.

대부분 심리적 원인 때문에 생겨요

장에 선천적인 결함이나 기질적인 문제가 있을 수도 있지만 유분증의 원인은 심리적인 경우가 많습니다. 특히 엄격한 대소변 훈련을 받았다거나 이른 시기에 대소변 가리는 훈련을 시작한 아이들에게서 잘 나타납니다. 아이가 대소변을 가려야 한다는 압박감 때문에 배변을 억지로 참게 되면 변비가 생기고, 변비가 만성이 되면 직장 벽에 있는 신경이 둔해지고 직장 벽이 이완됩니다. 그래서 대변이 차도 배변 욕구를 느끼지 못하고 자기도 모르게 괄약근이 느슨해지면서 유분증이 생기는 것입니다.

Q88 어릴 때부터 배변 훈련을 시켰는데, 만 4세가 넘은 지금도 대변을 제대로 가리지 못할 때가 종종 있습니다. 엄격한 배변 훈련이 문제라면 아예 훈련을 시키지 말아야 하나요?

A 아이와 엄마 모두 힘들겠지만, 배변 훈련을 다시 시작해야 합니다. 유분증은 아이를 다그치고 벌을 준다고 고쳐질 수 있는 증상이 아니기 때문에 아이를 잘 다독여서 다시 변기에 앉아 제대로 배변할 수 있도록 도와주어야 합니다. 대변은 변기에서 봐야 하고 옷에 보면 안 된다는 것을 분명히 알게 해주는 것도 중요합니다. 유분증이 오래 되면 아이의 사회성 발달이나 성격 형성에도 좋지 않은 영향을 줄 수 있기 때문에 가족 모두의 관심과 노력이 필요합니다.

Q89 한의학으로 유분증을 치료할 수 있나요?

A 대장의 활동을 도와주고 변을 부드럽게 만들어주는 한약으로 치료할 수 있습니다. 변비가 생기지 않도록 수분을 충분히 섭취하고, 섬유질이 많은 음식을 자주 섭취할 수 있게 도와주세요. 가장 중요한

것은 아이를 다그치거나 혼내지 않고 아이가 변기에 앉아 대변을 보았을 때마다 칭찬해주고 격려해주는 것입니다. 배변 훈련을 통해서도 유분증이 개선되지 않는다면 장의 질환이나 선천적으로 이상이 있는 것은 아닌지 검사를 받아야 합니다.

소아비만:

아이가 비만이래요

어릴 때 살이 다 키로 간다는 건 옛말이에요

'많이 먹어야 잘 큰다', '어릴 때 살은 다 키로 가서 괜찮다'라는 어른들의 말은 모두 먹을거리가 귀하고 구하기 힘들었던 과거의 이야기입니다. 요즘은 어느 곳이든 손쉽게 먹을 것을 구할 수 있고 각종 인스턴트 식품, 패스트푸드, 과자, 음료수, 아이스크림 등 칼로리 높은 식품의 섭취가 점점 증가하여 오히려 영양 과잉 시대에 살고 있습니다. 이처럼 섭취하는 칼로리는 점점 늘어나는 데 반해 운동은 부족한 시대에 살고 있는 아이들에게 소아비만은 성장을 방해하고 성조숙증을 유발하며, 나아가 어린 나이에 성인병을 일으키는 등 아이들의 건강을 위협하는 무서운 질병의 원인이 될 수 있습니다.

많이 먹고 움직이지 않는 것이 소아비만의 가장 중요한 원인이에요

소아비만은 특별한 원인 질환으로 발생하는 '증후성 비만'과 원인 질환 없이 생활 습관 등의 문제로 발생하는 '단순성 비만'으로 나눌 수 있는데, 99% 이상이 단순성 비만에 속합니다.

단순성 비만을 일으키는 가장 중요한 원인은 과도한 열량 섭취와 부족한 활동량입니다. 실제로 대한소아과학회 보건위원회에서 조사한 자료에 따르면, 비만 아동은 정상 체중을 가진 아이들에 비해 많이 먹고, 기름기 많은 음식을 선호하며, 식사 속도가 빠르며, 늦은 시간에 많은 양의 식사를 하는 것으로 나타났습니다. 또 생활 습관 조사에서는 컴퓨터나 TV 시청 등 정적인 활동을 하는 경우가 80% 이상이며, 운동을 하는 경우는 5% 정도에 불과합니다.

소아비만이 성인비만으로 이어질 수 있어 꼭 치료해야 해요

이미 성장이 끝난 어른들의 경우 살이 찌더라도 지방세포가 커지는 것이지 지방세포의 수 자체가 늘어나는 것은 아닙니다. 성장기 소아의 경우 살이 찌면서 지방세포의 크기뿐만 아니라 수도 늘어나는데, 이때 늘어난 지방세포 수는 성인이 되어도 줄어들지 않습니다. 그래서 어릴 때 비만이었던 아이들은 지방세포 수 자체가 정상적인 아이들보다 많아, 성인이 되었을 때도 비만으로 이어질 확률이 높습니다. 이렇게 되면 치료도 어렵고, 치료해도 다시 살찔 확률이 높습니다.

소아비만은 성장을 방해하고 성조숙증을 유발해요

우리 몸의 지방에서 분비하는 '렙틴'은 여성 호르몬과 남성 호르몬의

분비를 자극하는 호르몬입니다. 살이 찐 아동들의 경우 렙틴의 과도한 분비로 성호르몬이 조기에 분비되어 사춘기가 빨리 시작되는 성조숙증이 생길 가능성이 커집니다.

성조숙증은 정상적인 또래보다 만 2년 이상 2차 성징의 증상이 빨리 시작되는 것을 의미합니다. 여아는 만 8세 이전에, 남아는 만 9세 이전에 2차 성징의 증상이 나타나면 성조숙증으로 진단할 수 있습니다.

성조숙증은 여자아이들의 경우 초경을 일찍 시작하고, 남아·여아 모두 정신적으로 성숙하지 못한 상태에서 오는 이른 신체 발달과 또래들과의 다름에서 오는 불안 등 다양한 문제를 불러올 수 있습니다. 게다가 2차 성징이 빨리 시작되면, 그만큼 또래에 비해 성장이 빨리 끝나기 때문에 아이의 키 성장을 방해하고, 성인이 되었을 때 최종 키가 예상보다 작아질 가능성이 크기 때문에 소아비만은 꼭 교정해주어야 합니다.

1. 소아비만 진단

의학적으로 소아비만은 유아기에서 사춘기까지의 연령대에서 신장별 표준 체중보다 20% 이상 많이 나가는 경우를 말합니다. 비만은 단순히 체중이 많이 나가는 게 아니라 체지방이 과도하게 축적된 상태를 말하기 때문에 비만을 진단하려면 정확한 체지방량 측정이 필요하지만 간접적으로 측정하는 방법을 이용하여 진단할 수 있습니다.

영아기 때 체중 증가가 많을수록 비만 위험이 높아져요

아이는 첫돌 전후까지 체지방률이 25%까지 증가하여 비만처럼 보일 수 있습니다. 하지만 대개는 생후 1년이 지나면서 체중보다 키가 빨리 성장하고 활동이 활발해지면서 정상 체형이 됩니다. 첫돌 이후에도 살이 많이 찐 아이는 유아비만으로 이어질 수 있고, 영아기 때 체중 증가가 많았던 아이일수록 소아비만이 될 위험이 높아집니다.

5~7세쯤 체지방이 다시 증가하기 시작해요

생후 1세 이후에는 키에 비해 체중이 증가하는 속도가 줄어들다가 5~7세쯤 다시 증가하며 체질량지수도 높아집니다. 이때 시작한 비만은 고도비만으로 가기 쉽고 대부분 성인비만으로 이어지기 때문에 특히 주의가 필요합니다.

소아비만의 경우 50% 이상이 만 6세 이전에 시작되기 때문에, 3세 이후부터는 비만이 되지 않도록 예방할 필요가 있습니다.

비만도를 이용한 측정법	**비만도(%)=(실제 체중－신장별 표준 체중)/신장별 표준 체중×100** 이 방법으로 측정하려면 소아의 성별, 신장별 표준 체중표가 필요합니다. 계산한 비만도 값이 20% 이상인 경우를 비만으로 진단할 수 있는데, 20~30%를 경도비만, 30~50%를 중도비만, 50% 이상을 고도비만으로 분류합니다.
체질량지수를 이용한 측정법	**체질량지수=체중(kg)/신장$(m)^2$** 이 방법은 주로 청소년이나 성인들에게 적용하는 방법으로 18세 이상의 경우 $25kg/m^2$ 이상이면 비만으로 진단할 수 있습니다. 소아의 경우 연령별 체질량지수 그래프와 비교했을 때, 85~94백분위 수이면 비만 위험군, 95백분위 수이면 비만으로 진단합니다. 영유아보다 6세 이상 아이들의 비만 진단에 더 적합한 진단법입니다.

Q90 우리 딸아이는 키 101cm에 몸무게는 19kg이나 나가서 조금 통통한 편인데, 이런 경우도 비만에 해당하나요?

A 키와 몸무게로 비만도를 계산해서 아이의 상태를 알아보면 됩니다. 계산해보면 (19-15.76)/15.76×100=20.56%가 나옵니다. 비만도 값이 20%를 넘으므로 경도비만에 속한다고 볼 수 있습니다.

Q91 만 4세인 우리 아이는 아직까진 정상 체중인데, 엄마 아빠가 모두 비만이에요. 아이가 비만이 될 확률이 높은가요?

A 보통 비만은 유전적 요인이 30%정도 관여하는 것으로 알려져 있습니다. 부모가 모두 비만일 경우 아이가 비만이 될 확률이 80%, 부모 중 한 명이 비만일 경우 아이가 비만이 될 확률이 40%, 모두 비만이 아닐 경우에는 7% 정도입니다. 부모 모두 비만이라면 비만 아동이 될 가능성이 매우 높습니다. 대부분의 소아비만은 만 6세 이전에 나타나기 때문에 지금부터 식단과 생활 습관에 신경 써야 할 것 같습니다.

2. 소아비만과 합병증

비만한 아이는 성인병이 생길 수 있어요

고혈압, 고지혈증, 당뇨병, 지방간 등의 성인병은 더 이상 어른들만의

육아PiN 처방전 　　　　　　　　　　**소아비만에 따른 질병들**

- 수면무호흡이나 코골이의 원인이 되기도 합니다.
- 천식이나 아토피 등의 질환이 생길 가능성이 높아집니다.
- 비만으로 인해 위-식도 역류 증상이 생길 수 있습니다.
- 여자아이의 경우 배란 장애를 일으키는 다낭성 난소증후군이 발생할 수 있습니다.

병이 아닙니다. 요즘 비만한 아이들에게서 이런 성인병이 나타나 문제가 되고 있습니다. 특히 비만도 50%가 넘는 고도비만아의 78%에서 고지혈증(61%), 지방간(38%), 고혈압(7%) 중 하나 이상의 비만 합병증을 가지고 있을 정도로 문제가 심각합니다. 최근 소아비만이 증가함에 따라 어른들에게서 나타나는 제2형 당뇨병이 소아 때부터 나타나고 있으며, 발생 연령도 점점 더 어려지고 있습니다.

소아비만 때문에 성조숙증이 나타날 수 있어요

소아비만은 성조숙증을 일으키는 주원인 중 하나입니다. 지방세포에서는 렙틴 호르몬이 분비되는데, 비만으로 렙틴이 과도하게 분비되면 성호르몬의 분비가 늘어나 성조숙증이

나타날 수 있습니다. 특히 여자아이의 경우 다양한 질병에서 안전하지 못합니다.

Q92 아이가 고도비만이에요. 요즘 들어 종종 숨 쉬기 힘들어하는데, 비만과 관계있나요?

A 살이 찌면 정상적인 경우보다 가슴 부위의 팽창과 수축이 적어, 비만인 아이의 경우 호흡기에 문제가 생길 수 있습니다. 심하면 모세기관지염이나 기관지천식 등의 호흡기계 질환에 걸릴 가능성이 높아집니다.

Q93 아이가 비만 진단과 함께 지방간이 있다는 이야기를 들었습니다. 어떻게 해야 할까요?

A 성인의 경우 육류 등 기름진 음식이 지방간의 주원인인 데 비해 소아의 경우 탄수화물의 과도한 섭취가 원인인 경우가 많습니다.

소아 지방간은 소아비만과 마찬가지로 식이요법과 운동요법, 생활습관 교정이 주된 치료입니다. 특히 라면, 햄버거, 과자 등 탄수화물의 섭취를 줄여나가야 합니다. 또 살을 빼기 위해 무조건 식사량을 줄이면 오히려 근육에 저장된 지방까지 간으로 모여 지방간이 심해질 수 있으므로 체계적인 관리를 해야 합니다.

▌3. 소아비만 치료

치료에서 가장 중요한 것은 가족의 도움이에요

어린아이들에게 왜 식단을 조절해야 하는지, 왜 먹고 싶은 음식을 마음껏 먹을 수 없는지, 운동은 왜 열심히 해야 하는지를 이해시키고 실천하도록 하는 것은 결코 쉬운 일이 아닙니다. 또 성인들이 단기간에 체중 감량을 하는 것과 달리, 소아비만 치료는 아이의 생활 습관과 식습관을 모두 바꿔야 하며, 성장을 고려해 치료해야 하는 장기간의 레이스입니다. 그래서 가장 중요한 것이 가족의 관심과 도움입니다. 아이의 평생 건강을 위해 가족 모두가 바른 식습관을 갖고, 생활 습관을 바꾸고, 운동을 일상화하는 노력이 필요합니다.

소아비만 치료는 비만도 감소가 목표예요

아이들은 계속 성장하고 있는 상태이기 때문에 안 먹고 체중을 줄이는 방법으로 비만 치료를 할 수 없습니다. 몸무게를 줄이는 과정에서 성장에 문제가 생길 수 있기 때문에 소아비만 치료는 성인의 경우보다 더 어렵습니다. 그래서 소아비만 치료는 현재 몸무게에서 더 찌지 않도록 유지하는 가운데 성장 속도에 맞춰 상대적으로 비만도를 줄이는 방법을 사용해야 합니다. 식사량을 조절할 때도 무조건 양을 줄이는 게 아니라 필요 이상 먹지 않도록 하는 것이 가장 중요합니다. 또 비만 치료를 하는 동안에도 성장에 필요한 영양소가 부족해지지 않도록 골고루 챙겨 먹어야 합니다.

식습관과 생활 습관 개선이 치료의 핵심이에요

소아비만은 대부분 과도한 칼로리 섭취와 부족한 활동량, 잘못된 생활 습관에서 비롯되기 때문에 이를 바로잡는 것이 소아비만 치료의 핵심이라고 할 수 있습니다. 아이들은 아직 성장기이기 때문에 성인처럼 저열량 식이요법 등의 방법은 안 됩니다. 아이의 성장에 필요한 영양소와 단백질을 충분히 섭취할 수 있도록 식단을 짜야 하고, 고칼로리, 고지방 음식과 인스턴트식품 등을 줄이려고 노력해야 합니다. 거기에 TV 시청과 게임 같은 정적인 시간을 줄이고 꾸준히 운동을 하는 것도 매우 중요합니다.

한의학으로 날씬하고 건강한 아이가 될 수 있도록 도와주세요

비만으로 진료실을 찾는 아이들을 보면 비만 때문에 건강상의 문제가 생겼거나, 건강하지 못한 이유로 살이 찌는 등 복합적인 문제가 있는 경우가 많습니다. 한의학적으로 보았을 때 비만한 아이들은 기가 매우 허하여 몸의 순환이 정체되기 쉬워 살이 찌고 체력이 떨어지는 경우나, 많이 먹는 만큼 오장육부의 기능이 따라주지 못해 인체 곳곳에 습담이 쌓여 몸이 무겁고 살이 찌는 경우로 생각해볼 수 있습니다. 그래서 식이요법, 운동요법과 함께 아이가 가진 건강상의 문제점을 바로 잡아주고 한의학적으로 오장육부의 기능을 도와주는 치료를 병행하면 보다 쉽게 소아비만을 치료할 수 있습니다.

Q94 제가 보기에는 아이가 그냥 조금 통통한 정도인데, 꼭 살을 빼야 하나요?

A 아이의 비만은 단순히 미용상의 문제가 아니라, 평생 건강한 삶을 살게 하기 위해서라도 반드시 교정해주어야 합니다. 실제로 비만은 장기적인 관리가 필요한 만성 질환으로 분류됩니다. 비만 때문에 각종 성인병이 생길 뿐만 아니라, 아이의 성장을 방해하고, 심리적인 열등감 등을 유발할 수 있어 반드시 전문가의 도움을 받아 치료해야 합니다.

Q95 소아비만으로 진단받으면 운동을 꼭 해야 하나요. 그럼 어떤 운동이 좋을까요?

A 비만을 치료하고 아이가 성장하는 데 운동은 필수입니다. 하지만 과격한 운동이나 힘을 많이 쓰는 운동은 오히려 식욕을 자극하고, 운동하는 도중 아이들이 다치거나 관절에 무리가 될 수 있어 피하는 것이 좋습니다. 아이가 너무 지치지 않는 범위 내에서 매일 일정한 시간 동안 적당히 땀이 날 만큼 몸을 움직일 수 있도록 도와주세요. 비만인 아이들의 경우 몸을 움직이며 노는 것이 습관화되어 있지 않으므로 옆에서 부모가 함께 운동하거나, 또래 친구들과 뛰어놀 수 있도록 도와주는 것이 좋습니다. 걷기나 줄넘기, 스트레칭이 비만 치료와 성장에 도움이 됩니다.

Q96 우리 아이는 먹는 걸 너무 좋아해요. 운동으로만 체중을 줄일 수는 없을까요?

A 밥 한 공기의 칼로리를 300kcal로 보았을 때, 이를 소비하기 위해서는 약 한 시간 반 동안 걷기 운동을 해야 합니다. 식이 조절 없이 운동만으로 체중 감량을 하는 것은 매우 어려운 일입니다.

Q97 병원에서 처방받는 다이어트 약, 아이도 먹을 수 있나요?

A 아이들은 성장하고 있는 시기라 비만 치료를 위해 칼로리나 영양소를 지나치게 제한할 경우, 아이의 성장과 뇌 발달에 좋지 못한 영향을 줄 수 있습니다. 약물요법은 소아비만 치료에 사용하지 않는 것이 바람직합니다. 다만, 한약이 도움이 될 수는 있습니다. 식욕을 일으키는 원인인 위열을 제거하거나 습담을 없애는 한약재를 사용하여 오장육부의 기운을 바르게 하면서 바른 성장을 도와줄 수 있기 때문입니다. 단, 반드시 전문 한의사의 진단이 있어야 합니다.

4. 소아비만 예방

소아비만의 경우 유전적 원인이 어느 정도 영향을 끼치긴 하지만 과도한 열량 섭취와 운동 부족, 그 외 환경적 요인이 복합적으로 작용하여 나타나는 것이기 때문에 부모가 미리 신경 쓰면 충분히 예방할 수 있습니다. 일찍부터 바른 식습관과 생활 습관을 가질 수 있도록 도와주는 것이 가장 중요합니다.

소아비만 예방을 위한 올바른 식습관

- 식사 시간은 규칙적으로, 음식은 꼭꼭 씹어서 천천히 먹게 해주세요.
- 밥을 먹으면서 TV를 보거나 책을 보는 습관은 좋지 않아요. 얼마나 많은 양을 먹었는지 알기 어려워 과식으로 이어지기 쉽습니다.
- 패스트푸드나 외식 메뉴는 대부분 고칼로리, 고지방 음식들이 많기 때문에 필요 이상의 칼로리를 섭취하게 되니 최대한 줄여주세요.
- 조리법은 튀김이나 볶음 요리보다는 구이나 찜 요리 위주로 해주세요.
- 저녁 7시 전에 식사를 마치게 해주세요. 야식은 절대 금지합니다. 낮에 먹는 음식은 에너지로 사용되지만 밤에 먹는 음식은 지방으로 바뀌어 우리 몸에 쌓입니다. 게다가 밤늦게 먹으면 소화도 되지 않아 소화 기능도 떨어뜨립니다.

Q98 아이가 식이 조절 중인데, 과일은 마음껏 줘도 괜찮나요?

A 과일은 채소처럼 살이 찌지 않는다고 생각하는 사람들이 많습니다. 그러나 과일은 다량의 당분을 함유하고 칼로리도 높아 많이 섭취했을 경우 살이 찔 수 있습니다. 마음껏 주는 것은 안 되고, 일정량만 섭취할 수 있도록 도와주세요. 특히 저녁 식사 후에 먹는 과일은 살이 찌기 쉬우므로 낮에 먹을 수 있도록 해주세요.

Q99 아이의 살을 빼려면, 식단은 어떻게 짜야 하나요?

A 가공식품 대신 제철 식품으로 만든 음식이 가장 좋습니다. 포

EBS 육아학교 육아 PiN 처방전 | **소아비만 예방을 위한 올바른 생활 습관**

- 일찍 잠들 수 있도록 도와주세요. 수면 시간이 부족하면 우리 몸은 식욕을 촉진하는 호르몬의 분비량을 늘려 과식이나 폭식을 하게 됩니다.
- 잠들기 전에는 TV 시청이나 스마트폰 사용을 자제하게 해주세요. 스마트폰 등의 밝은 불빛에 노출되면 숙면을 도와주는 멜라토닌 분비가 억제되고 식욕 억제 호르몬의 분비가 줄어들어 식욕이 늘어납니다.
- TV 시청, 컴퓨터 게임 등은 아이들의 활동량을 감소시키는 주범입니다. 하루 한 시간 이내로 시간을 정해주세요.

화지방산, 트랜스지방산, 콜레스테롤이 많은 식품의 섭취는 되도록 줄이고, 섬유소가 풍부한 채소와 잡곡의 비율을 늘리면 포만감이 높아져 체중 감량에 도움이 됩니다.

Q100 살을 빼려면 고기는 먹이면 안 된다는 이야기를 들었어요. 정말 그런가요?

A 성장기 아이들은 영양소를 골고루 섭취해야 하기 때문에 비만 치료 중에도 일정량의 고기는 섭취해야 합니다. 여기서 어떤 부위를 어떻게 먹느냐가 중요합니다. 되도록 지방이 없는 살코기 부위를 선택해 굽거나 튀기지 말고 삶거나 찌는 방법으로 조리해주세요. 아이의 하루 식단 총 칼로리 중 20~25% 정도는 단백질로 구성해주어야 성장에 필요한 단백질을 충분히 섭취할 수 있습니다.

성장과 발달:
우리 아이 잘 자라고 있는 건가요?

아이들마다 성장 속도는 제각각 달라요

옆집 아이는 벌써 기어 다니며 서려고 하는데, 같은 달에 태어난 우리 아이는 아직 잘 기지도 못할 때, 혹시 아이에게 무슨 문제가 있는 건 아닐지 부모는 걱정부터 앞서게 됩니다. 하지만 아이들마다 다른 차이가 있듯이 아이가 자라는 속도도 다 제각각입니다. 평균적인 성장 발달 과정에서 크게 벗어나지만 않는다면, 조금 늦거나 조금 빠른 것은 별문제가 되지 않습니다.

성장 & 발달, 억지로 되는 것은 아니에요

세상 모든 것에 순리가 있듯이 아이들도 마찬가지입니다. 아직 기지도 못하는 아기를 억지로 세워놓고 걸음마 연습을 시킨다고 해서 아기가 빨리 걸을 수 있는 것은 아닙니다. 아기가 뒤집고, 앉고, 기고, 걷는 모든 과정은 그 과제를 수행할 수 있을 만큼 아이의 근육과 골격, 신경계통이 발달해야 가능한 일입니다. 다른 아이들보다 조금 빨리 기고 걷는다고 해서 머리가 똑똑해지는 것도 아닙니다. 아이에게 강요하지 말고 성장 속도에 맞춰 마음을 느긋하게 가져야 합니다.

성장 & 발달, 무조건 많이 먹여서 되는 건 아니에요
아이들이 태어났을 때는 저마다 키도 다르고, 몸무게도 다릅니다. 다른 아이보다 몸무게가 좀 적게 태어났다고 해서 다른 아이를 따라잡으려고 무조건 많이 먹이면 소아비만이 되기 쉽고, 성조숙증이나 성인병이 발생할 가능성도 높아집니다. 아이가 정상적인 속도로 자라고 있다면 억지로 많이 먹이지 않아도 됩니다. 많이 먹는다고 빨리 성장하는 것은 아닙니다.

1. 우리 아이 성장 & 발달

아이마다 성장 속도는 다르지만, 일반적인 흐름이 있습니다. 처방전(116~117쪽, 아이들의 정상적인 성장 과정)에서는 출생 후부터 5년 동안 정상적인 아이들의 성장 과정을 알려줍니다. 아이가 이 과정에 꼭 들어맞지 않는다고 문제가 되는 것은 아닙니다. 과정에서 크게 벗어나지만 않으면 정상적으로 잘 자라고 있는 것이니 너무 걱정하지 마세요.

EBS 육아학교 **육아 PIN 처방전** 아이들의 정상적인 성장 과정(출생 후 1개월~5년)

- **생후 1개월** 이 시기 아이들은 대부분 주먹을 꼭 쥔 상태이고 엄마를 보고 웃거나 약간의 옹알이도 합니다. 얼굴을 빤히 쳐다보고 소리에 반응도 합니다.

- **생후 4개월** 이 시기가 되면 어느 정도 머리를 가눌 수 있게 됩니다. 엎어놓으면 혼자 머리를 수직으로 들 수 있고, 손으로 물건을 쥘 수도 있습니다. 또 환경이 바뀌는 것을 알아차리고 낯설어 하며 큰 소리로 웃기도 합니다.

- **생후 7개월** 혼자서 뒤집기가 가능해지며, 아직 완벽하진 않지만 몸을 앞으로 기울인 채 혼자 앉을 수 있습니다. 오른손에서 왼손으로 장난감을 옮겨 쥘 수도 있으며 '마, 바' 등의 소리를 내기 시작합니다. 발을 입으로 가져가기도 하고, 낯가림이 유독 심해지는 시기입니다.

- **생후 10개월** 이제 혼자 앉을 수 있으며 기어 다니고 무언가를 붙잡고 일어설 수 있습니다. 엄지와 검지만으로도 물건을 잡을 수 있으며 과자도 혼자 먹을 수 있고 젖병도 혼자 잡고 먹을 수 있습니다. '엄마와 아빠'처럼 의미 있는 단어를 말하기도 하고 '까꿍, 짝짜꿍' 등의 놀이도 할 수 있습니다. 또 자신의 이름이나 별명, 애칭을 부르면 반응을 보입니다.

- **생후 12개월** 아기는 이제 잠깐 동안 혼자 설 수 있고, 누군가와 손을 잡고 걸을 수도 있습니다. '엄마 아빠' 이외의 단어를 말하기 시작하고, 우유도 젖병이 아니라 컵으로 마실 수 있게 됩니다.

- **생후 15개월** 아기는 혼자서 걸을 수 있으며 계단을 기어 올라가기도 합니다. 정육면체 블록 두 개를 쌓을 수 있으며 그림 그리는 시늉을 하기도 합니다. 신체 부위를 말하기 시작하고 '엄마, 아빠' 이외에도 3~5개 정도의 단어를 사용할 수 있으며 이때부터 말을 빨리 배우기 시작합니다.

- **생후 18개월** 이제는 혼자서도 잘 걷습니다. 조금씩 뛸 수도 있고 손을 잡아주면 계단을 걸어 올라갈 수도 있습니다. 그림을 그리면서 놀고, 정육면체 블록도 세 개 정도 쌓을 수 있습니다. 열 개 이상의 단어를 말하고, 그림을 보고 이야기하는 흉내를 내기도 합니다. 이때부터는 혼자 하겠다고 떼쓰는 일이 점점 늘어납니다. 혼자서 밥을 먹으려 하고, 옷을 입으려 하고, 세수하려고 합니다.

- **생후 2년** 계단도 혼자 잘 오르내리고 뛰는 것도 곧잘 합니다. 숟가락질도 혼자 할 수 있고, 짧은 문장을 사용해 의사 표현을 할 수 있습니다.

- **생후 3년** 세발자전거를 탈 수 있으며 한쪽 발로 잠깐 서 있을 수 있습니다. 원이나 십자 모양을 보고 그릴 수 있으며, 숫자도 셋까지 셀 수 있습니다. 자기의 성별과 이름을 말할 수 있으며, 혼자서 손을 씻거나 양말을 신거나 신발을 신을 수 있습니다.

- **생후 4년** 서툴지만 혼자서 가위질을 할 수 있습니다. 세수나 양치질을 혼자 할 수 있으며, 사각형을 보고 따라 그리고, 사람 몸을 그릴 때도 세 부분 정도는 그릴 수 있습니다. 의사 표현이 좀 더 명확해져서 자기 의사를 표현할 수 있으며 단어의 반대말을 알기도 합니다. 그리고 혼자 노는 것이 아니라 다른 친구와 협조하며 놀 수 있는 시기입니다.

- **생후 5년** 줄넘기를 할 수 있으며 한 발을 번갈아 올리고 뛸 수도 있습니다. 열까지 숫자를 셀 수 있으며, 삼각형을 따라 그릴 수 있고 얼굴, 다리, 몸통이 있는 사람을 그릴 수 있습니다. 기본적인 색깔을 알고 있으며, 단어의 의미를 물어보기 시작합니다. 혼자서 옷을 잘 입고 벗을 수 있습니다. 다섯 살부터는 단체 생활의 규칙을 이해할 수 있으며, 아이들과 경쟁적인 놀이를 하기도 합니다.

Q101 생후 한 달 된 아기의 초보 엄마입니다. 아기가 언제부터 고개를 가누고 앉을 수 있게 되는지, 정상적인 운동 발달 단계를 알려주세요.

A 아이들의 평균적인 운동 신경 발달 단계를 기억해두면 육아에 많은 도움이 됩니다.

1개월	주목한다	5개월	물건을 잡는다	9개월	누웠다가 혼자 앉는다
2개월	미소 짓는다	6개월	배를 깔고 눕는다	10개월	붙잡고 선다
3개월	머리를 돌린다	7개월	혼자서 앉는다	11개월	붙잡고 걷는다
4개월	목을 가눈다	8개월	기어 다닌다	12~14개월	혼자서 서고, 걷는다

1) 조금 늦은 성장 & 발달

아기가 제대로 크고 있는지 궁금해요

많은 엄마들이 내 아이가 잘 자라고 있는지 궁금해합니다. 돌이 된 아이가 아직 걸음마를 못하는데 괜찮은 건지, 옆집 아이는 벌써 혼자 앉을 수 있다던데 내 아이는 아직 그러지 못한다면 무슨 문제가 있는 건 아닌지 걱정이 피어오르기 마련입니다.

조금 늦는다고 문제가 있는 것은 아니에요

아이마다 성장 속도가 다르기 때문에 정상적인 운동 신경 발달 단계에서 조금씩 늦어지는 것은 크게 문제 되지 않습니다. 또 조금 늦은 아이가 있는 반면, 아이에 따라서는 제대로 기지도 않았는데 갑자기 서려고 하는 등 발달 단계를 건너뛰는 경우도 있습니다. 조금 빠르다고 해서 아기의 머리가 특별히 좋은 것도 아니므로 여유를 갖고 기다려주면 됩니다.

발달이 너무 늦은 경우에는 진료를 받아보세요
대부분의 아이들은 발달이 조금 늦어도 문제가 있는 경우가 드물지만, 간혹 뇌성마비나 근육 질환으로 발달이 늦어지는 아이들도 있습니다. 만약 아이가 생후 2개월이 지나도 엄마를 보고 한 번도 웃지 않았거나, 3개월이 지나도 주먹을 펴지 못하거나, 생후 5개월이 되어도 목을 제대로 가누지 못하거나, 7개월이 지나도 앉지 못한다면 진료를 받아보세요.

Q102 생후 5개월 아기를 둔 엄마예요. 아기가 바로 누운 상태에서는 뒤집기를 할 수 있는데, 엎드린 상태에서는 못합니다. 괜찮은 건가요?
A 엎드린 상태에서 뒤집기를 못하는 것은 정상입니다. 바로 누워 있는 상태에서 뒤집는 것은 생후 4~6개월이면 할 수 있지만, 엎드린 상태에서 뒤집는 것은 생후 6개월 정도는 되어야 할 수 있습니다.

Q103 아기가 200일이 다 되어 가는데 아직 혼자서 뒤집기를 못합니다. 진료를 받아봐야 할까요?

A 생후 6개월이 지나서도 뒤집기를 못한다면 진료를 받아보는 것이 좋습니다. 물론 그렇다고 해서 모두 문제가 있는 것은 아니니 미리 걱정하지는 마세요. 아기에 따라 늦되는 경우도 있습니다. 하지만 간혹 이상이 있을지 모르기 때문에 이럴 경우에는 일찍 발견해서 치료하는 것이 아이 성장에 지장을 주지 않을 수 있습니다. 6개월이 지난 아기가 뒤집기를 못한다면 한 번쯤 확인해봐야 합니다.

Q104 아이에게 앉는 연습을 시키면 더 빨리 혼자 앉아 있을 수 있게 되는지 궁금합니다.

A 아이가 혼자 힘으로 앉을 수 있으려면 그에 맞는 근육과 골격, 신경, 뇌의 발달이 골고루 이루어져야 가능합니다. 충분히 발달하지 않은 상태에서 억지로 앉힌다고 해서 아이의 발달 정도가 빨라지는 것도 아니고, 오히려 아이 몸에 부담이 될 수 있습니다. 부모의 조급함만으로 되는 일이 아니며, 다 때가 되면 혼자서 할 수 있게 됩니다.

일반적으로 볼 때 아이가 생후 5개월 정도 되면 혼자 앉지는 못해도 기대앉거나 다른 사람이 받쳐주면 앉아 있을 수는 있게 됩니다. 6개월 정도 되면 기대지 않고도 잠깐 동안 혼자 앉아 있을 수 있습니다. 7개월 이후부터는 혼자 힘으로 몸을 일으켜 앉을 수 있지만, 아직 완벽하지는 않은 단계입니다. 8개월은 지나야 자기 체중을 혼자 감당할 만큼 앉는 것에 익숙해질 수 있습니다.

Q105 백일 된 아기인데, 수시로 다리를 뻗치고 힘을 주는 행동을 합니다. 혹시 무슨 문제가 있거나 어디가 불편해서 그러는 걸까요?

A 이 시기 아이들은 근육 긴장도가 증가해 다리를 뻗치거나 발길질하는 행동을 보이기도 합니다. 아이가 다리를 뻗치고 힘을 주는 모습을 보고 문제가 있는 건 아닐까 걱정하는 엄마들이 많은데, 이는 아이의 뇌와 신경이 잘 발달하고 있다는 증거라고 볼 수 있습니다. 하지만 아이가 다리에 힘을 주거나 뻗치는 것이 아니라 온몸이 뻣뻣하다면 뇌와 중추성 신경 장애로 인해 나타나는 증상일 가능성도 있습니다. 이런 증상을 보일 경우에는 진료를 받아보는 것이 좋습니다.

Q106 생후 6개월 된 아기를 보행기에 태워도 괜찮을까요? 보행기를 사용하면 빨리 걷는다는 이야기를 들었는데, 정말인지 궁금합니다.

A 생후 6개월은 보행기를 타기엔 아직 이른 시기로 보입니다. 보행기는 적어도 생후 8개월 정도 지나서 태우는 것이 좋습니다. 보행기는 혼자 힘으로 허리를 세우고 앉아 있을 만큼 골격과 근육이 발달한 다음에 태워야 합니다. 부모의 조급함으로 너무 일찍 태우면 아이의 척추에 무리를 줄 수 있습니다. 또 보행기를 태운다고 아이가 걸음마를 일찍 시작하는 것은 아닙니다. 오히려 보행기에 앉아서 걷는 자세가 실제 아기가 혼자 힘으로 앉거나 걷는 자세에 좋지 못한 영향을 끼칠 수 있습니다.

그리고 생후 8개월 이후에 보행기를 태우더라도 하루에 한두 시간 이상을 넘지 않도록 신경 써주세

요. 또 안전사고 위험이 있으므로 엄마의 시야 안에서 탈 수 있도록 해야 합니다. 보행기를 탄 채 넘어진다거나 계단이 있는 곳에서 보행기를 탄다든가 하면 위험한 상황이 발생할 수 있습니다.

Q107 돌 지난 아기인데, 이제야 겨우 붙잡고 설 수 있을 정도입니다. 아직 혼자 서지 못하는데 무슨 문제가 있는 건가요?

A 아이들의 평균적인 성장 발달 단계(처방전, 98~99쪽 참조)를 보면 생후 10개월 정도 되면 뭔가를 붙잡고 설 수 있으며, 11개월 정도에는 붙잡고 걸을 수 있으며, 돌 정도 되면 혼자 설 수 있게 됩니다. 하지만 아이들마다 개인차가 있기 때문에 빠르거나 조금 늦는다고 해서 크게 걱정할 필요는 없습니다. 아이가 여태까지 혼자 힘으로 뒤집고 앉고 기는 데 별문제가 없었다면 좀 더 기다려보세요. 그러나 아이가 생후 15개월이 지나서까지 제대로 혼자 서지 못 하고 걸음마를 해보려는 시도를 하지 않으면 다른 이상이 있는 건 아닌지 확인해보는 것이 좋습니다.

2) 언어 발달

언어 능력은 만 2세 전후에 본격적으로 발달하기 시작해요

아이는 생후 24개월을 전후로 언어 능력이 본격적으로 발달하여 말을 많이 익히게 됩니다. 생후 18~24개월의 아이는 대여섯 개의 단어를 이야기할 수 있고, 24~36개월의 아이는 '엄마, 우유'처럼 간단한 단어로 된 문장을 말할 수 있으며, 36~48개월이 되면 '엄마, 빨리 가자' 등의 본격적인 문장을 말할 수 있으며 발음도 좀 더 분명해집니다.

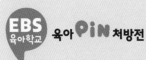

언어 발달이 지연되는 원인

1. 청력에 문제가 있는 경우 아이들은 엄마의 이야기, 엄마 아빠의 대화 등을 반복해 들으면서 자연스럽게 언어를 익히는데, 만약 청력에 문제가 있을 때는 말을 잘 들을 수 없으므로 말이 늦어지게 됩니다. 아이가 6개월 정도에 소리 나는 방향을 알지 못한다거나, 친근한 목소리나 음악 소리 등에 반응하지 않으면 청력 검사를 받아보는 것이 좋습니다.

2. 자폐증이 있는 경우 자폐증으로 정신 발달이 지연되면 언어 능력 발달도 떨어집니다.

3. 지능 장애가 있는 경우 뇌성마비나 수두증, 다운증후군 등의 질환으로 지능 장애가 있을 때 언어 발달이 늦을 수 있습니다. 언어가 지연되는 원인의 50% 이상이 여기에 해당됩니다.

언어 능력 발달은 아이마다 편차가 커요

아이들마다 언어 능력이 발달하는 시기는 많은 차이를 보입니다. 아직 두 돌이 안 된 아이가 문장을 구사하는 경우가 있는가 하면, 두 돌이 지나서까지 '엄마', '아빠' 정도의 단어만 말하는 아기도 있습니다. 언어 능력이 발달하는 과정에서는 아이들마다 편차가 커서 발달이 6~8개월 정도 늦어지는 것은 사실 크게 문제 되지 않습니다.

너무 늦는다면 검사를 받아보세요

아기가 말을 잘하지 못해도 엄마 말을 잘 알아듣고 또래와도 잘 어울린다면 두 돌까지는 큰 문제가 되지 않습니다. 하지만 말이 너무 늦된다면 아이 본인도 답답해서 스트레스를 받을 수 있고 친구를 사귀는 것도 힘들어 아이의 성격 형성에 지장을 줄 수 있습니다. 만약 아이가 생후 24개월이 지나도 엄마, 아빠 같은 단어를 말하지 못한다거나 생후 36개월이 지나도 간단한 단어로 된 문장을 말하지 못하는 경우에는 검사를 받아보는 것이 좋습니다.

Q108 아기가 만 36개월인데, 간단한 단어 정도밖에 말하지 못합니다. 병원에서 검사를 받았더니 이상이 있는 것은 아니라고 합니다. 혹시 집에서의 언어 교육에 문제가 있지는 않았는지 걱정됩니다.

A 아이에게 지능의 문제나 특별한 이상이 없는데도 언어 발달이 많이 늦어지는 경우라면, 말을 배우고 익힐 수 있는 환경이 충분하지 못했을 가능성이 있습니다. 아이들은 처음 말을 배울 때 엄마가 해주는 이야기, 엄마 아빠가 나누는 대화를 반복해 들으면서 단어의 의미를 알아내고, 스스로 표현하면서 언어를 습득해나갑니다. 그런데 엄마나 주변 어른들의 대화가 너무 적었다거나, TV를 시청하는 시간이 너무 길었다거나, 아이가 말하기 전에 엄마가 모든 것을 미리 알아서 챙겨주어 아이 스스로 표현해볼 기회가 별로 없을 때 아이의 언어 발달이 늦어질 수 있습니다. 이때는 언어 발달이 지연될 수 있는 원인을 알아보고 아이에게 적절한 언어 교육을 해주는 것이 좋습니다.

특별한 원인이 없어도 아이의 언어 발달이 조금 늦어질 수 있습니다. 기질적으로 언어 발달이 늦된 아이일 수도 있고 유전적으로 말이 좀 늦을 수도 있으며, 애정 결핍이 있거나 반대로 너무 오냐오냐 키워서 수동적인 아이일 경우에도 말이 늦어질 수 있습니다. 아이의 언어 능력이 평균적인 발달보다 6개월 정도 지연되는 것은 큰 문제가 되지 않습니다. 하지만 그 이상 지연되고, 언어 발달이 지연되는 원인 중에 의심되는 것이 있다면 검사를 받아보는 것이 좋습니다.

Q109 만 30개월 아기를 둔 엄마입니다. 또래보다 말을 곧잘 하는 편이었는데 몇 주 전부터 말을 더듬어요. 심하지는 않은데 문제가 있는 건 아닌지 신경 쓰이네요. 괜찮은 걸까요?

A 아이들의 말이 급격하게 느는 과정에서 일시적으로 말을 더듬는 증상이 나타날 수 있습니다. 머릿속에서 하고 싶은 말은 많은데 언어 능력이 따라가지 못할 때, 급한 마음에 말을 더듬는 증상이 나타납니다. 스트레스를 많이 받았다거나 아이가 크게 아프고 난 후에도 일시적으로 말을 더듬을 수 있습니다. 이 시기 아이들 중에 약 5%에게서 말을 더듬는 증상이 나타나는데, 성장하면서 자연스럽게 없어지는 경우가 많고 늦어도 만 5세가 지나면 대부분 좋아집니다.

처음에 말을 더듬을 때는 자음을 반복해서 말하는 것으로 시작하여 음절이나 단어를 반복해서 말하게 되고, 아이가 스스로 말을 더듬는다는 것을 인식하게 되면 이로 인한 불안감 때문에 더듬는 증상이 더 심해질 수 있습니다. 이럴 때 엄마가 혼낸다거나 아이 말을 막고 엄마가 대신 말을 해주면 아이는 주눅이 들어 더 심하게 더듬을 수 있습니다. 그러니 아이의 언어 능력이 충분히 발달할 때까지 느긋하게 기다려주세요. 이렇게 말을 더듬는 것은 아이의 발달 과정에서 나타날 수 있는 정상적인 증상이기 때문에 아이의 표현 능력이 좋아지고 아는 단어의 수가 늘어나면 자연스레 좋아지게 됩니다.

Q110 말을 더듬는 아기에게 엄마는 어떤 도움을 줄 수 있을까요?

A 아이가 말을 더듬어도 절대 다그치거나 화를 내면 안 됩니다. 오히려 아이가 말을 더듬고 있다는 사실에 무관심해지세요. 아이가 말을 더듬을 때는 아이에게 말을 하거나 엄마 아빠가 대화하는 중에 또박또박한 어조로 평소보다 느리고 명확하게 말해주세요. 아이가 엄마 아빠의 대화를 들으면서 어휘력과 표현 능력을 늘려갈 수 있도록 도와주는 것이 중요합니다. 또 아이가 최근에 크게 스트레스를 받은 일이 없었는지 한 번쯤 확인해보세요. 스트레스가 많은 경우에도 말을 더듬는 증상이 생길 수 있습니다. 아이의 마음이 편해지도록 도와주면 말 더듬는 증상은 자연스럽게 좋아질 수 있습니다.

하지만 말 더듬는 증상이 6개월 이상 지속되고, 이 때문에 아이가 스트레스를 많이 받는다거나 얼굴을 찡그리는 증상 등이 동반된다면 다른 문제가 있을 수 있으니 진료를 받아보세요.

Q111 큰 문제가 있는 것은 아닌데 또래보다 말이 조금 느린 듯합니다. 아이의 언어 발달을 도와줄 방법이 없을까요?

A 한방에서는 아이가 또래보다 언어 발달이 늦는 것을 '어지語遲'라고 합니다. 말하는 것은 심장의 소리라 하고 혀는 신장과 관련 있다고 해서, 말이 늦어지는 것은 오장 중에서 심장과 신장이 관련 있다고 봅니다. 아이가 선천적으로 신장이 허하거나 심장의 기운이 조화롭지

못하거나 아니면 후천적으로 비위가 약해진 경우에도 언어 발달이 지연될 수 있습니다. 이런 경우에는 부족한 오장육부의 기능을 개선하는 치료를 통해 아이의 언어 발달을 도와줄 수 있습니다. 언어 치료를 받아야 하는 경우에도 오장육부의 기운을 도와주는 치료를 병행하면 아이의 언어 능력이 정상적으로 발달하는 데 큰 도움이 됩니다.

▌2. 우리 아이의 2차 성징

2차 성징은 아이가 어른이 되어가는 과정이에요

엄마 아빠도 몸이 조금씩 달라지고 커가는 변화의 시기를 지나왔지만 정확히 언제쯤이었는지, 어떻게 달라졌는지 자세히 기억하지 못하는 경우가 대부분입니다. 하지만 이런 몸의 변화가 정상인지 궁금해서 친구들과 비교해보며 불안해했던 기억은 누구나 가지고 있을 것입니다. 그런 시기가 내 아이에게도 곧 다가오기 마련입니다. 내 아이에게 부모가 언제, 어떤 변화가 일어나게 되는지 알려줄 수 있다면, 아이들이 그 시기를 좀 더 슬기롭게 이겨낼 수 있을 겁니다.

2차 성징은 두 번째 '발육급진기'예요

사람은 태어나서 두 차례의 '발육급진기'를 거치는데 이 시기에는 짧은 시간에 몸이 놀랄 만큼 성장합니다. 첫 번째 발육급진기는 두 살 무렵이고, 두 번째는 열두 살 전후로 나타나는데, 몸 안의 내분비샘에서 만들어지는 호르몬의 작용 때문입니다.

육아 PIN 처방전 ｜ **키 성장을 돕는 생활 수칙**

- **일찍 잠자리에 들게 해주세요** 아이의 키 성장을 도와주는 성장 호르몬은 밤 10시에서 새벽 2시 사이에 가장 많이 분비되고, 아이가 잠들고 한두 시간 이후에 가장 왕성하게 분비됩니다. 아이가 일찍 잠자리에 들고 충분히 숙면을 취해야 키가 충분히 클 수 있습니다.

- **적당한 운동이 꼭 필요해요** 줄넘기나 농구 등 성장판을 자극하는 운동, 척추를 바르게 해주고 근육을 이완시켜주는 스트레칭 등은 키를 크게 하는 데 많은 도움을 줍니다. 단, 역도나 유도 같은 무리한 운동은 오히려 성장에 방해가 될 수 있으니 주의하세요.

- **미리 건강 관리를 해주세요** 아이가 감기에 걸리면 병을 낫게 하는 데 에너지를 쓰느라 키 성장이 멈춥니다. 따라서 아이가 아프지 않게 평소 건강 관리를 잘해주세요.

- **스트레스도 키 성장을 방해해요** 학업에 대한 지나친 스트레스나 가정 문제, 또래 친구 문제, 낯선 환경 등으로 아이가 스트레스를 받으면 키 성장에 방해를 줄 수 있습니다.

여성 호르몬과 남성 호르몬이 분비되기 시작해요

몸의 변화가 오기 전, 가장 먼저 변화가 시작되는 곳은 '뇌'라고 할 수 있습니다. 사춘기가 본격적으로 시작되기 전부터 우리 뇌의 뇌하수체에서 호르몬이 분비되는데, 여자아이에게는 여성 호르몬을, 남자아이에게는 남성 호르몬을 만드는 역할을 합니다. 이 호르몬의 양이 점차 많아지면서 겉모습도 여성스럽게, 남성스럽게 달라지기 시작합니다.

1) 발육급진기

여아는 11세, 남아는 13세 전후로 발육급진기가 찾아와요

두 번째 발육급진기인 사춘기 이전에는 남자아이나 여자아이 모두 1년에 평균 4~5cm 성장하는데, 발육급진기에 남자아이는 1년에 7~12cm, 여자아이는 1년에 6~11cm가량 자랍니다. 통계적으로 여자아이는 11세, 남자아이는 13세를 전후해서 발육급진기가 시작됩니다. 하지만 유전적인 영향이나 영양 상태에 따라 조금씩 달라질 수 있습니다.

성호르몬의 분비가 키 성장 시기를 결정해요

키가 자라는 것은 곧 뼈가 성장한다는 의미입니다. 어린아이들의 경우 어른과 달리 뼈 끝부분인 연골이 자라면서 뼈가 자라고 키가 커집니다. 하지만 연골은 일정 시기가 되면 더 이상 자라지 않고 성장을 멈추는데, 그 시기를 결정하는 것이 바로 '성호르몬의 분비'입니다. 따라서 성호르몬이 늦게 분비되면, 그만큼 키가 오랫동안 자란다고 볼 수 있습니다. 일반적으로 여성이 남성보다 작은 이유는 남자아이보다 더 어린 나이에 성호르몬이 분비되기 시작하여 키가 자라는 기간이 남자아이들보다 짧아지기 때문입니다.

Q112 성호르몬이 분비되기 시작하면 바로 키 성장이 멈추는 건가요? 초등학교 5학년 아이인데, 초경을 시작했고 키가 150cm 안팎입

니다. 이대로 성장이 멈출까 봐 걱정입니다.

A 초경을 시작했다고 해서 키 성장이 바로 멈추는 것은 아닙니다. 성호르몬의 분비가 본격적으로 시작되면 성장판이 닫히면서 키 성장이 점점 마무리됩니다. 여자아이의 경우 초경을 시작하면 일반적으로 2년간 평균 4~6cm 정도 더 자랍니다.

Q113 아이의 키 성장을 돕기 위해 주의해야 할 것들을 알려주세요.

A 아이의 키 성장을 위해서는 무엇보다 생활 습관 관리가 중요합니다. 처방전(128쪽, 키 성장을 돕는 생활 수칙)을 참조하여 부모님이 옆에서 아이가 잘 생활할 수 있도록 도움을 주세요.

2) 사춘기 여자아이의 신체 변화

여자아이는 일반적으로 만 10세를 전후해 가슴 멍울이 생기면서 가슴이 커지고 이로부터 1년쯤 뒤에는 음모가 나기 시작합니다. 이후 반년에서 1년 정도 뒤인 만 12세를 전후해서 초경을 시작합니다.

Q114 초등학교 4학년 딸아이를 둔 엄마예요. 얼마 전부터 가슴이 아프다고 하는데, 문제가 있는 걸까요?

A 아이가 2차 성징으로 인해 가슴 멍울이 생기기 시작하는 것으로 보입니다. 이때는 멍울이 딱딱하게 잡히면서 옷깃이 스치거나 살짝 부딪히기만 해도 통증을 느낄 만큼 예민해집니다. 이는 정상적인

성장 과정에서 생기는 증상이니 걱정할 필요는 없습니다.

Q115 13세 여자아이인데, 가슴 양쪽 크기가 다른 것 같아요. 아이가 걱정을 많이 하는데 어떻게 해야 되나요?

A 사람에 따라 양쪽 가슴의 성장 속도가 다른 경우도 있습니다. 그리고 한창 성장기인 지금은 왼쪽 가슴과 오른쪽 가슴의 크기가 다르다고 해서 크게 신경 쓸 필요는 없습니다. 시간이 흐르면 거의 비슷해지기 때문에 만약 아이가 이런 문제로 고민하고 있다면 걱정하지 않아도 된다고 얘기해주세요.

Q116 딸아이에게 초경에 대해 어떻게 설명해주면 좋을까요?

A 사춘기에 접어든 여자아이들의 몸에 나타나는 가장 큰 변화는 '생리'라고 볼 수 있습니다. 아직 어린 아이들에게 초경은 무서운 일 또는 숨겨야 할 부끄러운 일로 여겨질 수도 있습니다. 아이가 학교에서 갑자기 초경을 시작하여 당혹스러운 일을 겪지 않게 하려면, 그전에 미리 아이에게 생리의 의미와 대처 방법에 대해 설명해주는 것이 필요합니다. 아직 아이에게 난자와 정자의 수정, 자궁 내막과 호르몬의 변화 등을 설명하는 것은 어려운 일입니다. 그 대신 "생리는 여자의 몸이 아기를 가질 수 있도록 매달 준비 운동을 하는 거란다. 물론 그런다고 해서 매번 임신한다는 뜻은 아니야. 하지만 이제 아기를 가질 수도 있고, 어른이 되어가는 신호이기 때문에 좀 더 몸을 소중히 해야 한단다."라고 설명해준다면 아이가 좀 더 쉽게 받아들일 수 있습니다. 또 생리가 부끄러운 일도 아닌 어른이 되어가는 과정이라고 알려주세요.

Q117 얼마 전부터 초등학교 다니는 딸의 속옷에 분비물이 묻어 나오기 시작합니다. 냉인 듯싶은데, 어디가 안 좋은 것은 아니겠지요?

A 냉이 나온다는 것은 곧 초경을 시작한다는 신호로 볼 수 있습니다. 딸의 속옷에 분비물이 늘어나기 시작했다면, 외출할 때 여분의 속옷이나 생리대를 챙기도록 해주는 것이 좋습니다. 또 엄마가 없을 때도 당황하지 않게 생리대 사용하는 방법을 미리 가르쳐주세요.

Q118 여자아이의 사춘기 발달 단계를 알려주세요.

A 여자아이의 사춘기 발달 단계는 가슴의 발달과 음모의 유무를 기준으로 크게 5단계로 나눌 수 있습니다.

1단계	가슴 발달 없이 유두만 융기한 상태로, 사춘기 변화가 시작되기 전의 상태라고 볼 수 있습니다.
2단계	여성 호르몬의 영향으로 몸이 조금씩 변화하는데 유두와 주변 가슴 부분이 조금씩 봉긋해지고, 음부 주변으로 약간의 솜털이 나기 시작합니다.
3단계	가슴이 좀 더 봉긋해지고, 본격적으로 곱슬곱슬한 음모가 자랍니다.
4단계	유륜이 발달하기 시작해 유방과 유륜이 이중 융기의 모습을 띱니다.
5단계	가슴이 더 커지고 유두 주변의 융기는 후퇴해 이중 융기가 사라져 성인의 가슴 형태를 띠고 음모 역시 성인과 동일한 양과 분포를 보입니다.
여자아이는 일반적으로 2단계와 3단계 사이에 급성장기가 시작되고, 3단계와 4단계 사이에서 초경을 시작합니다.	

3) 사춘기 남자아이의 신체 변화

남자아이는 일반적으로 만 11세를 전후해 고환이 커집니다. 그리고 이로부터 1년쯤 후에는 음모가 나기 시작합니다. 남자아이들은 만 13세를 전후해 발육급진기가 찾아오면 본격적인 키 성장이 시작됩니다.

Q119 남자아이의 사춘기 발달 단계를 알려주세요.

A 남자아이의 사춘기 발달 단계는 음경과 음낭의 발달, 음모의 유무를 기준으로 크게 5단계로 나눌 수 있습니다.

1단계	아직 음모나 음경의 변화가 없는 단계를 말합니다.
2단계	성호르몬의 영향을 받는 단계로, 이때부터 음경과 음낭이 약간씩 커지고, 약간의 착색도 시작됩니다. 음경 저부에도 긴 솜털이 나기 시작합니다.
3단계	음경이나 음낭이 더 커지고 길어지며 음모도 짙어집니다.
4단계	음경이 더 커지고 길어지며 음모의 형태도 성인과 비슷해집니다.
5단계	음경과 음낭의 크기, 음모의 분포나 양이 성인과 동일한 상태라고 볼 수 있습니다.
남자아이는 일반적으로 3단계와 4단계에서 급성장기가 나타납니다.	

Q120 중학생 남자아이를 둔 엄마입니다. 아이가 또래 친구들보다 몸에 털이 적어 자기가 이상한 게 아닐까 고민을 많이 하는데요. 체모가 적은 것이 문제 되기도 하나요?

A 체모의 많고 적음은 유전적인 것이지 남성성, 여성성과는 관계없습니다. 또래보다 체모가 적거나 많다고 해서 걱정할 문제는 아닙니다. 아이에게 잘 말해주세요.

Q121 초등학교 6학년 아이가 자다가 몽정을 했나 봅니다. 아이가 벌써 성적인 것에 관심을 가지는 건 아닌지 걱정되네요.

A 사춘기의 남자아이들은 누구나 '몽정'을 경험하게 됩니다. 몽정이란 잠자고 있는 동안 성기가 발기해서 정액을 몸 밖으로 배출해 내는 현상으로, 꿈보다는 야간 발기에 의해 사정하는 경우가 더 많아 몽정했다고 해서 꼭 성적인 꿈을 꾸었다곤 볼 수 없습니다.

남자아이들은 아침에 일어나서 속옷이 젖어 있을 때 많이 당황해하고 부끄러워하는 경우가 많습니다. 몽정은 창피해할 일이 전혀 아닙니다. 오히려 몽정하지 않는 것이 비정상적이라고 볼 수 있습니다.

4) 사춘기 아이들의 몸에 대한 고민

호르몬 변화로 찾아오는 다양한 신체 변화 때문에 아이들은 외모나 체중 문제, 피부 트러블 등 지금까지 경험하지 않았던 새로운 고민거리들과 맞닥뜨리게 됩니다.

Q122 초등학교 3학년 남자아이인데 얼마 전부터 여드름이 나기 시작했습니다. 이렇게 어린 나이에도 여드름이 나기 시작하나요?

A 사춘기 아이들이 많이 하는 고민 중 하나가 바로 피부 트러블과 여드름입니다. 여드름은 피지가 피부 표면 아래 쌓여 생기는데, 사춘기에 여드름이 많아지는 이유는 호르몬 분비량의 변화로 피지선에서 피지가 지나치게 많이 분비되기 때문입니다.

EBS 육아학교 육아Pin 처방전 | **땀 냄새 줄이는 방법**

- 매일 샤워를 하고, 특히 겨드랑이와 성기는 더 깨끗이 씻어주는 것이 좋아요.
- 항상 깨끗한 옷을 입히고, 평소에도 땀을 많이 흘리는 아이라면 땀 흡수가 잘되고 공기가 잘 통하는 면으로 된 옷을 입힙니다.
- 여자아이의 경우, 샤워할 때 여성의 생식기는 산성 상태를 유지해야 하므로 일반 비누나 샤워젤 등은 사용하지 않는 것이 좋습니다. 평소에는 물로만 씻어도 충분하고, 중성 비누를 사용하면 됩니다.

어린아이의 피부는 성인보다 훨씬 섬세하고 연약하기 때문에 여드름이 생기면, 방치하지 말고 상담을 받아보는 것이 좋습니다. 여드름은 더러워서 생기는 것이 아니기 때문에 세안을 너무 강하게 한다거나 자주 하는 것은 도움이 되지 않습니다. 또 여드름을 계속 만지거나 손으로 뜯어내면 흉터가 남을 수도 있으니 주의해야 합니다.

Q123 초등학교 6학년 아들이 얼마 전부터 몸에서 냄새가 나는 것 같다며 하루에도 몇 번씩 샤워를 합니다. 못하게 할 수도 없고, 혹시 어디가 안 좋아서 냄새가 난다고 느끼는 것은 아닌지 걱정됩니다.

A 사춘기의 아이들은 자기 몸에서 나는 '냄새'에 신경 쓰기 시작합니다. 성호르몬의 영향으로 그전에는 나지 않던 땀 냄새가 나고 체취가 변화하기 시작하는데요. 일반적으로 땀은 무색무취인데, 땀샘

부근의 세균이 땀 속에 포함된 유기물을 분해하는 과정에서 땀 냄새가 나는 것입니다. 땀샘 중에서도 겨드랑이, 유두, 외이도, 배꼽 주변, 회음부 등에 발달해 있는 '아포크린샘'에서 주로 냄새가 납니다.

사춘기에 갑자기 땀 냄새가 많이 나는 것은 불쾌한 냄새를 내는 것으로 추정되는 아포크린샘이 사춘기 때부터 커지기 때문입니다. 특히 남자아이는 여자아이보다 활동량이 많아 땀도 많이 흘리고, 기초 대사량도 더 높고, 성호르몬의 분비물도 많아 땀 냄새가 더 나는 겁니다.

Q124 12세 딸아이가 얼마 전부터 외모에 부쩍 신경을 쓰네요. 제가 보기엔 괜찮은데, 뚱뚱한 것 같다고 고민합니다. 다이어트를 하겠다는데 어떻게 해야 할까요?

A  한창 성장할 시기에 외모만을 위한 다이어트는 피해야 합니다. 사춘기 아이들의 고민 중 하나가 바로 '체중'입니다. 사춘기가 되고 외모에 신경 쓰게 되면서 내가 뚱뚱한 건 아닐까 하는 고민을 하기 마련입니다. 과체중일 경우에도 성장을 방해하고, 성조숙증을 유발하는 등 다양한 문제를 유발할 수 있습니다. 반대로 살이 찌지 않았음에도 스스로 뚱뚱하다고 생각해 음식 섭취를 거의 하지 않는 거식증 같은 섭식 장애도 아이들의 정상적인 성장을 방해할 수 있으므로 반드시 교정이 필요합니다. 너무 비만하거나 너무 마르거나 섭식 장애가 있는 경우, 단순히 체중 문제에서 그치지 않습니다. 아이의 성장과 성격 형성, 특히 섭식 장애의 경우 생명과도 연관되기 때문에, 만약 아이가 이런 문제로

고민하고 있다면 그냥 지나치지 말고 관심을 가져주세요.

3. 성조숙증

성조숙증은 2차 성징이 2년 이상 빨리 나타나는 것이에요

성조숙증은 아이를 키우는 부모라면 한 번쯤 들어봤을 병명입니다. 요즘 각종 매체에서도 성조숙증의 심각성을 보도할 정도로 현대 사회에서 중요한 이슈가 되고 있습니다. 성조숙증은 아이의 2차 성징(사춘기의 신체적인 변화)이 또래 아이들보다 만 2년 이상 일찍 시작되는 것을 말합니다. 부모와 아이 모두에게 큰일일 수밖에 없는 성조숙증이 최근에 점점 늘어나면서 진료실을 찾는 사람이 많아졌습니다.

성조숙증은 일반적으로 여자아이의 경우에는 만 10세를 전후해서 유방의 멍울이 생기기 시작하고 그로부터 1년 뒤에 솜털 같은 음모가 생기고, 다시 반년에서 1년 뒤인 만 12세를 전후로 초경을 시작합니다. 또 남자아이의 경우에는 만 11세를 전후해 고환의 용적이 커지는 등 사춘기 증상이 시작되는 것이 일반적입니다. 그런데 여아는 만 8세 이전에 유방 발달이 시작되고, 남아는 만 9세 이전에 고환 발달이 시작되는 경우 성조숙증으로 진단할 수 있습니다.

점점 늘고 있는 성조숙증, 우리 아이도 안심할 수 없어요

성조숙증을 진단받고 치료받는 아이들이 해마다 늘고 있습니다. 건강보험심사평가원에서 조사한 자료를 보면 성조숙증으로 진료받은 아

이들의 수가 2006년 6400명에서 2010년 2만 8000명으로 5년간 약 5배나 증가했으며, 2010년 2만 8000명에서 2014년에는 7만 2000명으로 2.5배나 증가한 것을 확인할 수 있습니다.

이렇게 짧은 기간 동안 성조숙증을 진단받는 아이들이 급격히 늘어난 까닭은 무엇일까요? 성조숙증을 일으키는 원인은 다양하지만 기본적으로 식생활의 서구화와 과도한 영양 섭취, 소아비만 등이 주요 원인으로 작용한다고 볼 수 있습니다. 또 성조숙증에 대한 인식이 점점 높아져서 예전에는 성조숙증인 줄 모르고 지나쳤는데, 지금은 미리 알고 병원을 찾는 경우가 늘고 있기 때문입니다.

1) 성조숙증 진단

여자아이는 만 8세 이전에 유방 발달이 시작되고, 남자아이는 만 9세 이전에 고환 발달이 시작되는 경우, 성조숙증으로 진단할 수 있습니다. 하지만 단순히 유방이나 고환의 크기 변화만으로는 진단할 수 없기 때문에 반드시 전문의의 진단이 필요합니다.

또래보다 이른 나이에 신체적 변화를 보인다고 판단되면, 성조숙증의 확진을 위해 혈액 검사를 합니다. 이외에도 성조숙증 자극 검사나 성호르몬 수치 등을 통해 성조숙증을 확진할 수 있으며, 골 성숙 정도를 알아보기 위해 성장판 검사를 진행하기도 합니다.

Q125 초등학교 1학년 여자아이입니다. 아직 아이의 가슴이 봉긋하

진 않은데, 가끔 가슴이 아프다고 합니다. 이런 것도 성조숙증 증상인가요?

A 🙂 가슴 멍울이 처음 생기기 시작할 때는 가슴이 어디에 부딪히거나 살짝 스치기만 했는데도 아프다며 통증을 호소합니다. 아직 눈에 띌 정도로 가슴 멍울이 생긴 것은 아니지만, 아이가 특별히 다친 곳 없이 가슴이 아프다고 말한다면, 가슴 발달이 시작되는 증상이라고 볼 수 있습니다. 초등학교 1학년은 가슴이 발달하기에는 매우 이른 나이이기 때문에 아이의 증상 호소가 계속된다면 성조숙증 검사를 받아보세요.

Q126 10세 남자아이입니다. 여자아이는 가슴 멍울이 생기는 것을 눈으로 확인하기 쉽지만, 남자아이는 고환 발달이 언제부터 시작하는지 잘 모르겠어요. 얼마나 커져야 고환 발달이 시작되는 건가요?

A 🙂 일반적으로 고환 발달의 시작은 고환 용적이 4cc 이상 되면서라고 볼 수 있습니다. 만 9세 이전의 아이가 어른 엄지손가락 끝마디 정도의 크기로 고환이 성장했다면 성조숙증을 의심해볼 수 있습니다.

Q127 우리 아이는 아직 어리지만 성조숙증이 올까 봐 걱정됩니다. 집에서 미리 체크해보려면 어떤 증상을 챙겨봐야 할까요?

A 🙂 성조숙증은 예방과 조기 진단이 가장 중요한 질환입니다. 집에서 미리 아이의 성장 속도와 증상의 변화를 체크하는 것은 성조숙증을 예방하는 데 큰 도움이 됩니다. 만약 다음과 같은 증상이 여자아이는 만 8세 이전에, 남자아이는 만 9세 이전에 나타난다면 성조숙

증을 의심하고 검사를 받아보는 것이 좋습니다.

여자아이	남자아이
• 가슴에 멍울이 만져지기 시작한다. • 가슴이 살짝만 부딪혀도 아파하거나 불편함을 느낀다.	• 고환이 어른 엄지손가락 끝마디 정도 크기로 커진다. • 음경 색이 짙어지고 길어진다. • 어깨가 넓어진다. • 변성기로 목소리가 변한다.
공통 사항	
• 음모나 액모가 자라기 시작한다. • 머리 냄새나 땀 냄새가 부쩍 나기 시작한다. • 얼굴의 피지 분비가 늘어 여드름이 나기 시작한다. • 키가 갑자기 1년에 7~8cm 이상 자란다.	

이러한 증상 중 한두 개가 해당된다면 성조숙증을 의심해보아야 하고, 세 개 이상이면 빨리 치료가 필요한 상태라고 볼 수 있습니다. 부모님이 수시로 아이들의 성장 발육 상태를 체크해보는 것이 성조숙증을 예방할 수 있는 가장 좋은 방법입니다.

Q128 9세 여자아이입니다. 작년에 아이가 갑자기 키가 크기 시작해서 1년 동안 8cm가 자랐어요. 성조숙증을 의심할 만한 다른 증상은 보이지 않는데, 그래도 조금 걱정됩니다.

A 🧑 아이가 1년 동안 8cm 가까이 자랐다면, 사춘기 이전의 성장 속도보다는 빠른 편이라고 볼 수 있으며 사춘기가 진행되는 신호로 의심해볼 수 있습니다.

2차 성징이 시작되기 전의 아이들은 1년에 평균 4~6cm 자라고, 사춘기가 시작되면서 성장 속도가 빨라져 1년에 8~10cm 자랍니다. 하지만 이런 급성장기는 사춘기가 시작되고 2~3년 정도 계속되다가 점점 속도가 줄어들고 멈추게 됩니다.

또래보다 일찍 급성장기가 시작되면 어릴 때는 키가 큰 것처럼 보이지만, 결국 성장이 일찍 멈추어 성인이 되었을 때의 키는 예측한 것보다 훨씬 작아질 수 있습니다. 이른 나이에 너무 빨리 크는 것은 성조숙증일 가능성이 있으므로 검사를 받아봐야 합니다.

2) 성조숙증과 질환

많은 사람들이 가장 의아해하는 것 중 하나가 바로 성조숙증이 아이에게 어떤 문제를 일으키느냐일 것입니다. 또래보다 좀 더 일찍 성장하면 더 많이 크고, 더 많이 자랄 수 있으니 좋지 않을까 하고 생각하기 쉽습니다. 그러나 성조숙증은 단순히 2차 성징이 빨리 시작하고, 빨리 자라는 것으로 그치지 않고 아이의 신체적 발달, 심리적 발달 등 다양한 측면에서 나쁜 영향을 끼칠 수 있으므로 조심해야 되는 질환입니다.

키 성장을 방해해요

성조숙증으로 생길 수 있는 문제 중에 많은 부모님에게 가장 크게 와닿는 부분이 바로 키와 관련된 것입니다. 아이의 성장이 일찍 시작된 만큼 빨리 끝나기 때문에 그만큼 키가 클 수 있는 기간이 줄어들어 결과적으로 10cm 또는 그 이상까지도 작아질 수 있습니다.

초경으로 인한 불편함과 정신적인 충격을 받을 수 있어요

또 다른 문제는 여자아이들이 때 이른 초경으로 겪게 되는 불편함과 심리적 문제들입니다. 정상적인 나이에 초경을 시작해도 그 시기 여자아이들에게 생리란 부끄럽고 매우 불편한 것일 수밖에 없습니다. 성조숙증으로 만 10세 이전, 즉 초등학교 3학년 전후에 초경이 시작되면,

아직 자기 몸을 추스르기도 힘든 나이에 생리로 인한 불편함과 대처의 미숙함, 생리통 등의 신체적인 문제에 부딪히게 됩니다. 게다가 또래와 다르다는 점에서 오는 부끄러움과 스트레스도 아이들에게 큰 문제가 될 수 있습니다.

다양한 질환에 노출될 가능성이 높아요

여자아이의 경우 초경을 일찍 시작하면, 당장에는 어떤 질환이 나타나지 않지만 너무 이른 시기 성호르몬에 노출되어 성호르몬의 영향을 받는 기간이 길어지면 난소나 자궁, 유방 등에 에스트로겐 의존성 종양이 생길 가능성이 더 높아집니다. 또 폐경 시기가 앞당겨질 수도 있습니다.

Q129 딸아이가 만 8세에 키 130cm 정도로 제법 큰 편입니다. 석 달

전 성조숙증 진단을 받았는데요, 선생님이 키가 잘 자라지 않을 수도 있다면서 걱정하더군요. 지금 아이가 이렇게 큰데 성조숙증 때문에 또래보다 작아질 수 있다니, 왜 그런 건지 궁금합니다.

A 아이들의 성장 발달 곡선을 보면, 사춘기 전에는 보통 1년에 4~5cm 정도 키 성장이 일어나고, 사춘기를 기점으로 2~3년간 1년에 7cm에서 많게는 15cm까지 자라는 급성장기를 거칩니다. 이후에는 성장 속도가 점점 줄어들다가 멈추면서 최종 성인 키에 이르게 됩니다. 문제는 성조숙증으로 이런 급성장기가 일찍 시작했다고 해서, 다른 아이들보다 성장이 오래 지속되는 게 아니라 똑같이 2~3년간 지속되다가 성장이 느려지고 멈춘다는 것입니다. 지금 당장은 또래보다 키도 크고 체격도 커 보이지만, 성조숙증으로 급성장기가 일찍 시작되면 급성장기 이전에 벌어놓은 키, 즉 2차 성징이 시작되기 전의 키가 정상적인 아이들보다 작을 수밖에 없기 때문에 결과적으로 성인이 되었을 때의 키가 작은 것입니다.

Q130 초등학교 3학년에 초경을 시작해서 병원에 갔다가 성조숙증 진단을 받았습니다. 생리를 미룰 방법은 없다 하고 아이도 생리대 사용을 곧잘 하는 것 같은데, 어떤 점을 신경 쓰면 좋을까요?

A 성조숙증은 키 성장을 방해한다거나 빠른 초경으로 인한 불편함 등 신체적인 문제뿐만 아니라 또래와 다르다는 데에서 오는 스트레스로 정신적인 문제가 있을 수 있습니다. 몸은 어른인데 정신 연령은 어린아이이기 때문에 다양한 심리적, 정서적 문제가 생길 수 있습니다. 그래서 더 관심을 가지고 지켜봐야 합니다.

아이가 지금은 생리대를 잘 사용하는 것 같아 보이지만, 초등학교 3학년이라면 아직 어리기 때문에 학교에서 생리혈이 옷에 묻거나 하는 일이 생길 수 있습니다. 그러면 친구들에게 놀림을 받을 수 있고, 아이에게 지울 수 없는 상처로 남을 수도 있습니다. 처음 생리를 하게 되면 생리 주기나 생리 양이 모두 불안정하기 때문에 아이에게 비상용 생리대나 갈아입을 여벌의 옷을 엄마가 미리미리 챙겨주세요. 또 이른 나이에 초경을 시작하면, 생식기의 발달이 아직 완전한 상태가 아니어서 생리통이나 생리불순이 생길 수 있습니다. 아이가 생리 중에 다른 불편함을 호소하지 않는지도 신경 써주세요.

3) 성조숙증의 원인

성조숙증은 몇 가지 심각한 병적 원인을 제외하곤 정확히 밝혀진 원인이 없지만, 여러 가지 원인이 복합적으로 작용하는 것으로 알려져 있습니다. 과도한 영양 섭취로 인한 소아비만, 환경 호르몬, 스트레스와 수면 부족 등이 성조숙증을 유발하는 주요 원인입니다.

서구화된 식습관과 소아비만

과거에는 음식이 모자라 문제였다면, 요즘은 너무 넘쳐나서 문제입니다. 또한 피자, 햄버거 등 서구화된 음식을 선호하는 식습관으로 아이들에게 비만의 징후들이 많이 나타나고 있습니다. 아이들을 검사하다 보면 고지혈증이나 지방간 등이 발견되고, 건강이 나빠져 있거나, 체지방량도 정상 범위보다 훨씬 넘어 소아비만으로 진단받는 아이들도 많습니다.

우리 몸의 지방에서 분비되는 렙틴은 성호르몬의 분비를 자극하는 역할을 합니다. 소아비만으로 체지방량이 과다해지면 렙틴 분비가 늘어나고, 결과적으로 성호르몬 분비가 촉진되어 정상적인 경우보다 2차 성징이 빨리 시작될 수 있습니다. 소아비만이 있을 경우 성조숙증뿐만 아니라 성인이 되었을 때도 비만이 될 가능성이 높아지기 때문에 성조숙증 예방과 성장에 비만은 반드시 교정해줘야 합니다.

생활 곳곳에서 피할 수 없는 환경 호르몬

또 급속한 발전을 이루면서 유해 물질들이 생활 곳곳에 밀접해 있게 되었습니다. 그러다 보니 우리가 먹고 쓰고 입는 것에서 나오는 온갖 화학 물질이 우리 몸에 들어와 마치 호르몬처럼 작용하기도 합니다. 이런 화학 물질이 정상적인 호르몬 체계를 교란시키는 것이 바로 '환경 호르몬'입니다. 그런데 어렸을 때부터 환경 호르몬에 지속적으로 노출되면 우리 몸에 흡수된 환경 호르몬이 '성호르몬'과 유사한 작용을 해 내분비계를 교란시켜 성조숙증을 일으킬 수 있습니다. 실제로 성조숙증 증상을 보이는 아이들에게서 DDE, PBB, PCB 등 환경 호르몬의 농도가 정상적인 아이보다 높다는 연구 결과가 나와 있습니다.

스트레스와 수면 부족으로 병드는 아이들

요즘 아이들을 보면 정말 바쁘게 생활합니다. 초등학교 저학년이나 유치원 때부터 각종 학원이며 방과 후 활동 등으로 집에 들어가는 시간과 잠자리에 드는 시간이 점점 늦어지고 있습니다. 성장기에 절대적으

로 필요한 것이 수면인데, 잠을 충분히 못 자는 아이들이 많습니다. 밤 10시에서 새벽 2시 사이에 가장 많이 분비되는 성장 호르몬은 아이의 키 성장뿐만 아니라 하루 동안 쌓였던 피로를 회복시키고 각종 손상을 복구시켜주는 등 아이 건강에 매우 중요한 역할을 합니다. 이 시간에 잠들지 못해서 수면 시간이 줄어들면 성장 호르몬의 분비가 충분하지 못하게 되고, 호르몬 불균형으로 성조숙증을 유발할 수 있습니다.

아직 성숙하지 못한 아이들은 수면 부족 외에 학업으로 인한 스트레스, 친구들과의 관계에서 오는 스트레스, 가정불화로 인한 스트레스 등에도 노출되어 있습니다. 이러한 스트레스를 과도하게 받으면 우리 몸에서는 '코르티솔'이 다량 분비되는데, 이 호르몬은 성장 호르몬의 분비를 방해하고 식욕을 촉진시켜 비만을 유발하며, 성조숙증을 일으키는 원인이 되기도 합니다.

Q131 특별히 나쁜 것이 들어 있는 음식을 먹거나 제품을 쓴 적은 없는데요. 그냥 집에서 먹고 입고 쓰는 것들이 환경 호르몬을 걱정해야 할 만큼 문제 되는 것들인가요?

A 🧑 환경 호르몬은 우리 생활 전반에서 찾아볼 수 있습니다. 일단 집 안의 가구나 벽지, 페인트 등에서 나오는 환경 호르몬뿐만 아니라

1. 스티로폼, 폴리카보네이트 소재의 플라스틱 용기 사용하지 않기

컵라면이나 일회용 스티로폼 용기에 들어 있는 식품은 삼가는 것이 좋습니다. 스티로폼의 원료인 스타이렌은 여성 생식기에 영향을 주는 환경 호르몬입니다. 폴리카보네이트 소재의 플라스틱 용기 역시 음식물을 담아 먹는 과정에서 환경 호르몬이 흡수될 수 있으므로 용기를 가열하는 것은 반드시 피하세요.

2. 가공식품 먹지 않기

식품 첨가물이 많이 들어 있는 가공식품은 그 자체로도, 가공식품을 담아낸 포장 재료에도 환경 호르몬이 많이 들어 있습니다.

3. 염화 비닐 사용하지 않기

마트의 식품 코너에서 판매되는 대부분의 식품이 염화 비닐인 랩으로 포장되어 있고, 플라스틱 장난감에도 염화 비닐이 사용됩니다. 아이가 염화 비닐이 닿은 식품을 먹거나, 장난감에 입을 대면 염화 비닐에서 나오는 환경 호르몬이 체내에 흡수될 수 있습니다.

4. 전자레인지 사용 시 랩 사용하지 않기

랩에 열을 가하면 환경 호르몬의 일종인 다이옥신이 나오고, 음식에 들어갈 수 있습니다.

5. 살균제, 살충제 최소한 사용하기

살균제나 살충제 등에는 환경 호르몬이 다량 함유되어 있어 모기약이나 모기향 대신 모기장을 사용하는 것이 좋습니다.

6. 어른들이 쓰는 화장품, 아이 손에 닿지 않게 하기

화장품이나 헤어젤, 헤어스프레이, 매니큐어 등의 미용용품에도 환경 호르몬이 들어 있기 때문에 아이들이 사용하지 못하게 해야 합니다.

매일 쓰는 세제나 화장품 등을 통해 피부에 흡수되는 환경 호르몬, 인스턴트식품이나 스티로폼 용기 등에서 나오는 환경 호르몬 등이 다양한 경로를 통해 아이들에게 지속적으로 노출되면 성조숙증을 유발할 수 있습니다. 아이들의 건강과 바른 성장을 위해서는 이런 환경 호르몬과의 접촉을 최대한 줄이려는 노력이 필요합니다. 인스턴트식품이나 스티로폼 용기는 피하고 랩 등의 사용을 줄이고, 유기농 식품을 먹는 것이 그 실천 방법이 될 수 있습니다.

Q132 스마트폰 때문에 성조숙증이 생길 수도 있다는 이야기를 들었어요. 정말인가요?

A 스마트폰과 컴퓨터 등의 전자 기기에 노출되면 성조숙증이 생길 수 있습니다. 요즘은 스마트폰 없는 아이가 없을 정도로 아이들의 스마트폰 사용이 점점 늘어나고 있습니다. 특히 아이들이 잠을 자야 할 시간에 스마트폰이나 컴퓨터, TV 등의 밝은 불빛에 노출되면 멜라토닌의 분비가 줄어듭니다. 멜라토닌은 잠을 푹 잘 수 있도록 도와줄 뿐만 아니라 생식샘 자극을 억제하는 중요한 역할을 하는데, 멜라토닌 분비가 줄어들면 자는 동안 성호르몬의 작용을 억제하는 기능이 떨어집니다. 그래서 사춘기가 빨리 시작하는 등의 문제가 생길 수 있습니다. 또한 스마트폰이나 인터넷을 통해 다양한 자극에 노출되기도 합니다. 아직 어린 아이들이 성적인 자극에 무분별하게 노출되면서 성호르몬 분비를 앞당기고 성조숙증을 일으키는 원인이 될 수 있습니다.

Q133 제가 초등학교 4학년 때 초경을 시작했는데, 혹시 제 딸아이도 생리를 빨리 시작할까 봐 걱정입니다. 연관이 있을까요?

A 성조숙증에 있어 가족력은 중요한 요소입니다. 성조숙증 발병의 주요 원인 중 하나로 유전적 요인을 들 수 있습니다. 엄마 아빠의 사춘기가 또래보다 빨랐을 경우에는 자녀의 사춘기도 빨라질 가능성이 커집니다. 유전적 영향은 부모뿐만 아니라 조부모, 멀게는 이모나 삼촌의 사춘기가 빨랐을 경우에도 아이에게 2차 성징이 빨리 나타날 가능성이 커질 수 있습니다. 유전적인 것은 어쩔 수 없는 부분이므로 만약 유전적 영향을 받을 가능성이 있다면, 다른 원인을 더 조심해야 합니다.

Q134 아이가 성조숙증인 것 같아 병원에 가보려고 합니다. 혹시 다른 질환이 있는 것은 아닌지 너무 걱정되는데요. 성조숙증으로 병원에 갔다가 다른 질환을 진단받을 수도 있나요?

A 성조숙증의 경우 대부분은 특별한 원인 질환 없이 생기지만, 선천적인 문제나 후천적인 질병으로 발생하는 병적 원인에 의한 성조숙증일 가능성도 있습니다. 맥쿤-알브라이트 증후군, 뇌 과오종, 부신이나 고환의 이상, 난소 종양 등으로 성조숙증이 발생할 수 있습니다. 여자아이들은 특정 질환 때문에 성조숙증이 발생할 가능성이 약 20% 정도로 낮지만, 남자아이들은 50% 정도 됩니다. 성조숙증이 의심될 경우에는 정확한 검사와 진단이 필요합니다. 다른 문제가 있는 것은 아닌지 걱정만 하다가 치료 시기를 놓칠 수 있습니다. 성조숙증은 무엇보다 빨리 진단하고 제때 치료를 받는 것이 가장 중요합니다.

Q135 요즘 성조숙증 아이들이 많다 보니 걱정입니다. 성조숙증을 예방하려면 무엇이 제일 중요한가요?

A 성조숙증을 유발하는 원인들을 제대로 알고 그것들을 피하는 것입니다. 기본적으론 건강하고 바른 생활 습관을 유지하는 것이 가장 중요하다고 생각됩니다. 처방전(151~152쪽, 성조숙증을 예방하는 바른 식습관과 바른 생활 습관)을 참조하여 아이의 건강을 지켜주세요.

4) 성조숙증의 치료

조기 진단과 조기 치료가 중요해요

아이가 성조숙증을 진단받으면 세상이 무너진 것처럼 걱정하는 부모들이 많습니다. 성조숙증은 제때 진단을 받고 초기에 치료를 시작하면 충분히 치료 가능하고, 키도 키울 수 있으니 너무 걱정하지 않아도 됩니다. 가장 중요한 것은 성조숙증이 진행되기 전에 최대한 빨리 진단을 받고 빨리 치료하는 것입니다. 그래서 항상 아이의 변화를 체크하는 것이 중요합니다. 치료 시기를 놓치지 않기 위해서는 성조숙증을 의심할 만한 증상들을 미리 알고 있으면 도움이 됩니다.

성호르몬을 억제하는 주사 치료를 해요

이것은 성선 자극 호르몬 유리 호르몬 유사체를 주사하는 방법인데, 성선 자극 호르몬 유리 호르몬이 성선 자극 호르몬을 자극하는 것을 막아주어 2차 성징의 진행을 멈추게 됩니다. 주사 치료로 성호르몬의 분비를 억제하면 성장 호르몬의 분비도 함께 줄어들어 주사 치료를 받는 동안에는 성장 속도가 너무 늦지는 않는지 체크해야 합니다.

EBS 육아학교 육아 PiN 처방전 | **성조숙증을 예방하는 바른 식습관**

성조숙증을 예방하기 위해 가장 중요한 것은 비만이 되지 않도록 조심하는 것입니다. 비만 아동의 80%는 성조숙증이라는 보고가 있을 정도로 비만은 성조숙증을 유발하는 주요 원인이 됩니다. 기름진 음식도 살찌는 원인이 되지만, 그보다 더 큰 원인은 설탕과 밀가루 등의 탄수화물입니다. 빵이나 면 요리, 과자, 아이스크림 등은 소아비만을 유발할 수 있기 때문에 아이들의 건강을 위해 섭취를 제한할 필요가 있습니다. 그럼 어떤 걸 먹여야 하느냐고 묻는 엄마들이 많습니다. 그럴 때면 저는 밥과 반찬을 골고루 먹이라는 답변을 합니다. 가능하면 외식과 자극적인 음식을 줄이고 집에서 엄마가 해주는 반찬을 골고루 먹을 수 있도록 해주는 것이 아이의 건강을 위한 길입니다. 또 어떤 음식을 먹느냐 못지않게 중요한 것이 바로 언제 어떻게 먹느냐입니다. 소아비만과 성조숙증을 예방하기 위해 가장 중요한 식습관은 규칙적으로 먹고, 야식을 먹지 않는 것입니다. 밤이 되면 우리 몸도 쉬어야 하는데, 이때 음식물을 섭취하면 소화 기능이 과로하여 숙면을 취하기 어려워집니다. 제대로 소화되지 않을뿐더러 소화 기능과 건강을 해치는 원인이 됩니다. 시간을 정해 규칙적으로 먹게 해주세요. 늦어도 7~8시 이전에는 저녁 식사를 마칠 수 있도록 하고, 엄마 아빠가 야식을 먹으면 아이들도 따라 먹게 되므로 아이뿐만 아니라 가족 모두 건강한 식습관을 가질 수 있도록 신경 써야 합니다.

한의학적으로 아이의 과도한 열과 인체 불균형을 맞춰주어요

한의학적으로 아이들의 성조숙증은 성호르몬 분비가 빨라지는 원인을 과도한 열과 인체의 불균형 때문인 것으로 보고 있습니다. 그래서 한의학에서는 성호르몬의 과다한 작용을 억제하는 인진이나 오미자,

EBS 육아학교 육아 PIN 처방전 ｜ 성조숙증을 예방하는 바른 생활 습관

잘 자는 것도 성조숙증 예방에 꼭 필요한 부분입니다. 초등학교 저학년 아이의 경우 늦어도 9~10시 이전에, 고학년 아이는 밤 11시 이전에 잠잘 수 있게 해주세요. 잘 자야 키도 잘 크고 뇌 발달도 좋아져 다음 날 공부도 더 열심히 할 수 있습니다. 또 아이들이 적당한 운동을 하는 것도 중요합니다. 요즘 아이들은 밖에서 뛰어놀기보다는 집 안에서 게임을 하거나 TV를 보는 등 정적인 활동을 하는 경우가 많습니다. 먹는 양은 점점 늘어나지만 활동량은 점점 줄어들기 때문에 아이들의 비만율 역시 높아지고 있습니다. 적당한 신체 활동은 아이의 성장판을 자극해 키 성장에 도움이 되고, 스트레스 해소를 통해 성조숙증 예방에도 큰 도움이 됩니다.

지방 흡수를 억제하는 의이인 등 아이의 체질과 증상에 맞는 약재들을 이용해 치료합니다.

Q136 아이가 성조숙증이 의심되어 병원에 가보려고 합니다. 성조숙증일까 봐 너무 걱정되는데, 제가 불안해하니 아이도 불안해하는 것 같습니다. 이럴 땐 어떻게 해야 하는 게 좋을까요?

A 마냥 아기 같던 아이가 또래보다 일찍 가슴 멍울이 잡히고, 음모가 나기 시작하면 오히려 아이보다 부모님이 더 많이 불안해하는 경우가 많습니다. 물론 성조숙증이 의심된다면 빠른 검사와 적절

한 치료도 중요하지만, 더 중요한 것은 아이의 마음이 다치지 않도록 살펴봐주는 것입니다. 부모님이 불안해하면 아이는 혹시 자기가 나쁜 병인지, 나 때문에 엄마 아빠가 힘든 건 아닌지 몹시 불안해합니다. 이때는 아이가 걱정하지 않도록 어떤 일로 병원에 가는지 찬찬히 설명해주세요.

Q137 만 8세 9개월 된 딸아이가 몇 개월 전부터 가슴 멍울이 생기는 것 같은데, 성조숙증 진단 기준을 찾아보니 만 8세 이전이라 해당되지 않더라고요. 지금 가슴 멍울이 생기는 것은 치료받지 않아도 괜찮은가요?

A 아직 아이가 성조숙증에 해당하지는 않지만, 또래보다 사춘기가 조금 일찍 시작되는 '조기 사춘기'에 해당합니다. 성조숙증을 진단할 수 있는 연령대가 지났더라도 여자아이는 만 9세 이전, 남자아이는 만 10세 이전에 이런 사춘기 증상이 나타나는 것을 '조기 사춘기'라고 부릅니다. 사춘기가 평균보다 1년 이상 빠른 경우 성조숙증은 아니지만, 성장이 빨리 끝나 최종 키가 작아지고 초경이 빨리 시작하는 등의 문제가 생길 수 있습니다. 그래서 아이들에 대한 부모님의 지속적인 관심이 필요합니다. 아이들의 성장 상태는 급변하기 때문에 작년에는 아무 문제가 없었다 해서 올해도 안심해서는 안 됩니다. 또 봄에는 변화가 없었다가도 여름에 갑자기 급성장기가 시작될 수 있습니다. 아이들의 성장이 정상적으로 종료될 때까지는 3개월에서 6개월마다 아이의 상태를 확인하는 것이 아이의 바른 성장을 도와주는 가장 좋은 방법입니다.

성조숙증과 부모의 역할

성조숙증이나 조기 사춘기를 진단받은 후에는 부모님의 역할이 더 중요합니다. 비만인 아이의 경우에는 체중 조절이 반드시 필요하고, 성조숙증이나 소아비만을 유발하지 않도록 식단 조절을 해주어야 합니다. 그리고 성장판 자극 운동 등을 통해 아이가 또래보다 성장이 뒤처지지 않도록 신경 써주어야 합니다.

1. 바른 식습관과 바른 생활 습관, 적절한 운동, 일찍 잠자리에 들기 등 아이의 생활에 신경 써야 합니다

아이와 관련된 사소한 것 하나하나가 성조숙증을 치료하고 성장을 돕는 치료가 된다는 것을 잊지 마세요. 성조숙증을 진단받는 아이들은 초등학교 저학년인 어린아이들이라 혼자 힘으로 식습관과 생활 습관을 바꾸는 것이 불가능합니다. 부모님의 꾸준한 관심과 격려가 꼭 필요합니다.

2. 성장 속도를 주기적으로 체크해야 합니다

아이의 급성장기가 시작되었는지 알기 위해서는 성장 속도 확인이 필요합니다. 병원에 주기적으로 간다면 병원에서 키나 몸무게, 골연령 등을 측정하여 아이의 상태를 알 수 있지만, 주기적으로 방문하기 어려운 경우에는 집에서 아이의 성장 속도를 확인해줘야 합니다.

3. 여자아이라면 초경에 대해 미리 알려주세요

성조숙증을 진단받은 아이가 여자아이인 경우, 치료를 통해 초경을 미룬다 하더라도 몇 년 내에 초경이 시작될 가능성이 있습니다. 그때 아이가 놀라지 않도록 초경의 의미와 대처 방법을 미리 알려줘야 합니다. 생리는 나쁘고 이상한 것이 아니라 자연스러운 성장 과정의 하나라고 이야기해주세요.

Q138 아이가 성조숙증 치료를 받고 있어요. 조심해야 할 음식을 알려주세요.

A 무조건 먹으면 안 되는 음식은 없지만 다음의 음식들은 비만을 유발하거나 성조숙증을 심화시킬 수 있기 때문에 조심해야 합니다.

- **트랜스지방이 많은 음식** 피자, 치킨, 햄버거 등의 패스트푸드
- **콜레스테롤이 높은 음식** 기름기가 많은 육류, 생선의 알
- **다양한 건강 보조 식품** 홍삼, 로열젤리, 초유, 오메가3 등
- **청량음료** 콜라, 사이다 등의 탄산음료나 어린이 음료
- **색소나 향 등의 첨가물이 많은 음식** 과자, 사탕, 아이스크림

Q139 성조숙증 치료를 받고 있는데, 키가 잘 안 클까 봐 걱정입니다. 키 크는 데 도움 되는 방법이 있을까요?

A 성장판을 자극하는 운동이 키 크는 데 도움이 될 수 있습니다. 대표적인 운동은 줄넘기입니다. 유산소 운동도 체중을 조절하는 데 도움을 줄 수 있고 성장판을 자극하고 성장 호르몬의 분비를 증가시켜 꾸준히 하면 키 성장에 도움을 줄 수 있습니다. 처음에는 하루 100~200개로 시작해 500~1000개로 늘려가면서 매일매일 꾸준히 할 수 있게 해주세요. 농구나 배구, 배드민턴, 트램펄린, 방방보드 등의 운동도 성장판을 자극해줍니다. 아침저녁으로 스트레칭을 해주는 것도 좋습니다. 스트레칭은 전신 순환과 이완을 도와주며 척추 디스크의 연골을 두껍게 해주고 척추를 곧게 만들어 성장에 도움을 줍니다. 역도나 유도, 레슬링 등은 순간적으로 강한 힘을 쓰는 무리한 운동이므로 피하는 것이 좋습니다.

EBS
육아학교

2부

―

우리 아이의
면역력과 아토피

EBS 육아학교 아이의 열은 꼭 밤에 나는데 어떻게 해야 할지, 아이가 복용하는 해열제와 감기약, 항생제를 줄이고 싶은데 어떻게 해야 할지, 병원에 가면 늘 듣게 되는 비염과 아토피는 어떻게 관리해야 하는지……. 인터넷을 검색해보지만, 하나같이 다른 말만 늘어놓기 일쑤입니다. 누구의 말이 맞는지 모르겠고, 내 아이에게 맞는 것인지도 확신이 가지 않습니다. 또 병원에 가서 몇 시간씩 기다려 진료를 받지만 궁금한 걸 속 시원하게 물어보기가 힘듭니다.

2부 '우리 아이의 면역력과 아토피'에서는 아이가 아플 때 어떻게 해야 하는지, 언제 병원에 가야 하는지, 약은 언제 먹여야 하는지, 집에서 해줄 수 있는 것은 무엇인지 등 우리 아이의 면역력을 건강하게 키우기 위한 올바른 방향을 제시합니다. EBS육아학교Pin에 올라온 질문들을 바탕으로, 아이가 아플 때 떠오를 수 있는 모든 궁금증을 담았습니다. 이제는 아이가 아플 때 인터넷을 검색하지 말고 '우리 아이의 면역력과 아토피'를 펼쳐보세요. 많은 부모님이 우리 아이에게 불필요한 약물의 사용을 줄이고 건강한 면역력을 만들어주고 싶지만, 부모님 혼자서 판단하고 결정하기가 쉽지는 않습니다. 특히 아이가 열이 나고 콧물이 나면 걱정되는 마음에 약을 먹이지 않기는 더 어렵습니다. 이제부터는 '우리 아이의 면역력과 아토피'를 통해 아이가 아플 때 꼭 필요할 때에만 약을 사용하고 불필요한 약은 줄여보세요. 우리 아이는 스스로 건강하게 이겨내면서 건강한 면역력을 키울 수 있습니다.

열:

아이가 열이 나요

열, 아이가 아플 때 가장 걱정돼요

아이가 아플 때 가장 걱정되는 증상 중 하나가 바로 열이 날 때입니다. 아이가 열이 나면 금방이라도 큰일이 날 것만 같고, 혹시 아이의 머리에 이상이 생기지는 않을지 두려움과 걱정부터 앞섭니다. 그래서 엄마는 밤새 아이의 몸을 닦아주고 해열제를 먹이다가 결국 응급실로 달려가기도 합니다. 아이를 키우는 부모님이라면 한두 번쯤은 이런 경험이 모두 있을 겁니다.

열은 아이 몸의 건강한 면역 작용이에요

하지만 아이가 아파서 나는 열은, 부모님의 걱정과 달리 대부분 아이의 몸에 해로운 작용을 하지 않습니다. 오히려 열은 바이러스나 병균을 이겨내기 위해 아이 몸에서 일어나는 건강한 면역 작용입니다. 아이가 열이 난다고 해서 너무 걱정하지 않아도 됩니다. 열이라는 면역 작용이 잘 작용해야 아이는 바이러스나 병균을 잘 이겨낼 수 있습니다. 그리고 병균을 이겨낼 만큼 충분히 열을 내고 나면, 해열제를 사용하지 않아도 열은 자연스레 떨어집니다.

열의 원인이 무엇인지 병원에서 꼭 확인하세요

열은 그 자체가 질환이 아니라 열의 원인에 의해 나타나는 하나의 증상입니다. 그래서 열이 날 때는 열의 원인이 무엇인지 알아보기 위해 병원에서 정확한 진찰을 받아야 합니다. 대체로 이러한 열은 아이의 몸에 침입한 바이러스나 병균이 원인인 경우가 많습니다. 그리고 병균의 종류와 침범 부위에 따라 감기, 장염, 중이염, 요로감염, 결막염, 구내염, 수족구병과 같은 여러 원인에 의해 열이 날 수 있습니다. 열의 원인에 따라 걱정하지 않아도 되는지, 큰 병원에서 자세한 검사를 해야 하는지와 같은 대처 방법이 달라질 수 있습니다.

아이는 열을 내면서 면역력이 성장해요

아이가 열이 나면 부모님은 정말 걱정이 많이 됩니다. 그렇지만 아이는 열을 내면서 아이의 몸에 침입한 병균을 잘 이겨낼 수 있고, 이러한 과정을 통해 아이의 면역력은 한층 더 성장하게 됩니다. 그래서 이제부터는 아이가 열이 날 때 걱정은 조금 줄이고, 아이가 열을 잘 내면서 건강하게 이겨낼 수 있도록, 아이를 도와주고 곁에서 힘껏 응원

해주세요. 끝나지 않을 것 같은 열이 나는 밤은 분명 별일 없이 잘 지나갈 수 있고, 아이의 면역력은 한 단계 더 성장하게 됩니다.

1. 정상 체온

아이가 열이 날 때 적절히 대처하기 위해서는 먼저 몇 도까지가 정상 체온이고 몇 도부터가 열인지를 알아야 합니다.

정상 체온은 37℃ 전후예요
예전에 겨드랑이로 체온을 잴 때는 36.5℃를 정상 체온으로 여겼지만, 최근에는 중심 체온과 가까운 고막 체온을 측정하면서 37℃ 전후를 정상 체온으로 생각합니다. 그렇지만 정상 기초 체온은 아이에 따라 다르기 때문에 평소 아이의 체온을 측정해서 기초 체온을 기억해두는 것이 좋습니다.

38℃가 넘으면 열이 나는 것으로 생각할 수 있어요
고막 체온계로 측정했을 때 38℃를 넘으면 열이 난다고 볼 수 있습니다. 그리고 정확한 기준은 없지만, 37.5℃ 이상부터 38℃까지는 대체로 미열의 범위로 생각할 수 있습니다.

체온은 연령에 따라 달라요
생후 6개월 이상의 아이는 체온만으로 질환의 심각도를 판단하지 않습니다. 체온은 물론 아이의 몸 상태, 열로 인해 동반되는 증상을 함께 살펴야 합니다. 하지만 아직 어린 아기에게는 체온의 값이 좀 더 중요합니다. 3개월 미만의 아이가 38℃ 이상, 6개월 미만의 아이가 39℃ 이상인 경우에는 밤중이라도 응급실에 가서 정확한 진찰을 받아야 합니다.

Q140 2개월 된 아기인데 38.3℃예요. 응급실에 가야 할까요?

A 3개월 미만의 아기는 열이 나는 경우가 많지 않고, 혹시 열이 나는 경우에는 감기보다 다른 원인 때문일 가능성이 있습니다. 그래서 밤중이라도 응급실에 가서 정확한 진찰을 받아보셔야 합니다. 이때는 해열제를 먹이지 않고 가야 응급실에서 열의 원인에 대한 정확한 진찰을 받을 수 있습니다.

Q141 2개월 된 아기인데 35.7℃예요. 저체온인가요?

A 보통 체온이 35℃ 미만으로 내려가면 저체온으로 봅니다. 아이의 체온이 조금 낮기는 하지만 저체온은 아니에요. 체온 조절이 미숙한 아기는 지금처럼 체온이 조금 낮게 내려가는 경우가 있습니다. 이럴 때는 몸을 따뜻하게 해주면 금세 체온이 다시 오릅니다.

Q142 아이가 37.4~37.5℃의 미열이 자주 있어요. 괜찮을까요?

A 적외선 체온계로 고막의 체온을 측정했을 때 37.4~37.5℃라

면 정상 체온입니다. 아이들은 몸 상태와 신체 대사 활동의 변화에 따라, 지금처럼 정상 범위 내에서 체온이 변화하는 경우가 종종 있습니다. 아이의 체온이 약간 오르더라도 별다른 증상이 없고 아이의 몸 상태가 좋다면 걱정하지 않아도 됩니다.

2. 체온 측정

정상 체온을 알았다면, 이젠 정확히 체온을 측정해야 합니다.

적외선 체온계로 고막의 온도를 측정해요

예전에는 수은 체온계로 겨드랑이의 온도를 측정했지만, 요즘에는 더 간편하고 정확한 적외선 체온계로 고막의 온도를 측정합니다. 적외선 체온계는 우리 몸의 중심 체온과 더 가깝게 측정되므로 수은 체온계로 겨드랑이 온도(36.5℃가 정상 체온)를 쟀을 때보다 더 높게 측정(37℃ 전후가 정상 체온)됩니다.

생후 6개월 이하의 아기는 펜 타입 체온계로 항문의 온도를 측정해요

아기들은 귓구멍이 작아서 적외선 체온계로 측정하기 어렵습니다. 6개월 이하의 아기는 펜 타입 체온계에 바셀린을 묻혀 항문의 온도를 측정하는 것이 더 정확합니다.

Q143 겨드랑이 체온계와 고막 체온계 중 어떤 것이 더 정확할까요?

A 체온은 겨드랑이를 측정하는 것보다는 적외선 체온계로 귓속 고막의 온도를 측정하는 것이 간편하고 정확합니다.

Q144 고막 체온계로 측정했는데 겨드랑이 체온계보다 체온이 더 높아요. 왜 그런가요?

A 적외선 체온계로 측정하는 고막의 온도는 중심 체온과 가까워 겨드랑이 온도보다 좀 더 높게 측정됩니다. 고막의 온도로 측정하면 37.5℃까지 정상 체온으로 볼 수 있습니다.

Q145 고막 체온계는 측정할 때마다 온도가 달라요. 왜 그런가요?

A 적외선 체온계로 귓속의 온도를 측정할 때에는 체온계가 고막 쪽으로 향해야 합니다. 체온계 끝이 귓속의 피부를 향하면 낮게 측정될 수 있어요. 부모님이 직접 귓속 온도를 측정하는 연습을 해보면 그 느낌을 좀 더 잘 알 수 있습니다. 그리고 측정할 때마다 다르게 나올 수 있기 때문에, 양쪽을 두 번씩 잰 뒤 가장 높은 체온을 아이의 체온으로 보면 됩니다.

3. 열

정상 체온이 몇 도인지, 그리고 체온을 측정하는 방법을 알았다면, 이제는 아이들이 열이 나는 상태에 대해 알아보겠습니다.

아이의 열은 3~4일에서 길면 일주일까지 지속할 수도 있어요

아이들은 면역력이 약하기 때문에 며칠 동안 열이 지속되는 경우가 많습니다. 열의 원인에 따라 일주일 이상 지속되는 경우도 있습니다.

낮에는 떨어지고 밤에는 더 오를 수 있어요

아이들이 아프지 않을 때의 정상 체온도 아침에 가장 낮고 늦은 오후와 저녁의 체온이 더 높습니다. 아이들이 아플 때는 이러한 경향이 더 심해져서 밤에는 열이 많이 오르고 낮에는 조금 떨어지는 모습이 며칠 동안 반복될 수 있습니다.

시간이 지나면 열은 자연스럽게 떨어져요

병원에서 진찰을 받은 후 적절한 처치를 하고, 아이가 물을 충분히 마시면서 탈수를 예방한다면, 대부분의 열은 아이에게 해로운 작용을 하지 않고 시간이 지나면서 자연스럽게 떨어집니다. 그리고 이렇게 열을 내는 과정을 통해 아이의 면역력은 한층 더 성장합니다.

Q146　7개월 아기인데, 콧물이 나고 열이 조금씩 오르고 있어요. 병원에 가야 하나요?

A　아이가 열이 난다면 코감기일 가능성이 크지만, 그래도 열의 원인이 무엇인지 병원에서 정확한 진찰을 받는 것이 좋습니다. 열은 일반적으로 바이러스나 세균과 같은 감염 질환에 의해 나타납니다.

　그리고 아이가 열이 나도 너무 걱정하지는 마세요. 지금 아이에게 나는 열은 몸에 침입한 바이러스나 병균을 이겨내기 위한 아이 몸의 건강한 면역 작용입니다. 열은 며칠 정도 지속될 수 있지만, 병균을 이겨낼 만큼 열이 충분히 난 뒤에는 자연스레 떨어집니다.

Q147　고열 때문에 해열제를 복용하면 그때뿐이고 다시 열이 올라요. 고열은 보통 며칠 정도 지속되나요?

A　아이들의 열이 지속되는 기간은 유행하는 감기와 아이의 면역력 상태에 따라 다릅니다. 하루 만에 열이 떨어지는 경우도 있지만 일주일까지 지속되는 경우도 있어요. 그리고 해열제를 복용해도, 금세 열이 다시 오르거나 해열제에 반응하지 않는 경우도 있는데, 정말 아이에게 필요해서 나는 열이기 때문이에요. 아이의 몸은 열을 내면서 힘껏 싸우고 있는 상태이고, 바이러스나 병균을 이겨낼 만큼 열이 충분히 난 뒤에는 자연스럽게 떨어집니다.

Q148 어제 밤새 열이 나다가, 아침에 떨어졌어요. 유치원에 보내도 될까요?

A 아이들의 열감기는, 낮에는 열이 떨어지고 밤에는 다시 오르는 양상이 며칠 동안 반복될 수 있습니다. 지금은 열이 떨어졌더라도, 아이가 밤새 열 때문에 많이 힘들었을 거예요. 그리고 밤에 다시 열이 오를 수 있기 때문에 집에서 쉬게 해주는 것이 좋습니다.

Q149 아이가 감기약을 복용하는 도중 열이 나요. 왜 그런가요?

A 아이들은 감기 증상이 먼저 시작하고, 2~3일간 증상이 더 심해지면서 열이 나기도 합니다. 또는 새로운 열감기가 아이의 몸에 들어와서 열이 나는 경우도 있어요. 일단 지금은 아이의 증상에 새로운 변화가 있기 때문에 처방받은 약이 남아 있더라도 병원에서 다시 한 번 진찰을 받아보세요.

Q150 7개월 아기인데 검사해도 아무 이상 없이 40℃ 발열이 지속돼요. 괜찮을까요?

A 아이들이 열날 때, 지금처럼 별다른 증상이 없거나 검사에서 정확한 원인을 찾을 수 없는 경우가 있습니다. 특히 어린 아기일수록 다른 증상 없이 열만 나타나는 경우가 더 많습니다. 지금은 아이가 열 때문에 힘들지 않도록 시간 간격에 맞춰 해열제를 사용하고, 아이가 잘 먹고 푹 쉴 수 있게 해주세요. 만약 계속 체온이 내리지 않고 열이 지속된다면, 다니는 병원의 선생님과 큰 병원에서 진찰을 받는 것에 대해 의논해보세요.

Q151 탈수는 어떻게 확인할 수 있나요?

A 탈수는 모세혈관 충혈 시간을 통해 확인할 수 있습니다. 모세혈관 충혈 시간이란 아이의 손가락이나 발가락 끝을 손톱으로 꾹 눌렀을 때 하얗게 변한 부분이 다시 붉게 돌아오는 시간인데요, 이 시간이 2초 이상 걸리면 탈수를 의심할 수 있습니다. 먼저 부모님의 손가락을 눌러서 확인해본 후, 아이의 상태와 비교해보세요.

물을 잘 마시는 아이들에게 탈수는 거의 나타나지 않습니다. 하지만 아이가 열이 나고 목이 아프면 물을 잘 안 마시려고 합니다. 아이가 힘들어해도 탈수를 예방하기 위해 물을 조금씩이라도 마시게 해주는 것이 해열제를 먹이는 것보다 더 중요합니다.

4. 해열제

아이가 열이 날 때 사용하는 약은 해열제입니다. 열이 아이 몸의 건강한 면역 작용이라면, 무조건 해열제로 체온을 내리기보다는 열이 심하지 않을 때에는 해열제를 사용하지 않고 열이라는 면역 작용이 잘 작용하도록 지켜보는 지혜도 필요합니다.

해열제는 아이가 힘들어할 때 사용해요

생후 6개월 이상의 아이가 39℃까지 체온이 올라도 크게 힘들어하지 않고 잘 논다면 해열제를 사용하지 않아도 됩니다. 만약 체온이 39℃ 이상 오르고 아이가 힘들어하면서 보채는 경우, 체온이 높지 않아도 아이가 힘들어하거나 목이나 귀의 통증을 호소할 경우에는 해열제를 먹여 편하게 해주는 것이 좋습니다. 해열제는 체온을 기준으로 사용하기보다 아이가 힘들 때 사용하는 것이 좋습니다.

해열제의 약효가 떨어지면 체온이 다시 올라요

해열제는 열을 치료하는 게 아니라 열을 잠시 내려주어 아이를 편안하게 해주는 약물이어서, 약효가 떨어지면 체온은 다시 오릅니다. 해열제를 복용하고 4~6시간 후에 체온이 다시 올라도 너무 걱정하지 마세요. 아이의 몸은 열을 내면서 힘껏 싸우고 있는 상태입니다. 이때 열이 다시 오르고 아이가 힘들어하면 해열제를 다시 먹이고, 체온이 많이 높지 않고 아이가 힘들어하지 않으면 좀 더 지켜봐도 괜찮습니다.

열, 필사적으로 잡으려다 아이의 면역력까지 잡을 수 있어요

열은 아무래도 걱정되는 증상이다 보니 해열제에 좌약, 해열 주사까지, 어떻게든 아이의 열을 잡고 싶은 마음이 들 때가 있습니다. 하지만 열은 열의 원인인 바이러스와 병균을 이겨내기 위해 필요한 면역 작용입니다. 아이의 열을 꼭 잡으려 하기보다 열이라는 면역 작용이 잘 작용할 수 있도록 지켜보는 지혜가 필요합니다. 아이의 열은 적절한 치료와 함께, 병균을 이겨낼 만큼 충분히 내고 나면, 해열제를 복용하지 않아도 자연스럽게 떨어집니다.

Q152 타이레놀과 부루펜은 어떻게 다른가요?

A 👦 타이레놀과 부루펜은 모두 해열 작용이 있지만 조금 차이가 있습니다. 타이레놀은 해열·진통 작용이 있고, 4~6시간 간격으로 하루에 최대 다섯 번까지 사용할 수 있습니다. 부루펜은 해열·진통 작용과 함께 소염 작용이 있고, 6시간 간격으로 사용하며, 6개월 이상의 아이에게 사용해야 합니다. 타이레놀은 부작용이 거의 없고, 부루펜은 간혹 위염이나 위출혈이 나타나는 경우가 있지만, 음식과 함께 복용하면 대체로 안전합니다. 그리고 아이의 열감기에 따라 타이레놀이 효과가 좋을 때가 있고, 부루펜의 효과가 더 좋을 때가 있습니다. 먼저 타이레놀을 복용하고 4~6시간 뒤 체온에 큰 변화가 없다면, 부루펜으로 바꿔서 복용해볼 수 있습니다.

Q153 10개월 아이로, 평소 체온이 37.3~37.5℃인데 해열제는 어느 정도 체온에서 먹이나요?

A 👦 해열제는 아이의 체온이 아니라, 아이가 힘들어하는 정도를 보고 사용하세요. 보통 38℃가 넘으면 열이 난다고 볼 수 있는데요. 아이의 체온이 39℃ 가까이 올라도 아이가 힘들어하지 않으면 해열제를 사용하지 않아도 괜찮습니다. 열이 많이 오르지 않아도 아이가 힘들어하거나 목이나 귀의 통증을 많이 호소할 때는 해열제를 사용하세요.

Q154 부루펜을 먹은 지 한 시간이 지났는데도 열이 안 떨어져요. 어떻게 해야 하나요?

A 👦 해열제는 복용하고 한두 시간이 지난 뒤에 효과가 나타납니

다. 지금은 해열제를 복용한 지 얼마 지나지 않았으니 좀 더 기다려보세요. 그리고 해열제를 복용해도 열이 잘 안 떨어지는 경우가 있습니다. 체온이 떨어지지 않더라도 시간 간격에 맞춰 해열제를 복용하면, 해열제의 진통 작용으로 아이가 좀 더 편해질 수 있습니다.

혹시 열이 떨어지지 않고 아이가 계속 힘들어하면 다른 계통의 해열제를 사용해볼 수 있습니다. 아이의 감기에 따라 다른 계통의 해열제가 효과가 더 좋은 경우가 있습니다. 이때도 시간 간격을 맞춰 복용하게 해주세요.

Q155 아이의 체온이 40℃에서 안 내려요. 해열 주사는 괜찮을까요?

A 해열 주사는 아이의 소화기계와 간의 대사를 거치지 않고 바로 작용하기 때문에 효과가 강하지만, 그만큼 부작용도 크기 때문에 꼭 필요할 때만 사용해야 합니다. 아이의 발열 때문에 해열 주사까지 사용할 경우는 드물지만, 고열이 지속되고 아이가 많이 힘들어하면 의사 선생님과 의논해보고 신중하게 사용하세요.

Q156 해열제를 먹으면 토해요. 어떻게 먹여야 할까요?

A 아이들이 열이 나고 편도가 부으면 지금처럼 해열제를 먹기 힘든 경우가 있습니다. 이럴 때는 해열제를 물이나 아이가 좋아하는 음료수에 섞어 먹여보거나, 매실청이나 시럽을 섞어 먹여주세요. 아이의 입 옆으로 살짝 흘려주는 것도 도움이 될 수 있습니다.

5. 열과 응급실

열은 꼭 밤에 오르는 경우가 많고, 밤중에 열이 나면 응급실에 가야 할지 고민될 때가 많습니다. 하지만 응급실에 가도 해주는 것이 없고 아이만 고생한다는 인터넷의 많은 글과 주변의 말 때문에 더욱 고민됩니다.

대부분의 열은 응급실에 가지 않아도 돼요

열은 부모님을 놀라게 하고 아이에게 무슨 일이 생기는 건 아닌지 걱정되지만, 앞에서도 말했듯이 열 자체는 아이에게 해로운 작용을 하지 않습니다. 그리고 열은 바이러스나 병균을 이겨내려는 좋은 면역 작용이기 때문에 걱정은 조금 줄이고, 다음 날 아침에 병원에 가도 괜찮습니다.

밤중이라도 응급실에 가야 하는 증상이 있어요

그러나 심각한 증상을 보일 때에는 밤중이라도 응급실에 가야 합니다. 아이의 호흡이 가쁘고 힘들어 보이는 경우, 아이가 물을 충분히 마시지 못해 탈수가 의심되는 경우, 아이의 몸이 심하게 처지고 자극에 반응하지 않거나 몸을 잘 가누지 못할 때, 아이의 피부색이 평소와 다를 때, 열성 경련을 할 때, 그 외 부모님이 보기에 본능적으로 심각한 증상이라고 느낄 때에는 밤중이라도 응급실에 가야 합니다. 아이가 밤중에 열이 나면 체온과 함께 이런 증상이 나타나는지 확인해보세요.

생후 6개월 미만의 아이에게는 체온이 중요해요

생후 3개월 미만의 아이는 38℃ 이상, 6개월 미만의 아이는 39℃ 이상인 경우 밤중에라도 응급실에 가는 것이 좋습니다. 이때 해열제를 복용하지 않고 가야, 열의 원인에 대한 더 진찰을 받을 수 있습니다.

Q157 체온이 몇 도일 때 응급실에 가야 하나요?

A 생후 6개월 미만의 아이는 체온의 수치가 중요하지만, 6개월 이상의 아이들은 체온보다 아이의 호흡이나 탈수, 몸 상태와 같은 다른 증상들을 함께 살펴보고 심각한 정도를 판단해야 합니다. 몇 도일 때 응급실에 가야 하는지 정해져 있지는 않습니다. 하지만 해열제를 복용해도 40℃ 이상의 체온이 계속 유지될 경우에는 응급실에 가서 진찰을 받아보는 것이 좋습니다.

Q158 4개월 된 아기예요. 지금 38.7℃인데 응급실에 가야 할까요?

A 아이의 호흡이 힘들지 않고 물을 잘 마시고, 다른 위험한 증상 없이 잘 자고 있다면 병원은 내일 아침에 가도 괜찮습니다. 아이의 상태를 주의 깊게 살펴보다가, 혹시 아이가 많이 힘들어하거나 심각한 증상을 보이고 39℃ 이상 열이 오르면, 밤중이라도 응급실에서 진찰을 받아보는 것이 좋습니다.

Q159 7개월 아기이고 지금 체온이 38.5℃예요. 아이가 힘들어하지 않으면 응급실에 가지 않아도 괜찮을까요?

A 아이가 호흡이 힘들지 않고 물을 잘 마시고, 다른 위험한 증

상 없이 잘 자고 있다면, 지금 정도의 발열에서는 내일 병원에 가도 괜찮습니다.

6. 미온수 마사지

아이가 열이 나면 옷을 벗기고 미온수 마사지로 아이의 체온이 떨어지도록 도와줍니다. 하지만 이 방법이 최근 과학적인 연구를 통해 바뀌었습니다.

미온수 마사지, 이젠 하지 마세요

최근 연구 결과에 따르면, 미온수 마사지는 체온을 내리는 데 효과가 크지 않고 아이를 더 힘들게 해서 이 방법을 권하지 않습니다. 실제 아이가 열이 날 때 옷을 벗기고 몸을 닦아주면 싫어하는 경우가 많습니다. 열은 무조건 떨어뜨려야 하는 증상이 아닙니다. 열을 내려야 할 경우라면 미온수 마사지보다 해열제를 먹이는 것이 빠릅니다.

과거 소아과 교과서에서는 열이 나면 몸을 닦아주라고 했지만, 최근 연구 결과를 바탕으로 개정된 소아과 교과서에서는 미온수 마사지를 추천하지 않습니다.

아이 옷은 평상시대로 입혀주세요

아이가 열이 날 때, 입는 옷 역시 벗기지 말고 평상시대로 입혀주는 것이 좋습니다. 열이 오를 때에는 아이가 오한을 느낄 수 있는데, 이때는 얇은 이불을 살짝 덮어주어도 괜찮습니다. 그리고 마찬가지 원리로 열이 날 때는 욕조에서의 목욕을 하지 않아도 괜찮습니다.

Q160 11개월 아이인데 열이 40℃ 가까이 올라가요. 몸을 계속 닦아 줘야 하나요?

A 🧑 아이의 몸은 닦아주지 않아도 됩니다. 아이가 열이 많이 올라 힘들어하면 해열제를 먹이고, 다른 위험한 증상은 없는지 주의 깊게 살펴봐주세요.

Q161 아이가 고열이 나는데 옷을 벗겨야 하나요, 아니면 이불을 덮 어줘야 하나요?

A 🧑 아이의 옷은 평상시처럼 입혀주세요. 옷을 벗기면 아이는 오 한을 느끼면서 더 힘들어합니다. 아이가 추워하면 얇은 이불을 살짝 덮어주어도 괜찮지만 꽁꽁 싸매지 않도록 주의하세요.

▌7. 열과 손발 냉증

열이 나면 손발이 차가워질 수 있어요

열이 나면 아이의 몸은 체온을 더 올리기 위해 손과 발 같은 말초 기 관으로 보내는 혈액의 양을 줄입니다. 그래서 아이의 머리와 몸은 뜨 거운 반면, 손과 발은 차갑게 느껴질 수 있어요. 이런 모습은 우리 몸의 정상적인 반응이기 때문에 걱정하지 않아도 됩니다.

Q162 37.4℃인데 손발이 차요. 어떻게 해야 하나요?

A 적외선 체온계로 귓속 온도를 측정했다면, 37.4℃는 정상 체온 범위입니다. 하지만 아이의 손발이 차다면 앞으로 열이 올라갈 수 있다는 신호이기 때문에 아이의 체온과 몸 상태를 주의 깊게 살펴봐 주세요.

Q163 열이 나는데 몸은 차갑고 머리는 뜨거워요. 왜 그런가요?

A 열이 나면 몸에서 체온을 올리기 위해 손발과 피부로 가는 혈액의 양을 줄이기 때문에 몸과 손발이 차갑게 느껴질 수 있어요. 몸의 피부는 차갑게 느껴져도 아이 몸 안의 체온은 올라가 있는 상태입니다. 이는 우리 몸의 자연스러운 반응이므로 걱정하지 않아도 됩니다.

8. 열과 땀

해열제를 복용했을 때나 열이 떨어질 때 땀이 날 수 있어요

해열제를 복용하면 우리 몸은 일시적으로 체온을 낮추기 위해 땀을 흘립니다. 운동했을 때 땀을 흘려 체온을 내리는 것처럼 땀은 우리 몸의 체온을 조절하는 주요 수단입니다. 그리고 해열제를 복용해도 땀

을 흘릴 수 있습니다. 해열제를 복용하지 않더라도 아이의 상태가 괜찮아지면서 열이 떨어질 때 땀을 흘리는 모습이 나타날 수 있습니다.

Q164 해열제를 먹였더니 아이의 머리에서 땀이 많이 납니다. 왜 그런가요?

A 해열제를 복용하면 우리 몸은 체온을 내리기 위해 땀을 더 많이 흘리게 됩니다. 이는 아이 몸의 정상적인 작용이므로 걱정하지 않아도 됩니다. 땀이 많이 나면 아이가 오한을 느낄 수 있으니 땀을 잘 닦아주고, 옷이 젖으면 갈아입혀주세요. 그리고 해열제의 약효가 떨어지면 체온이 다시 오를 수 있으니 아이의 반응을 주의 깊게 살펴보세요.

Q165 해열제를 먹였는데 아이가 땀을 흘리네요. 에어컨을 틀어도 괜찮나요?

A 해열제를 사용하면 몸은 땀을 내면서 체온을 떨어뜨립니다. 아이가 더워서 땀을 흘리는 것이 아니기 때문에 에어컨은 틀지 않는 것이 좋습니다.

Q166 해열제를 복용하고 35.8℃까지 떨어졌어요. 괜찮을까요?

A 해열제를 복용하면 간혹 정상 체온 아래로 내

려가는 경우가 있습니다. 아직 저체온은 아니므로 걱정하지 않아도 됩니다. 해열제를 복용하면 땀이 나면서 체온이 떨어지기 때문에 아이의 땀을 잘 닦아주고 젖은 옷은 갈아입혀주세요. 그리고 아이의 몸을 따뜻하게 해주면 체온은 금세 다시 오릅니다.

9. 열과 음식 섭취

열이 나면 잘 먹지 않을 수 있어요

아이들에게 열이 난다는 것은 아이의 몸이 열감기 또는 열의 원인과 싸우고 있다는 의미입니다. 이런 상태에서는 소화기계가 평소보다 조금 저하되어 식욕이 떨어질 수 있고, 특히 편도가 부어서 목이 아프면 삼키기가 힘들어 더 먹지 않을 수 있습니다. 아이가 잘 먹어야 빨리 회복할 수 있지만, 먹기 싫어하면 조금만 줘도 괜찮습니다. 아이의 열이 떨어지면 그동안 먹지 못한 만큼 금세 회복할 수 있습니다. 밥은 많이 못 먹더라도 탈수 예방을 위해 물은 충분히 마시게 해주어야 합니다.

Q167 8개월 아기예요. 열이 나는데 분유나 이유식 모두 거부해요. 어떻게 해야 하나요?

A 아이가 잘 안 먹을 때는 평소 이유식보다 좀 더 묽게 만들거

나 잘 먹는 음식으로 이유식을 만들어 먹이세요. 이유식은 따뜻한 상태보다는 식히거나 약간 시원한 상태로 먹여야 아이가 더 잘 먹을 수 있습니다. 그리고 아이가 잘 먹지 않으려 할 때는 먹을 수 있는 만큼만 먹이세요. 열이 떨어지고 몸을 회복하면 금세 예전처럼 잘 먹을 겁니다. 탈수 예방을 위해 물은 충분히 마시게 해주세요.

Q168 5개월 아기인데 열이 나면서 분유를 토해요. 어떻게 해야 하나요?

A 아이들은 열이 나면 소화기계의 기능이 저하될 수 있습니다. 장염으로 열이 나는 경우라면 지금처럼 분유를 토하는 경우가 있습니다. 구토가 가라앉고 어느 정도 안정되면 다시 분유를 조금씩 천천히 먹이세요. 아이가 계속 토하면 억지로 먹이지 말고, 열이 떨어지고 몸 상태가 괜찮아지면 다시 먹게 해주세요. 그리고 분유는 많이 먹지 못해도 물은 조금씩 자주 먹게 해주어야 탈수를 예방할 수 있습니다.

Q169 아이가 물도 거부해요. 어떻게 해야 하나요?

A 열이 나서 식욕이 저하되고 편도가 부어 삼키기 힘들면, 물도 거부할 때가 있습니다. 하지만 물을 마시지 않으면 탈수 위험이 있으니 억지로라도 마시게 해야 합니다. 조금 시원한 물이나 작은 얼음 조각을 주어도 되고, 아이가 좋아하는 음료수로 수분을 보충해주세요.

10. 열과 설사

열이 나면서 설사를 하는 원인 세 가지

열이 날 때 설사를 하는 원인은 크게 세 가지를 들 수 있습니다. 첫 번째는 장염이 열의 원인인 경우입니다. 두 번째는 고열이 났다가 설사를 하면서 열이 떨어지는 경우가 있습니다. 마지막으로 열 때문에 복용한 항생제 부작용으로 대변이 물러지는 경우가 있습니다.

설사할 때는 물을 충분히 섭취하도록 해주세요

아이에게 열과 설사 증상이 함께 나타난다면, 몸 안의 수분이 부족해질 수 있습니다. 이때는 물을 충분히 마시게 해주고 기름진 음식과 유제품, 군것질은 피하는 게 좋습니다.

Q170 21개월 아이가 열이 떨어지면서 설사를 해요. 괜찮을까요?

A 아이들은 열이 떨어지면서 설사하는 경우가 있지만, 설사 횟수가 많다면 장염일 가능성도 있습니다. 지금은 아이에게 새로운 증상의 변화가 있으므로 정확한 진찰을 받아보는 것이 좋습니다. 또 설사로 인한 수분 손실을 보충하기 위해 물을 충분히 마시게 해주세요.

Q171 열이 나서 항생제를 처방받았는데, 항생제를 복용하고 설사를 많이 해요. 어떻게 해야 하나요?

A 🧒 항생제를 복용한 뒤 갑자기 설사를 많이 한다면 항생제 때문일 가능성이 큽니다. 진찰을 받은 병원에서 다시 한 번 진찰을 받아보고, 의사 선생님께 아이의 상태를 자세히 말씀해주세요.

Q172 4개월 아이가 열이 나면서 이틀째 대변을 못 봐요. 괜찮을까요?

A 🧒 열이 나면 아이의 식욕이 떨어지면서 먹는 양이 줄고 몸 안의 수분도 적어지기 때문에, 아이가 대변을 보기 힘들어할 수 있습니다. 하지만 열이 떨어지고 다시 컨디션을 회복하면 대변을 잘 볼 수 있을 거예요. 지금은 아이에게 모유나 분유를 충분히 먹이고, 종종 복부 마사지와 다리 운동을 해주면 도움이 됩니다.

▌11. 열꽃

열꽃은 꼭 열이 떨어질 때만 나타나는 건 아니에요

아이들은 열이 날 때 열꽃과 같은 피부 발진을 동반할 수 있으며, 언제든 나타날 수 있습니다. 열이 시작될 때와 열이 나는 도중에도 발진이 나타나거나 심지어 열이 떨어지고 발진이 나타나는 경우도 있습니다.

열꽃이 피면 아이가 많이 힘들어할 수 있어요

열꽃이 피었다가 자연스레 없어지는 경우도 있지만, 열꽃 때문에 아이가 더 힘들어하고 잠을 더 많이 자는 경우도 있습니다. 아이의 열이 오랫동안 지속되면 열을 내면서 싸우느라 몸 상태가 저하되어 평소보다 힘들 수 있는데, 특히 열꽃이 필 때 더 많이 힘들어할 수 있습니다.

열꽃이 피면 병원에서 정확한 진찰을 받으세요

발진 양상에 따라 열의 원인을 추측해볼 수 있고, 열의 원인과 발진 양상에 따라 대처 방법이 달라질 수 있습니다. 아이에게 열꽃이 피면 꼭 병원에서 진찰을 받아보는 것이 좋습니다.

Q173 열이 떨어지면서 열꽃이 피었는데, 아이가 먹지도 않고 울다 자다를 반복해요. 어떻게 하면 좋을까요?

A 오랫동안 열과 싸우느라 아이는 몸 상태가 저하되어 평소보다 힘들어할 수 있습니다. 특히 열꽃이 필 때 더 많이 힘들어합니다. 될 수 있으면 아이가 잘 먹고 푹 쉴 수 있도록 해주는 것이 좋습니다. 음식은 부드러운 것으로, 아이가 좋아하는 것으로 챙겨주세요. 충분한 휴식을 취하면 아이의 몸은 조금씩 회복될 거예요. 아이가 계속 힘들어하면 다시 한 번 병원에서 정확한 진찰을 받아보세요.

Q174 돌이 된 아이인데 3일 동안 열이 나다가 열꽃이 피더니 계속 열이 나네요. 왜 그런가요?

A 열꽃이 필 때 꼭 열이 떨어지는 건 아닙니다. 열꽃은 아이가

열이 날 때 어느 시점에서든 동반할 수 있습니다. 그리고 지금 같은 경우는 피부 발진을 동반하는 바이러스 감염일 수 있습니다. 아이에게 새로운 증상의 변화가 나타났기 때문에 병원에서 진찰을 받아보는 것이 좋습니다.

Q175 열이 떨어지고 열꽃이 피었는데, 막 가려워해요. 어떻게 해야 하나요?

A 열꽃이 피면 피부의 혈액 순환이 원활해져서 가려워할 수 있습니다. 가려워하는 부위는 시원하게 해주고 열이 떨어지면서 땀이 나면 잘 닦아주세요. 많이 가려워할 땐 병원에서 약을 처방받아 먹이면 도움이 됩니다.

12. 열과 경기

아이들은 열이 날 때 열성 경련이 나타날 수 있어요

전체 아이의 3~4% 정도는 자라면서 한 번쯤 열성 경련을 경험합니다. 열성 경련은 대부분 열이 오르는 첫날 처음 몇 시간 동안 나타나는 경우가 많고, 아이의 몸이 경직되고 팔다리와 몸을 떨 수 있으며 자극에 반응하지 않습니다. 대체로 아이들의 열성 경련은 1분 내에 그치는 경우가 많지만, 간혹 15분 이상 지속되는 경우도 있습니다.

열성 경련이 나타나면 병원에 가서 정확한 진찰을 받으세요

아이에게 열성 경련이 나타나면 주변에 위험한 물건이 없는 편평한 바닥이나 침대에 아이를 옆으로 돌려 눕히세요. 입안에는 음식, 약을 넣지 말고 아이를 끌어안거나 붙잡지 말고 가만히 둬야 합니다. 그러다 아이가 진정되면 병원에 가서 진찰을 받는 것이 좋습니다.

대부분의 열성 경련은 아이에게 해롭지 않아요

열성 경련은 아이에게 열이 나는 것보다 훨씬 더 부모님을 걱정하게 만들지만, 대부분의 열성 경련은 아이의 뇌와 신경 그리고 앞으로의 발달에 영향을 주지 않습니다. 하지만 열성 경련이 나타난 아이의 3분의 1 정도는 재발할 수도 있습니다.

Q176 아이가 경기를 해요. 어떻게 해야 하나요?

A 먼저 주변에 위험한 물건이 없는 편평한 바닥이나 침대에 아이를 옆으로 돌려 눕히세요. 입안에는 음식이나 약을 넣지 말고 아이를 끌어안거나 붙잡지도 말고 가만히 둬야 합니다. 그리고 아이가 경기하는 시간과 양상을 자세히 살펴봐주세요. 가능하면 동영상 촬영을 할 수 있다면 가장 좋습니다. 그러다 아이가 진정되면 병원에 가서 아이의 상태를 얘기하고 정확한 진찰을 받아보세요.

Q177 해열제를 미리 복용하면 경기를 안 하나요?

A 🧑 열성 경련이 있던 아이들은 열이 났을 때 해열제를 강하게 복용하는 경향이 있습니다. 하지만 의학적으로 해열제는 열성 경련을 예방하지 않는다고 알려져 있습니다. 혹시라도 열성 경련이 재발하면 아이의 상태를 정확히 살펴보고 기록한 후, 병원에서 진찰을 받는 것이 우선입니다.

Q178 아이가 잠들 때 부들부들 떨어요. 경기를 하는 걸까요?

A 🧑 아이들은 잠들 때 체온이 내려가면서 몸을 떠는 경우가 있습니다. 이러한 모습은 열성 경련과 달라서 아이의 몸을 잡으면 떨림이 진정되고, 몸을 떨 때 의식을 잃지 않습니다. 열성 경련은 아이의 몸을 잡아도 진정되지 않고, 자극에도 아무 반응을 하지 않고 의식이 없습니다.

▎13. 한의학에서의 열 치료

한의학에서도 아이의 열을 치료할 수 있습니다. 열이 나는 아이에게 대략 세 가지 방법으로 도움을 줄 수 있는데 다음과 같습니다.

열이 나는 아이가 잘 이겨내도록 면역력을 더해줘요
한의학의 가장 큰 특징은 아이의 부족한 부분을 더해줄 수 있다는 점입니다. 아이가 열이 날 때에도, 열감기와 싸우고 있는 아이의 면역력을 더해줘서 아이가 열감기를 잘 이겨낼 수 있도록 도와줍니다.

자주 열이 나는 아이의 면역력을 높여줘요

어린아이일수록, 감기에 많이 걸려보지 않은 아이일수록 감기에 걸릴 때 열을 동반하는 경우가 많습니다. 이런 아이들에게는 아이의 체질에 맞게 부족한 면역력을 끌어올려 도움을 줄 수 있습니다. 그렇다고 아이가 바로 열이 나지 않게 해주는 것은 아니에요. 부족한 면역력의 보충과 함께 해열제 사용을 줄이면서 열감기를 몇 차례 이겨내면, 아이의 면역력이 한층 더 건강해질 수 있습니다.

가벼운 미열이 있을 때 잘 이겨내도록 도와줘요

한의학에서는 열의 정도를 나쁜 기운邪氣이 우리 몸에 침입한 깊이로 구별하고 이에 따라 치료가 달라집니다. 아직 얕은 깊이에서 가벼운 미열이 있을 때, 나쁜 기운이 더 깊이 들어가지 않도록 바깥으로 내몰아주는 우리 몸의 힘을 더해주어 미열이 더 심해지지 않고 잘 이겨낼 수 있도록 도와줍니다.

Q179 아이가 열이 날 때 한의원에 가도 되나요?

A 한의원에서도 아이의 열을 치료할 수 있습니다. 아이가 열을 이겨내는 면역력을 더해주면서, 열이 나는 원인에 따라 적절한 치료를 해주면 아이는 건강하게 잘 이겨낼 수 있습니다. 하지만 열이 나는

아이를 진료하는 한의원이 많지는 않습니다. 그러니 꼭 문의한 후 방문하세요.

Q180 한약이나 침으로 열을 떨어뜨릴 수 있나요?

A 한약과 침 치료가 아이의 열을 떨어뜨리지는 않습니다. 하지만 서양 의학에서도 아이가 열이 날 때 무조건 열을 내리려고 하지 않습니다. 서양 의학에서는 열을 아이 몸의 면역 작용으로 생각하고, 한의학에서도 아이의 열은 우리 몸의 건강한 작용으로 생각합니다. 열이 높거나 아이가 힘들어할 때에는 해열제를 적절히 사용해서 체온을 내려주고, 한의학적 방법으로 아이의 면역력을 더해주면, 아이는 열을 잘 이겨내고 아이의 면역력도 한층 더 성장할 수 있습니다.

Q181 열이 자주 나는 것도 면역력과 관계가 있나요?

A 어리고 면역력이 약한 아이일수록 열이 자주 날 수 있습니다. 두 아이가 함께 외출해도 면역력이 튼튼한 아이는 가벼운 콧물만 흘리고 지나갈 수 있지만, 면역력이 약한 아이는 열이 나고 심하게 아플 수 있습니다. 그래서 열이 자주 나는 아이는 부족한 면역력을 보충해주고 끌어올려주면, 아이의 건강과 면역력 관리에 많은 도움이 됩니다.

2장

감기:

아이가 기침을 해요

아이들은 감기에 자주 걸려요

아이들이 병원에 가는 가장 큰 이유가 바로 감기 때문입니다. 아이들은 면역력이 약해 밖에서 잠깐 찬 바람을 쐬어도 쉽게 감기에 걸릴 수 있고, 또 어른에 비해 더 오래 지속합니다. 연구에 의하면, 아이들은 가을부터 봄까지 감기가 유행하는 동안 평균 한 달에 한 번씩 감기에 걸리고, 감기에 걸리면 평균 2주 정도 지속될 수 있습니다.

감기를 이겨내면서 아이들은 면역력을 키워요

아이들은 감기에 걸리고 감기를 이겨내면서 면역력이 성장합니다. 그리고 이렇게 면역력이 차츰 성장해가면서 아이는 감기를 잘 이겨내고 감기에 잘 걸리지 않을 수 있습니다. 이러한 과정은 아이의 면역력 성장을 위해 아이에게 반드시 필요한 과정이고, 한 번은 거쳐야 하는 단계이기도 합니다.

감기는 저절로 낫는 질환이라는 걸 잊지 마세요

감기약을 복용하든 복용하지 않든 아이의 감기가 낫는 데 걸리는 시간은 같습니다. 감기약을 복용해도 아이의 감기는 빨리 낫지 않습니다. 아이는 아직 면역력이 약하기 때문에 감기가 낫는데 어른보다 더 많은 시간이 필요하지만, 감기약을 복용하지 않아도 아이는 감기를 건강하게 이겨낼 수 있습니다. 그리고 이렇게 아이는 스스로 감기를 이겨내면서 면역력이 한층 더 성장할 수 있습니다.

감기약과 항생제 복용을 줄이세요

아이들이 감기에 걸린 듯싶으면 대부분 감기약부터 먹입니다. 하지만 미리 감기약을 먹여도 감기가 심해지는 것을 예방해주지는 않습니다. 그리고 아이의 감기 증상이 완전히 잡힐 때까지 감기약을 꼭 먹이지 않아도 됩니다. 아이의 건강한 면역력을 위해서 감기약은 증상이 심할 때만 최소한의 기간으로 사용하고, 감기약 대신 다른 건강한 방법으로 아이의 감기를 관리해주세요.

　　그리고 많은 부모님들이 항생제를 강한 감기약으로 생각하고, 항생제를 복용해야 감기가 빨리 낫는다고 생각합니다. 하지만 항생제는 감기

와 전혀 관계없는 약물입니다. 중이염, 비부비동염과 같이 항생제가 도움이 되는 경우도 있지만, 대부분의 아이들 감기에는 도움이 되지 않습니다. 오히려 항생제의 지나친 사용은 아이의 면역력 성장을 방해하고 부작용을 줄 수 있기 때문에, 항생제는 꼭 필요할 때만 신중하게 사용해야 합니다.

1. 기침

기침은 우리 몸의 면역 작용이에요

기침은 목과 기관지에 있는 이물질을 바깥으로 내보내려는 우리 몸의 면역 작용입니다. 감기에 걸렸을 때, 아이는 기침을 통해 병균이 더 이상 몸 깊이 들어가지 않도록 몸 밖으로 쫓아낼 수 있습니다. 그래서 최근에는 기침을 줄이는 치료를 하지 않습니다. 기침을 하면 아이가 많이 힘들 수 있지만, 기침을 잘해야 아이가 감기를 잘 이겨낼 수 있습니다.

아이가 기침을 편하게 할 수 있도록 도와주세요

아이는 아직 효과적으로 기침을 하는 방법을 모르기 때문에, 어른에 비해서 기침이 더 많이 힘듭니다. 목에 가래가 걸리면 쉽게 밖으로 내보내기 어려워 기침을 여러 번 더 해야 하고, 심하면 토하는 경우도 종종 있습니다. 그래서 아이들의 기침 관리는 아이가 기침을 힘들지 않게 할 수 있도록 돕는 것이 목적입니다. 아이가 감기에 걸려 기침을 하면 처방전(192쪽, 아이의 기침을 편하게 해주는 방법)을 참조하여, 기침을 편하게 할 수 있도록 도와주세요.

Q182 백일 된 아기인데 기침을 해요. 괜찮을까요?

A 백일 된 아기들도 감기에 걸려 기침을 할 수 있습니다. 아기는 지금까지 기침을 해본 적이 없기 때문에, 목으로 콧물이 넘어가거나 가래가 걸리면 기침을 더 힘들게 할 수 있습니다. 하지만 이 시기 아기에게 약물 사용은 더 신중하게 해야 합니다. 아이의 기침이 심하지 않으면 감기약 대신 처방전(192쪽, 아이의 기침을 편하게 해주는 방법)을 참조해 편하게 기침할 수 있도록 도와주세요. 아이는 이렇게 감기를 이겨내면서 건강한 면역력을 가질 수 있습니다.

Q183 4개월 아기인데, 기침을 하다가 토해요. 괜찮을까요?

A 아이들은 기침을 잘 못하기 때문에 기침이 심해질 수 있고, 기침이 심하면 복압이 함께 올라가면서 구토를 할 수 있습니다. 하지만 너무 걱정하지 않아도 됩니다. 아이들에게 흔히 나타나는 모습이고, 아이에게 문제가 있어서 나타나는 것이 아닙니다. 처방전(192쪽, 아이의 기침을 편하게 해주는 방법)을 참조하면 아이가 기침하면서 토하지 않도록 도와줄 수 있습니다.

EBS 육아학교 육아 **PiN** 처방전 　아이의 기침을 편하게 해주는 방법

- 물을 충분히 마시게 해주세요. 물은 목과 기관지에 있는 가래를 묽게 만들어 아이가 기침을 좀 더 편하게 할 수 있습니다.
- 충분한 가습을 해주세요. 아이가 숨 쉬는 공기에 수분이 충분하면 물을 마시는 것과 마찬가지로 가래를 묽게 만들어 기침을 좀 더 편하게 할 수 있습니다.
- 기침할 때는 손을 컵 모양으로 만들어 아이의 등을 두드려주세요. 아이가 기침할 때 손으로 등을 통통 두드려주면 목과 기관지에서 기침이 잘 떨어져 기침을 편하게 할 수 있습니다.
- 자는 동안 기침 때문에 자주 깨면, 머리와 상체가 올라올 수 있도록 이불 아래 패드나 쿠션을 받쳐 경사를 만들어주세요.
- 목과 가슴을 따뜻하게 해주세요. 특히 목은 근육과 지방이 적고 바깥에 그대로 노출되어 있습니다. 목에 스카프나 손수건을 둘러 따뜻하게 해주세요.

Q184 모세기관지염으로 기침을 해요. 괜찮을까요?

A 모세기관지염은 만 2세 이하의 영유아가 걸리는 기관지염입니다. 모세기관지염에 걸리면 아이가 기침을 하느라 힘들 수 있고 기침이 오래갈 수 있지만, 4주 정도 지나면 자연스럽게 좋아지기 때문에 별다른 치료는 필요하지 않습니다. 그리고 모세기관지염은 세균이 아닌 바이러스가 원인인 질환이어서, 항생제를 복용하지 않아도 괜찮습니다. 만약 아이의 기침이 심하면, 처방전(192쪽, 아이의 기침을 편하게 해주는 방법)으로 도와주세요. 시간이 좀 걸리더라도 아이는 모세기관지

염을 잘 이겨낼 수 있고, 이렇게 아이의 건강한 면역력이 성장할 수 있습니다.

Q185 아이가 기침이 심해서 잠을 못 자요. 입원해야 할까요?

A 아이가 감기나 기관지염으로 기침이 심하면, 자면서 기침하느라 잠을 못 자는 경우가 많습니다. 그렇지만 꼭 입원해야 하는 증상은 아닙니다. 대부분의 기침감기는 집에서 관리합니다. 혹시 입원이 필요한 경우에는, 다니는 병원의 의사 선생님이 아이의 상태를 꼼꼼히 진찰한 후 알려주실 겁니다.

집에서는 아이 방의 가습을 잘해주고, 아이의 머리와 상체가 살짝 올라오도록 이불 아래에 패드나 쿠션을 받쳐 경사를 만들어주세요. 유모차나 카시트에 앉혀 재우는 것도 도움이 됩니다. 그리고 잠을 못 잘 정도의 기침은 보통 3~4일이면 좋아질 수 있습니다.

Q186 아이가 기침이 심한데 숨 쉬는 게 힘들고 쌕쌕 소리가 나요. 괜찮을까요?

A 아이가 숨 쉬는 것이 힘들면서 호흡이 빨라져 보이고, 숨 쉴 때마다 어깨를 들썩이거나 가슴이 움푹 파인다면 밤중이라도 응급실에 가서 정확한 진찰을 받아야 합니다. 이러한 호흡곤란 증상은 폐렴 가능성이 있고, 무엇보다 지금 아이의 호흡이 힘들 수 있기 때문에 빨리 병원에 가서 정확한 진찰을 받는 것이 좋습니다.

Q187 아이의 기침이 오래 지속되는데, 혹시 폐렴으로 진행할 수 있을까요?

A 아이의 기침이 오래 지속된다고 해서 폐렴으로 진행하지는 않습니다. 아이의 폐렴에 앞서 일반적인 감기 증상이 선행되기도 하지만, 이 경우엔 증상이 점점 심해지는 모습이 나타납니다. 기침이 오래 지속되더라도 조금씩 호전되고 있다면, 폐렴으로 진행되지 않습니다.

그리고 폐렴에서는 기침보다 숨 쉬기 힘들어하는 증상이 더 중요합니다. 기침은 보통 가슴에서 나오는 깊은 기침의 모습을 보이며, 열을 동반하는 경우가 많습니다.

Q188 아이가 감기에 걸리면 늘 기침을 해요. 기관지가 약한 걸까요?

A 감기에 걸렸을 때 나타나는 증상은 아이마다 다릅니다. 기침을 많이 하는 아이가 있는가 하면, 목이 붓거나 콧물 코막힘이 심한 아이들이 있습니다. 보통 아이의 면역력이 약한 부분의 증상이 더 심하게 나타날 수 있고, 아이가 감기에 걸릴 때마다 기침을 한다면 그와 관련된 기능이 약하다고 생각할 수 있습니다. 그리고 정확히는 기관지보다 목이 약하다고 볼 수 있습니다. 아이들이 감기에 걸렸을 때 하는 기침은 기관지에서 나오기보다 목에 있는 인두와 후두에서 나오는 경우가 많습니다.

Q189 아이의 기침에 도움이 되는 음식이 있을까요?

A 아이가 평소 기침을 자주 한다면, 배와 도라지를 자주 먹게 해주세요. 배는 폐와 기관지를 시원하고 촉촉하게 만들어주고 가래를

제거해주는 효과가 있습니다. 도라지는 폐와 기관지의 기혈순환을 원활하게 해서 기침과 가래에 도움이 됩니다. 그러나 도라지는 맛이 쓰고 식감이 질겨 아이들이 싫어할 수 있기 때문에 배와 도라지, 생강, 대추를 물에 넣고 함께 끓인 물을 마시게 해주세요.

만약 돌이 지난 아이라면 꿀물을 타서 먹이세요. 꿀은 오래전부터 한의학에서 기침 치료에 사용해왔고, 서양 의학에서도 기침에 효과가 있는 것으로 알려져 있습니다.

2. 콧물과 코막힘

콧물에는 면역 물질이 포함되어 있어요

콧물 역시 기침과 마찬가지로 아이 몸의 면역 작용입니다. 콧물에는 감기를 이겨내기 위한 면역 물질들이 포함되어 있습니다. 감기에 걸렸을 때 아이의 몸은 콧물을 밖으로 흘려보내 병균이 아이 몸 깊숙이 들어가지 못하도록 방어 작용을 합니다.

콧물을 무조건 제거하지는 마세요

콧물을 무조건 없앨 필요는 없습니다. 아이가 숨 쉬기 힘들어하고 답답해하면 한 번씩 제거해주고, 아이가 불편해하지 않으면 지켜봐주세요. 사실 아이는 콧물이 줄줄 흘러도 잘 뛰어놉니다. 아이의 콧물은 부모의 마음을 불편하게 할 수 있지만, 아이는 콧물이라는 면역 작용을 잘 사용하면서 감기를 건강하게 이겨낼 수 있습니다.

감기약으로 콧물을 낫게 할 수는 없어요

감기약은 아이의 콧물을 낫게 하지 않습니다. 아이들에게 감기약을 비롯한 콧물약은 안전성의 우려가 있으므로 가능하면 먹이지 않는 것이 좋습니다. 감기약의 지나친 복용은 아이의 감기에 효과도 없을뿐더러 아이 몸의 건강한 면역 작용까지 방해할 수 있습니다.

Q190 3개월인 아기의 코가 그렁그렁해요. 감기일까요?

A 아마도 아이의 첫 감기가 아닐까 싶습니다. 아이들은 감기에 걸리면 코가 그렁그렁할 수 있고, 좀 더 심해지면 콧물이 목으로 넘어가 걸걸한 가래 소리도 들릴 수 있습니다. 아이의 첫 감기라면 더 많이 걱정되겠지만, 지금 아이의 면역력이 잘 작용하고 있는 모습이기도 합니다. 아이가 잘 먹고 잘 자면서 푹 쉬게 해주면, 약을 복용하지 않아도 자연스레 좋아질 수 있습니다.

Q191 4개월인 아기가 자다가 코막힘으로 자주 깨요. 어떻게 해야 하나요?

A 아기는 코로 통하는 숨길이 좁아 콧물이 조금만 차거나 코의 점막이 부어도 잠을 자기가 힘들 수 있습니다. 아이의 코막힘이 심하면 처방전(200쪽, 아이의 코막힘이 심할 때는 이렇게 하세요)의 방법을 써보세요. 아이의 수면을 방해할 정도의 코막힘도 3~4일이면 좋아질 수 있습니다.

Q192 5개월 된 아기인데 숨 쉴 때마다 콧물이 그렁그렁해요. 병원에서 콧물을 빼줘야 할까요?

A  콧물은 아이 몸의 건강한 면역 작용입니다. 그래서 병원에 가서 제거하지 않아도 괜찮습니다. 지금 아이의 몸은 콧물이 필요해서 만드는 상태이기 때문에, 병원에서 콧물을 제거해도 콧물은 금세 다시 찹니다. 아이가 코막힘으로 힘들어하면 처방전(200쪽, 아이의 코막힘이 심할 때는 이렇게 하세요)의 방법을 써보세요. 숨 쉴 때마다 그렁그렁해도 아이가 힘들어 보이지 않는다면, 집에서도 콧물을 흡입해주지 않아도 괜찮습니다.

Q193 8개월 아기인데 숨소리가 답답해 보여요. 식염수를 자주 넣어줘도 괜찮나요?

A  숨소리가 답답해 보여도 아이가 잘 자고 잘 먹고 잘 놀고 있다면, 조금 답답하겠지만 많이 불편한 상태는 아닙니다. 그리고 식염수는 아이의 코를 조금 편하게 해주는 수단일 뿐, 콧물을 치료해주지는 않습니다. 오히려 아이의 코 안에 콧물이 어느 정도 있어 촉촉한 상태가 유지되어야 감기가 빨리 나을 수 있습니다. 그래서 식염수는 아이가 코가 막혀서 수면과 식사가 힘들 때에만 해주는 것이 좋습니다.

Q194 14개월 아기인데 어제부터 맑은 콧물에 재채기를 해요. 비염인가요? 감기인가요?

A 🧑 어제부터 시작된 콧물과 재채기라면 감기입니다. 비염과 감기 모두 맑은 콧물과 재채기가 나타나지만, 비염은 이러한 증상이 낫지 않고 오래 지속될 때 의심할 수 있습니다. 일반적으로 지금 같은 콧물과 재채기는 감기로 인한 증상입니다.

Q195 15개월 아기인데 맑은 콧물이 나오다 노란 콧물이 나와요. 괜찮을까요?

A 🧑 아이들이 코감기는 맑은 콧물에서 노란 콧물로 진행되고 다시 맑은 콧물로 진행하면서 낫습니다. 이런 콧물의 변화는 일반적으로 2주에 걸쳐 진행되는데, 콧물이 노래졌다는 것은 아이의 감기가 심해진 상태이기도 하지만 한편으론 나아가고 있다는 의미이기도 합니다.

Q196 18개월 아이인데 감기에 걸렸고, 콧물이 노래졌어요. 항생제를 복용해야 하나요?

A 🧑 노란 콧물이라고 꼭 항생제를 복용해야 하는 것은 아닙니다. 사실 항생제를 복용하지 않아도 되는 노란 콧물이 더 많습니다. 간혹 급성 축농증과 같은 세균성 감염에는 항생제가 도움이 될 수 있지만, 아이들의 일반적인 감기에서도 지금처럼 노란 콧물이 나타납니다.

그래서 아이의 노란 콧물은 항생제를 복용하지 않아도 다시 맑아지면서 자연스럽게 좋아집니다. 혹시 아이의 콧물이 심한 상태가 지속된다면, 그때는 병원에서 정확한 진찰을 받아보세요.

Q197 19개월 아기로 감기가 열흘째인데, 콧물이 연두색을 띠어요. 왜 그런가요?

A 아이들의 코감기가 진행될 때, 일반적으로 콧물이 진해지면서 연두색 콧물이 나타날 수 있습니다. 콧물에 우리 몸의 특정 면역 물질이 포함되어 나타나는 모습이고, 보통 노란색 콧물이 많이 나타나지만 연두색 콧물이 나타나는 경우도 있습니다. 감기에 의한 콧물은 다시 맑아지면서 자연스레 좋아집니다.

Q198 24개월 아기인데 콧물이 2주째 지속되고 있어요. 혹시 축농증은 아닐까요?

A 아이의 콧물이 오래 지속되더라도 축농증인 경우는 많지 않습니다. 아이들은 면역력이 약해서 콧물이 오래 갈 수 있습니다. 축농증은 세균이 부비동에 함께 염증을 일으킨 상태를 말하는데, 축농증에 걸리면 열이 심하게 나거나 2주가 지나도 콧물이 호전되지 않고 심한 상태가 지속될 때 의심할 수 있습니다. 2주째 콧물이 지속되더라도 콧물이 심하지 않고 조금씩 좋아진다면 축농증이 아닙니다. 만약 앞에 설명한 축농증의 증상에서 아이에게 의심되는 모습이 있다면 병원에서 정확한 진찰을 받아보세요.

Q199 아이가 콧물 때문에 항생제를 오래 복용했어요. 한의원에서도 치료할 수 있을까요?

A 아이의 콧물이 오래 지속되고 있다면, 코의 면역력이 약할 수 있습니다. 한의학에서는 아이에게 부족한 면역력을 더해주어 아이의

아이의 코막힘이 심할 때는 이렇게 하세요

기침과 마찬가지로 아이의 코막힘이 심하면 아이들은 잠들기가 힘들어, 자다가 깨기도 합니다. 아이의 코막힘이 심할 때는 다음과 같이 해주세요.

- 물을 충분히 마시게 해주세요. 수분은 코의 점막을 진정시켜주고 콧물을 묽게 만들어 아이의 코를 편하게 해줍니다.

- 가습을 충분히 해주세요. 촉촉한 공기는 코의 점막을 진정시키고 콧물을 묽게 만들어 아이의 코를 편하게 해줍니다.

- 콧물이 가득 찼을 때, 아이의 코 안으로 식염수를 몇 방울 떨어뜨려주세요. 식염수를 떨어뜨리면 콧물이 묽어져서 밖으로 쉽게 흘러나옵니다.

- 그래도 아이가 힘들어하면 콧물을 흡입해주세요. 단, 콧물의 흡입은 아이의 코가 막혀서 수면과 수유 같은 일상생활이 힘들 때에만 해주세요. 콧물을 자주 흡입하면, 코 안의 좋은 면역 물질도 함께 제거될 수 있고, 연약한 코 안에 상처가 생기는 경우도 종종 있습니다.

- 만 5~6세 이상의 아이들은 식염수 세척을 할 수 있습니다. 식염수 세척은 한쪽 코 안으로 식염수를 넣어 반대쪽으로 나오게 하는 방법입니다. 식염수 세척을 하면 코 안의 답답함이 해소되어 아이가 코막힘으로 잠들기 힘들어할 때 도움이 됩니다.

- 조그맣게 자른 면 수건을 따뜻한 물에 적셔 아이의 콧등을 덮어주면 코막힘에 도움이 됩니다. 이때 아이가 숨 쉴 수 있게 콧구멍은 덮지 마세요.

- 양파를 아이 머리맡에 두면, 자극적인 향으로 심한 코막힘에 일시적인 도움을 줄 수 있습니다. 하지만 아이가 잠들면 바로 치워주세요.

콧물을 치료합니다. 그리고 콧물 자체를 치료하는 한약의 효과도 좋으므로 한의원에서 아이의 콧물 치료를 해보는 것도 도움이 될 수 있습니다.

Q200 아이의 콧물에 도움 되는 음식이 있을까요?

A 박하차를 만들어서 마시게 해주세요. 박하는 페퍼민트와 비슷한 종류로, 오래전부터 한의학에서 콧물에 사용하는 약재입니다. 박하를 연하게 끓여 물처럼 자주 마시게 해주면 아이의 콧물에 도움이 될 수 있습니다. 단, 박하는 오래 끓이면 약효 성분이 날아갈 수 있으므로 10분 이상 끓이지 마세요. 끓는 물에 박하 잎을 넣어주고, 10분쯤 뒤에 건져내면 됩니다.

3. 편도선염

아이들은 편도가 잘 부어요

아이들은 감기에 걸리면 편도가 잘 붓습니다. 편도는 우리 몸의 면역 기관 중 하나로, 편도가 부으면 아이는 목이 아파 물과 음식 삼키는 것을 힘들어할 수 있습니다. 하지만 또 한편으로는 우리 몸의 면역 작용이 원활하게 작용하면서 감기와 잘 싸우고 있다는 의미입니다. 보통 감기 초기에 편도가 붓고 3~4일 사이에 좋아지게 됩니다. 아이의 편도는 성인에 비해 더 크고 잘 붓지만, 아이의 면역력이 성장하면서 편도의 크기는 점차 줄어들고 편도가 붓는 빈도도 많이 줄어들게 됩니다.

Q201 8개월 아기인데, 아침부터 마른기침을 하더니 목이 아픈지 이유식을 안 먹고 남겼어요. 병원에 가봐야 할까요?

A 아이가 기침을 하고 이유식을 잘 안 먹는다면, 감기에 걸리지 않았을까 싶습니다. 병원에서 정확한 진찰을 받아보세요. 그리고 이유식은 아이가 힘들어하면 먹을 수 있는 만큼만 먹게 해주세요. 아이들은 감기에 걸리면 편도가 부어서 음식을 삼키기 힘들고, 또는 몸 상태가 저하되면서 입맛이 떨어질 수 있습니다. 며칠 정도 이유식을 조금 더 묽게 만들어주면 아이가 편하게 삼킬 수 있습니다.

Q202 10개월 아기가 감기에 걸렸는데 목이 쉬었어요. 왜 그런가요?

A 아이가 감기에 걸려 목에 염증이 생기면 목이 쉴 수 있습니다. 특히 목 아래쪽에 있는 성대와 가까운 후두 부위에 염증이 생겼을 때, 목이 쉴 수 있어요. 아이의 감기가 회복되면서 목의 염증이 좋아지면 목소리도 자연스럽게 좋아집니다. 아이의 목이 쉬었을 때는 목을 따뜻하게 보호해주고, 물을 자주 마시게 하고, 가습을 잘해주면 도움이 됩니다.

Q203 만 2세 아이인데 편도가 부어서 아파하고 밥을 먹기 힘들어해요. 찬 음식을 먹여도 괜찮을까요? 그리고 도움 되는 음식이 있을까요?

A 아이가 감기에 걸리면 기본적으로 찬 음식을 피하는 것이 좋

EBS 육아학교 육아 PIN 처방전 | 편도가 부어 아플 때는 이렇게 해주세요

- 음식은 부드럽게 만들어주세요. 편도가 부어 목이 아프면 음식을 삼키기 힘듭니다. 음식은 부드럽게 만들어주고, 아이가 먹을 수 있는 양만 먹이세요.
- 밥은 많이 안 먹더라도 물은 충분히 마시게 해주세요. 물을 너무 안 마시면 탈수가 올 수 있습니다. 물은 아이의 선호에 따라, 따뜻한 차 또는 시원한 물이나 주스로 줘도 됩니다.
- 아이가 목이 많이 아프다면 해열제를 먹이세요. 해열제에는 진통 효과가 있어서 아이의 목 통증에 도움이 될 수 있습니다.
- 목을 따뜻하게 해주세요. 편도가 위치한 아이의 목은 근육과 지방 그리고 보호해주는 옷도 없이 그대로 노출되어 있습니다. 아이의 목에 손수건이나 스카프를 둘러 따뜻하게 보호해주면 편도의 염증이 빨리 회복할 수 있습니다.

지만 아이가 음식을 삼키기 힘들어하면, 죽을 만들어 식힌 뒤 먹이거나 시원한 물이나 얼음 조각을 조금씩 먹게 해줘도 괜찮습니다.

그리고 모과차에 꿀을 타서 마시게 해주면, 아이의 목이 부었을 때 도움이 됩니다. 도라지와 생강 끓인 물에 꿀을 타서 물처럼 마시게 해주는 것도 도움이 됩니다. 생강은 많이 넣으면 매워서 아이가 먹기 힘들 수 있으니 맛을 잘 조절해서 만들어주세요.

Q204 만 6세 아이인데 편도 제거 수술을 권유받았어요. 수술하지 않고 한의학에서도 치료가 가능할까요?

A 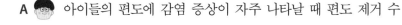 아이들의 편도에 감염 증상이 자주 나타날 때 편도 제거 수

술을 생각해볼 수 있는데요. 아이의 상태를 정확히 살펴봐야겠지만, 편도가 자주 붓는 아이가 꼭 편도 제거 수술을 해야 하는 것은 아닙니다. 아이들은 아직 면역력이 약해 편도가 자주 부을 수 있지만, 면역력을 키우면서 자연스레 편도가 붓는 빈도가 줄어듭니다. 한의학적인 방법으로 면역력이 성장하도록 방향을 잘 잡아주면서 부족한 면역력을 보충해주고 관리해주면, 아이의 편도 증상과 면역력 관리에 도움이 될 수 있습니다.

4. 감기와 눈곱

감기에 걸리면 눈곱이 많이 생길 수 있어요

아이들은 감기에 걸리면 눈에도 염증이 생길 수 있습니다. 결막에 염증이 생기면 눈물 생산이 늘어날 수 있고, 그래서 눈곱의 양이 많아집니다. 눈물은 눈의 안쪽 관을 타고 코 안으로 내려오는데, 코에 염증이 생겨 코가 부으면 눈물이 타고 내려오는 관의 통로가 좁아집니다. 그래서 눈물이 코로 빠져나가지 못하고 눈에 머무르는 눈물의 양이 많아져서 눈곱이 더 많이 생길 수 있습니다. 특히 아침에 아이의 눈곱이 많이 생길 수 있는데, 이때는 면 수건에 식염수나 깨끗한 물을 묻혀 조심조심 닦아주세요. 감기로 인한 눈곱은 증상이 호전되면 며칠 사이에 좋아집니다.

Q205 눈곱이 많이 생겨서 눈 마사지를 해주려고 하는데 어떻게 해야 하나요?

A 눈 마사지는 두 가지 방법이 있습니다. 첫 번째는 눈과 코 사이를 엄지와 검지로 잡았을 때 통통한 주머니 같은 것이 만져지는데, 이 부분을 엄지나 검지로 부드럽게 마사지해주세요. 두 번째로, 이 주머니 부분에서 코 옆을 따라 아래쪽으로 눈물길을 열어준다는 생각으로 마사지를 해주면, 눈물길을 원활하게 만들어줘서 아이의 눈곱에 도움이 됩니다.

Q206 감기에 걸려 눈곱이 많이 생기는데 안과에 가야 할까요?

A 아침에만 눈곱이 생기고, 눈에 다른 불편감이 없다면 안과에 가지 않아도 괜찮습니다. 그러나 아이의 눈이 충혈되고 아이가 눈의 불편감을 호소하면 정확한 진찰을 받아보는 것이 좋습니다. 안과나 평소 다니는 소아과에서 진료를 받아도 됩니다.

Q207 예전에 처방받은 안약이 있는데 사용해도 괜찮을까요?

A 현재 아이의 눈 상태에 따라 사용하는 안약의 종류가 달라질 수 있습니다. 그래서 집에 있는 안약은 사용하면 안 됩니다. 증상이 심하면 안과나 소아과에서 정확한 진찰 후 처방을 받으세요. 그리고 심하지 않은 눈곱은 안약을 사용하지 않고 지켜봐도 괜찮습니다.

5. 독감

독감은 감기와 달라요

독감은 독한 감기가 아닌, 감기와는 다른 질환입니다. 감기는 여러 종류의 감기 바이러스에 의해 나타나지만, 독감은 인플루엔자 바이러스에 의해 나타나는 감염 질환입니다. 하지만 증상만으로 독감과 감기를 구별하기는 쉽지 않습니다. 독감은 감기보다 진행이 빠르고 증상이 심하며 열과 근육통을 더 자주 동반합니다. 아이들의 경우에는 오심과 구토, 설사 같은 소화기계 증상을 동반하기도 합니다.

타미플루를 복용해도 독감이 바로 낫지는 않아요

독감에 걸렸을 때 타미플루를 복용해도 독감이 바로 낫지는 않습니다. 타미플루는 독감을 치료하는 약이 아니라 증상을 하루 정도 완화시켜주는 약물입니다. 아이의 독감 증상이 심하지 않다면 안 먹여도 괜찮습니다.

독감 유행 시기라도 모든 아이가 걸리지는 않아요

독감은 겨울에 유행하지만, 모든 아이들이 독감에 걸리는 건 아닙니다. 면역력이 건강한 아이들은 독감이 유행해도 걸리지 않습니다. 그래서 아이의 면역력을 키워주는 것이 중요합니다. 면역력은 평소 불필요한 약물의 사용을 줄이고 건강하게 감기를 이겨내면서 키워갈 수 있고, 독감이 유행하기 전에 부족한 면역력을 미리 보충해주는 것도 도움이 됩니다.

감기처럼 독감을 이겨내면서 면역력이 성장해요

독감에 걸리면 아이는 열이 많이 날 수 있고 심한 콧물 기침으로 고생할 수 있지만, 독감도 감기처럼 아이가 자라면서 몇 번씩 걸릴 수 있는 질환입니다. 아이가 독감에 걸리더라도, 별다른 문제없이 시간이 지나면 자연스럽게 낫습니다. 그러니 너무 걱정하기보다 아이의 면역력이 성장하는 기회로 생각해주세요.

Q208 24개월 아이인데 독감에 걸렸어요. 괜찮을까요?

A 아이가 독감에 걸리면 일반 감기보다 증상이 좀 더 심할 수 있습니다. 그래서 아이가 많이 힘들 수 있지만, 대부분 별다른 치료 없이 독감은 깨끗하게 나을 수 있습니다. 또 그 과정을 통해 아이의 면역력도 한층 더 성장하게 됩니다. 병원에서 아이의 경과를 체크하면서 아이가 잘 이겨낼 수 있도록 지켜보고 응원해주세요.

Q209 독감에 걸리면 구토나 복통 증상이 있나요?

A 독감은 감기와 달리 구토와 복통, 설사 같은 소화기계 증상을 동반할 수 있습니다. 특히 아이들에게 이런 증상이 잘 나타납니다. 만약 아이의 구토와 복통이 심한 경우 독감이 아닌 장염일 가능성도 있기 때문에 병원에서 정확한 진찰을 받는 것이 좋습니다.

Q210 두 달 전에 아이가 독감에 걸렸는데, 또 걸릴 수 있나요?

A 독감이 유행할 때는 한 번에 몇 가지 종류의 독감 바이러스가 유행합니다. 그래서 독감에 한 번 걸렸더라도 다른 종류의 독감에 다시 걸릴 수 있습니다.

Q211 독감 예방 접종을 했는데도 독감에 걸렸어요. 왜 그런가요?

A 독감 예방 접종을 해도 독감에 걸릴 수 있습니다. 독감 백신은 올해 유행할 것으로 예측되는 독감 바이러스를 대상으로 만듭니다. 하지만 독감을 100% 예측할 수는 없습니다. 그래서 매년 독감 예방 접종의 예방 효과는 예측의 적중률에 따라 20~60%로 나타납니다.

Q212 독감 예방 접종을 안 했는데 아이가 독감에 걸렸어요. 지금이라도 해야 할까요?

A 이미 독감에 걸렸다면 독감 예방 접종은 필수가 아닙니다. 하지만 한 계절에 유행하는 독감 바이러스는 여러 종류가 있어 한 번 독감에 걸려도 다시 걸릴 수 있기 때문에, 면역력이 약한 아이들은 지금이라도 예방 접종을 하는 것이 좋습니다.

Q213 아이가 독감에 걸렸는데 집에서 해줄 관리 방법이 있을까요?

A 배, 도라지, 생강을 넣고 차를 만들어주세요. 배와 도라지, 생강은 아이가 독감을 이겨낼 면역력을 더해주는 식재료입니다. 물처럼 마시게 해도 되고, 국이나 음식에 국물로 사용해도 괜찮습니다. 그리고 집 안이 건조하지 않도록 가습을 해주고 물을 충분히 마시게 해주

세요. 목에 손수건이나 스카프를 둘러 따뜻하게 해주면 더 좋습니다.

6. 잦은 감기

아이들은 자주 감기에 걸려요

아이들은 면역력이 약해서 자주 감기에 걸립니다. 그렇다고 너무 걱정할 필요는 없습니다. 아이들이 자라면서 반드시 거쳐야 하는 과정이고, 이 과정을 잘 보내야 아이의 면역력이 건강하게 성장할 수 있습니다. 그런데 아이가 자주 감기에 걸리다 보면 약물 복용도 많아지기 마련입니다. 하지만 아이들이 복용하는 감기약과 항생제는 대부분 아이에게 효과가 없고 아이의 건강한 면역력 성장을 방해할 수 있습니다. 그래서 아이가 감기에 많이 걸리는 시기에, 가능하면 불필요한 약물의 사용을 줄이고 건강하게 보내는 것이 중요합니다.

단체 생활을 시작하면서 감기가 자주 찾아와요

아이들이 단체 생활을 하면 외부 환경의 접촉이 많아지면서 이전보다 더 많이 감기에 걸립니다. 그래서 어린이집이나 유치원에 감기가 유행하는지 미리 체크하여 감기가 유행하면 잠시 쉬면서 단체 생활에 천천히 적응하도록 해주세요. 아이가 잦은 감기로 힘들어하면 단체 생활은 좀 더 여유 있게 시작하는 것이 좋습니다.

첫째보다 둘째가 더 이른 시기에 아플 수 있어요

둘째는 첫째를 통해 외부 환경을 더 일찍 접하게 됩니다. 만약 첫째가 단체 생활을 하고 있다면, 첫째가 접촉한 외부 환경을 둘째에게 전달해주면서 감염 질환에 더 일찍 노출되고, 첫째보다 더 일찍 아플 수 있습니다. 그래서 둘째는 첫째보다 일찍 아프고 더 고생하게 되지만, 이 시기를 건강하게 잘 보내면 첫째보다 더 빨리 면역력이 건강해질 수 있습니다.

Q214 6개월 이후에는 면역력이 떨어진다는데, 그럼 자주 아플까요?

A 출생 후 4~6개월까지는 엄마에게 물려받은 면역력이 있어 많이 아프지 않지만, 6개월 이후에는 이러한 면역력이 없어지기 때문에 아이가 조금씩 아프기 시작할 수 있습니다. 하지만 아이가 외부 환경에 많이 노출되지 않는다면 자주 아프지는 않습니다. 그래서 이 시기부터는 아이가 외부 환경에 서서히 노출되도록 바깥 활동을 조금씩 넓혀주는 것이 좋습니다. 아이가 아플까 두려워 너무 싸매고 키우면 안 됩니다. 아이는 새로운 외부 환경의 노출을 통해 한 번씩 아프기도 하면서, 건강한 면역력을 키워갈 수 있습니다.

Q215 14개월 된 아이인데 한 달에 세 번이나 아팠어요. 어떻게 해야 하나요?

A 아이가 단체 생활을 하거나 외부 환경에 많이 노출되었을 때

자주 아플 수 있습니다. 단체 생활이나 외출을 조절할 수 있다면 아이의 컨디션이 회복될 때까지는 충분한 휴식을 취할 수 있도록 해주세요. 그리고 아이의 면역력이 아직 약한 상태라 아이가 지금처럼 자주 아플 수 있습니다. 이러한 아이에게는 한의학적인 방법으로 체질에 맞게 아이에게 부족한 면역력을 더해주면 도움이 될 수 있습니다.

Q216 20개월 된 아이인데, 어린이집에 다니면서 기침을 넉 달째 달고 있어요. 어떻게 해야 하나요?

A 아이들은 단체 생활을 시작하면 기침 감기가 오래 지속될 수 있습니다. 이때는 단체 생활을 가능한 한 늦추는 것이 가장 좋은 방법입니다. 4개월 동안 기침이 지속되고 있다면, 아이의 면역력이 아직 단체 생활을 할 수 있을 만큼 준비되지 않은 상태라고 생각됩니다. 만약 단체 생활을 늦출 수 없는 상황이라면, 아이에게 부족한 면역력을 보충해주세요. 한의학적인 방법으로 부족한 면역력을 미리 더해주면 아이의 단체 생활과 면역력 관리에 도움이 될 수 있습니다.

Q217 워킹맘이라 아이가 돌 때부터 어린이집을 다녀야 해요. 너무 어린 나이에 단체 생활을 해서 아프지는 않을까 걱정됩니다. 괜찮을까요?

A 돌 정도의 아이는 어린이집을 다닐 만큼 면역력이 준비되어 있지 않아 단체 생활을 시작하면 많이 아플 수 있습니다. 하지만 어쩔 수 없는 상황이라면 가능하면 이 시기를 건강하게 보내는 것이 최선의 방법입니다. 먼저 아이에게 부족한 면역력은 한의학적인 방법으로

보충해주세요. 그리고 아이가 감기에 걸려 아플 때는 감기약과 항생제 사용을 줄이고 건강하게 이겨낼 수 있게 해주세요. 조금 힘들 수 있겠지만 이렇게 감기철을 2번 정도 건강하게 보내고 나면, 아이의 면역력이 한층 더 건강하게 성장할 수 있습니다.

Q218 아이가 초등학교에 들어가더니 감기에 자주 걸립니다. 어떻게 해야 할까요?

A 아이들이 초등학교에 다니기 시작하면 바깥 환경에의 노출이 더 커집니다. 유치원에서는 수십 명 정도였다면 초등학교는 수백 명의 아이들과 생활하면서, 감염 질환에 노출될 기회가 더 많아지게 됩니다. 그래서 초등학교 생활을 시작하면 이전보다 한두 번 정도 감기에 더 걸릴 수 있습니다. 하지만 이 시기를 건강하게 잘 보내면, 아이의 면역력이 건강하게 잘 성장하고 감기도 다시 줄어들 수 있습니다. 그리고 아이가 새로운 환경에 잘 적응하고 감기와 같은 감염 질환을 잘 이겨낼 수 있도록, 한의학적인 방법으로 미리 부족한 면역력을 보충해주면 아이에게 도움이 될 수 있습니다.

7. 감기약의 사용

감기약은 감기를 낫게 하지 않아요

감기약의 사용을 줄이기 위해서는 아이가 복용하는 감기약이 효과가 없다는 사실을 먼저 명확하게 알고 있어야 합니다. 감기약을 복용하든 복용하지 않든 아이의 감기가 낫는 시간은 같습니다. 아이들이 복용하는 감기약은 감기를 낫게 하지 않고, 오히려 아이의 건강한 면역력 성장을 방해할 수 있습니다.

항생제는 강한 감기약이 아니에요

항생제를 강한 감기약으로 생각하는 경우도 있습니다. 하지만 항생제는 감기와는 전혀 관계없는 약물입니다. 꼭 필요할 때에는 사용해야하지만, 아이들의 감기에는 대부분 필요하지 않습니다. 그러니 아이의 감기가 오래 지속될 때, 항생제를 사용해서 빨리 감기를 낫게 하겠다는 마음을 줄여주세요. 아이들은 항생제를 복용하지 않아도 감기를 건강하게 이겨낼 수 있습니다.

감기 초기에 감기약 사용을 줄이세요

아이들의 감기는 약한 콧물과 기침으로 시작하다가 3~6일째까지는 심해지고 진행하는 경향이 있습니다. 감기 초기에 증상이 심하지 않다면 감기약 복용을 줄여주세요. 증상이 가벼울 때 미리 감기약을 먹어도 아이의 감기가 심해지는 것을 예방할 수는 없습니다. 감기약을 꼭 먹여야 한다면, 아이의 감기 증상이 가장 심할 때 먹게 해주고, 아이의 감기 증상이 가벼울 때는 감기약을 먹이지 말고 지켜봐주세요.

감기가 깨끗이 나을 때까지 감기약을 복용하지 않아도 괜찮아요

아이들의 감기는 보통 3~6일째까지 심해진 후, 2주 정도까지 서서히 증상이 좋아지게 됩니다. 이때 아이의 증상이 조금씩 호전되는 모습

이 보인다면, 더 이상 감기약을 먹이지 말고 지켜봐주세요. 이때 감기약을 먹이지 않더라도 아이의 감기는 저절로 낫습니다. 그래서 감기약을 먹이기보다 아이의 면역력으로 감기를 이겨낼 수 있는 기회를 주세요. 아이는 감기약 없이도 감기를 건강하게 이겨낼 수 있고, 이러한 과정을 통해 아이의 건강한 면역력이 성장할 수 있습니다.

Q219 40일 된 아기입니다. 콧물이 그렁거려서 병원에 갔는데 약을 안 주네요. 괜찮을까요?

A 이 시기 아기들은 가능하면 감기약을 사용하지 않는 것이 좋습니다. 아이에게 지금 나타나는 콧물은 아이가 처음으로 콧물이라는 면역 작용을 사용해보는 모습이고, 아직은 미숙해서 1주일 정도 증상이 지속할 수 있지만, 시간이 지나면 감기약을 복용하지 않아도 저절로 좋아지게 됩니다. 그리고 진료 받은 병원에서 어린 아기에게 약을 처방해주지 않았다면, 아이의 처음 병원에서 좋은 의사 선생님을 만난 것 같습니다.

Q220 3개월 된 아기예요. 첫 감기인데 콧물이 조금 있어요. 병원에 가야 할까요?

A 아이의 콧물이 심하지 않다면 좀 더 지켜봐도 괜찮습니다. 가벼운 감기는 감기약을 먹이지 않아도 저절로 좋아질 수 있고, 미리 먹이는 감기약은 감기가 심해지는 것을 예방하지는 않습니다. 지금은 집

에서 습도 조절을 잘 해주면서 관리해주고, 혹시 콧물이 많이 심해지
거나 열이 나면 그때 병원에서 진찰을 받아보세요.

Q221 13개월 된 아기인데 아침부터 기침을 약간 하기 시작했어요.
감기약을 미리 먹이면 감기를 잡을 수 있을까요?

A 아이의 감기 증상이 가벼울 때 미리 감기약을 먹여도 감기의
진행을 막을 수는 없습니다. 심하지 않은 기침이라면 감기약을 먹이지
말고 지켜봐주세요. 가벼운 감기는 감기약을 먹이지 않아도 아이 스
스로 이겨내는 경우가 있고, 혹시 심해지면 그때 감기약 먹이는 것을
고려해주세요.

Q222 17개월 된 아이인데 감기가 열흘째 지속되고 있어요. 항생제
를 먹여야 감기가 낫는 걸까요?

A 아이들의 감기는 평균 2주 정도 지속됩니다. 감기가 열흘째라
면 한창 진행 중이거나 조금씩 회복하는 단계일 수 있습니다. 다시 말
해 감기가 자연스럽게 진행되는 단계이고, 꼭 항생제를 복용해야 하는
것은 아니에요. 만약 아이의 콧물이 심한 상태로 열흘째 지속되고 있
다면 급성 축농증의 가능성이 있고 항생제가 도움이 될 수 있기 때문
에 병원에서 정확한 진찰을 받아보세요. 하지만 아이의 감기 증상이
심하지 않거나 조금씩 좋아지고 있는 단계라면, 감기약과 항생제를
사용하지 않고 아이 스스로 이겨내도록 지켜보는 것이 좋습니다.

Q223 20개월 아이로 콧물이 많이 좋아지기는 했는데, 딱 떨어지지는 않습니다. 감기약을 끝까지 먹이는 게 좋을까요?

A 아이의 콧물이 많이 호전되었다면, 지금은 감기약 사용을 줄여볼 수 있는 시기입니다. 감기약을 먹이더라도 아이의 감기를 낫게 하지는 않으며, 그렇다고 아이의 감기가 더 심해지지 않습니다. 지금은 아이 스스로 면역력으로 감기를 이겨낼 수 있는 시간을 주세요. 지금 아이에게 감기약을 먹이는 것은 아이의 감기 경과에 어떠한 영향도 주지 않고, 오히려 아이의 건강한 면역 작용을 방해할 수 있습니다.

Q224 감기약을 끝까지 먹이지 않으면 감기가 다시 심해지는 것 같아요. 왜 그럴까요?

A 감기에 걸렸던 아이들은 약한 콧물이나 기침이 지속되다가 조금씩 낫게 됩니다. 그러나 간혹 이 시기에 감기 증상이 다시 심해지기도 합니다. 대체로 이러한 경우는 감기 증상을 끝까지 치료하지 않아서 심해진 모습이 아니고, 아이가 새로운 감기에 걸린 상태입니다. 이때 아이가 감기약을 복용하고 있더라도 새로운 감기를 예방할 수는 없습니다. 그래서 아이의 감기 증상이 좋아지고 가벼워지는 시기에는 감기약의 복용을 줄여주는 것이 좋습니다.

Q225 24개월 된 아이가 코감기에 걸렸는데 코가 막혀서 어제 잠을 못 잤어요. 항생제가 도움이 될까요?

A 아이들은 코감기 증상이 가장 심한 2~3일 동안 코막힘으로 잠을 자기 힘들거나 자다가 깨는 경우가 종종 있습니다. 그러나 일반

적인 감기의 진행 과정에서 나타날 수 있는 모습이고, 항생제까지 먹여야 하는 증상은 아니에요. 잠을 못 잘 만큼 심한 코막힘은 며칠 정도면 자연스럽게 좋아질 수 있습니다. 처방전(200쪽, 아이의 코막힘이 심할 때는 이렇게 하세요)으로 아이의 코막힘을 관리해주고 항생제는 먹이지 않아도 괜찮습니다. 만약 3~4일이 지나도 코막힘이 호전되지 않거나 더 심해진다면 급성 축농증일 가능성이 있기 때문에 병원에서 다시 한 번 정확한 진찰을 받아보세요.

Q226 만 4세 아이가 일주일째 감기 증상이 그대로예요. 병원을 바꾸는 것이 좋을까요?

A 감기를 낫게 하는 것은 병원에서 처방해주는 감기약이 아닙니다. 병원에 가는 이유는 감기약을 처방 받기 위해서가 아니라, 아이의 상태가 걱정할만한 것은 아닌지, 아이의 감기가 어떻게 진행하고 있는지 확인하기 위해서입니다. 아이들의 감기는 평균 2주 정도 지속될 수 있는데, 만약 1주일째라면 지금 아이의 감기 증상이 가장 심한 시기일 겁니다. 이때 감기가 잘 낫지 않는다고 병원을 바꾸게 되면 보통 아이가 복용하는 약이 더 강해지기 마련입니다. 아이들의 감기는 같은 병원에서 경과를 꾸준히 관찰해야 불필요한 약물의 복용을 줄일 수 있습니다.

8. 한의학에서의 감기 치료

아이들은 아직 면역력이 약해서 감기에 자주 걸리기도 하고, 감기가 오래가기도 합니다. 한의학에서는 면역력이 약한 아이들에게 부족한 면역력을 더해줘서 아이가 감기를 잘 이겨내도록 도와줍니다.

한의학으로 아이의 부족한 면역력을 더해주세요
한의학에서는 감기가 침입한 경락의 깊이로 감기의 진행을 판단합니다. 그리고 감기가 아직 얕은 경락에 있을 때, 면역력을 더해주어, 감기가 더 깊이 들어가지 않고 빨리 호전될 수 있도록 치료합니다. 그래서 증상이 심하지 않은 감기 초기 단계에 한의학적인 방법으로 치료하면 아이는 감기를 건강하게 이겨낼 수 있습니다.

한의학으로 콧물과 기침에도 좋은 효과가 있어요
한의학은 아이의 콧물과 기침에도 좋은 효과를 볼 수 있습니다. 아이의 체질에 맞는 감기 한약으로 코와 목의 염증을 완화하고, 콧물과 기침을 이겨내는 면역력을 더해주면, 아이는 감기약과 항생제를 사용하지 않고도 건강하게 감기를 이겨낼 수 있습니다.

감기로 떨어진 기력을 보충해줘요
아이들은 감기가 오래 지속되면 기력이 떨어지는 경우가 있습니다. 이때 한의학적인 방법으로 아이의 체질과 지금의 건강 상태를 고려하여 부족해진 기력을 더해주면, 아이의 건강 회복에 도움이 될 수 있습니다.

감기에 자주 걸리는 아이에게 감기를 잘 이겨내는 면역력을 더해줘요 감기에 자주 걸리는 이유는 아이의 면역력이 아직 감기를 이겨낼 만큼 충분하지 않기 때문입니다. 한의학은 이러한 아이들에게 부족한 호흡기계의 면역력을 더해줍니다. 그리고 열이 많이 나는 아이, 기침을 많이 하는 아이, 콧물이 자주 나는 아이 등 아이의 감기 유형과 체질을 고려하여 아이의 부족한 부분에 맞춰서 면역력을 더해줄 수 있습니다. 이렇게 부족한 면역력을 더해주고, 감기약과 항생제의 사용을 줄이면서 몇 차례 건강하게 감기를 이겨내면, 아이의 면역력은 건강하게 쑥쑥 성장할 수 있습니다.

Q227 아이가 감기에 걸렸을 때 한의원에 가도 되나요?

A 한의원에서도 아이의 감기를 치료합니다. 한의학에서는 아이의 열, 기침, 콧물 관리와 함께 아이의 면역력을 더해주는 침 치료와 한약 치료를 합니다. 그래서 아이의 감기약과 항생제의 복용을 줄이면서, 아이의 건강한 면역력을 키우는 건강한 감기 치료를 할 수 있습니다. 하지만 한의원에서도 감기 초기 단계와 증상이 심할 때에만 감기 한약을 복용하고, 나머지 기간은 아이 스스로 이겨내도록 해주는 것이 좋습니다.

Q228 한약으로 치료하면 감기가 더디게 낫는 것 같아요.

A 서양 의학적인 방법으로 감기약과 항생제를 복용해도 아이의

감기가 빨리 낫지는 않습니다. 항생제를 복용하든 한약을 복용하든 감기가 낫는 시간은 같습니다. 하지만 한의학의 장점은 아이가 감기를 이겨내는 과정에 있습니다. 한의학에서는 아이가 감기를 이겨내는 면역력을 더해주는 치료를 통해 아이가 건강하게 감기를 이겨내면서 아이의 면역력이 성장하는 과정을 도와줄 수 있습니다.

Q229 아이의 면역력을 더해주는 한약을 먹이고 싶은데 언제 복용하는 게 좋을까요?

A 아이의 면역력 상태와 단체 생활에 따라 한약을 복용할 시기는 조금씩 달라집니다. 아직 면역력이 약하고, 이제 어린이집이나 유치원을 다니기 시작한 아이들의 경우에는 환절기, 즉 감기가 유행하기 전에 미리 면역력을 보충해주는 것이 좋습니다. 아이의 면역력이 어느 정도 성장한 상태이고 감기가 전보다 많이 줄었다면 환절기가 시작되는 시기에 맞춰 면역력을 보충해주는 것이 좋습니다.

3장

장염:

아이가 설사를 해요

아이의 호흡기계가 병균으로부터 우리 몸을 지키는 작용이 감기라면, 장염은 아이의 소화기계가 우리 몸을 지키는 작용입니다.

소화기계 면역력이 약하면 장염에 자주 걸려요
아이의 소화기계는 외부 환경에서 들어오는 물질 중 도움이 되는 음식 은 몸에 받아들이고 해로운 병균으로부터 아이의 몸을 지켜주는 작용 을 합니다. 그런데 아직은 아이의 소화기계 기능과 면역력이 약하기 때문에, 해로운 병균이 아이의 소화기계에 침입하면 장염과 같은 증상이 나타날 수 있습니다.

아이는 장염을 건강하게 이겨내면서 소화기계의 면역력이 성장해요

아이들이 장염에 걸려서 설사와 구토를 하면 걱정이 많이 됩니다. 하지만 대부분의 장염은 별다른 문제없이 깨끗하게 나을 수 있습니다. 아이는 이렇게 장염을 건강하게 이겨내면서 소화기계의 면역력이 성장할 수 있습니다. 그러니 아이가 장염에 걸렸을 때 불필요한 약의 사용을 줄이고 건강하게 장염을 이겨내게 해주세요.

장염에 걸렸을 때는 아이의 식생활에 신경 써주세요

장염은 아이가 먹는 음식을 소화시키는 위장관에 나타나는 감염 질환이기 때문에, 아이의 식생활 관리가 중요합니다. 아이가 장염에 걸렸을 때 아이의 식생활을 잘 관리해주면, 아이는 장염을 건강하게 이겨내고 소화기계의 기능도 더 빨리 회복할 수 있습니다. 이 장에서는 아이가 장염에 걸렸을 때 아이의 식생활을 어떻게 관리해야 하는지에 대해 자세히 살펴보겠습니다.

1. 장염

아이들은 자주 장염에 걸려요

아이들은 감기와 마찬가지로, 장염에도 자주 걸립니다. 감기는 호흡기계의 감염 질환이고, 장염은 소화기계의 감염 질환입니다. 주로 로타바이러스, 노로바이러스와 같은 바이러스에 의해서 장염에 걸릴 수 있고, 감기처럼 겨울에 더 유행합니다. 아이들이 장염에 걸리면 설사와

구토 증상이 나타날 수 있으며 열, 복통, 식욕 저하가 함께 나타날 수 있습니다.

장염의 원인은 음식보다 바이러스예요

상한 음식을 먹은 후에도 나타날 수 있지만, 대부분의 장염은 바이러스가 원인인 감염 질환입니다. 그리고 아직 면역력이 약한 아이들이 쉽게 걸릴 수 있지만, 감기처럼 장염 바이러스도 몇 차례 이겨내면서 아이의 소화기계 면역력이 성장합니다.

약을 복용하지 않아도 장염은 저절로 좋아져요

장염은 바이러스가 원인인 질환이기 때문에 장염을 낫게 해주는 치료는 없습니다. 장염도 감기처럼 시간이 지나면 저절로 낫습니다. 일반적으로 심한 설사와 구토는 3~4일이면 좋아지고, 2주 정도에 걸쳐 소화기계의 기능이 원래대로 회복합니다. 간혹 아이에게 탈수 증상이 동반될 때는 수액 보충과 같은 치료가 필요할 수 있습니다.

장염은 물을 충분히 마셔 탈수를 예방해야 해요

아이가 장염으로 설사와 구토가 심하면 몸의 수분 손실이 많아져서 탈수 위험이 있습니다. 그래서 장염에 걸린 아이에게 물을 충분히 마시게 하는 것이 중요합니다. 물을 충분히 마시면 탈수는 거의 나타나지 않습니다. 아이에 따라 수분 손실이 많거나 물을 마시기 힘든 경우에는 전해질 용액을 먹이거나 정맥 주사로 수액을 보충할 수 있습니다.

Q230 생후 4주이고 모유 수유를 하는 아이입니다. 그런데 갑자기 하루에 대변을 5~8차례 봐요. 장염일까요?

A 아기들은 소화기계의 기능이 민감하고 약해서 일시적인 몸 상태의 변화에도 대변 횟수와 모양이 달라질 수 있습니다. 그래서 장염이 아니더라도 대변 횟수가 늘어날 수 있어요. 또 장염이라도 시간이 지나면 자연스레 좋아집니다. 지금은 아이의 생활 스케줄을 규칙적으로 관리하면서 모유 수유를 꾸준히 해주세요. 시간이 지나면 아이의 대변 상태는 다시 좋아질 수 있습니다.

Q231 4개월 된 아기인데 분유를 하루에 한두 번 정도 토해요. 장염일까요?

A 이 시기의 아기는 소화기계의 구조와 기능이 약해서 자주 게워낼 수 있어요. 그렇다고 아이에게 문제가 있는 것은 아니고, 장염에 걸리지 않아도 구토를 할 수 있습니다. 아이가 분유를 먹을 때 급하게 먹지 않도록 해주고, 수유하면서 공기를 삼키지 않도록 자세에 신경 써주세요. 수유 도중에 트림을 한 번씩 하면서 수유하는 것도 도움이 됩니다.

Q232 만 3세 아이인데 구토를 너무 심하게 해요. 심지어 물만 마셔도 토하는데, 왜 그럴까요?

A 🧑 아이들은 장염에 걸리면 지금처럼 구토를 할 수 있습니다. 설사 없이 구토만 나타나는 장염도 있어요. 그리고 간혹 장염이 아닌 다른 원인으로 구토 증상이 나타날 수 있습니다. 일단 병원에서 정확한 진찰을 받아보세요. 그리고 구토가 심할 때에는 탈수 증상이 나타나지 않도록 물을 조금씩 마시게 해주고, 물을 마시기 힘들면 얼음을 먹게 해주는 것도 도움이 됩니다.

Q233 만 4세 아이인데 어제부터 하루에 두 번 정도 묽은 대변을 보는데, 병원에 가야 할까요?

A 🧑 아이가 약하게 장염에 걸렸을 수 있고, 또는 일시적으로 소화기계의 상태가 저하되어 나타나는 상태일 수 있습니다. 혹시 아이가 장염에 걸렸더라도, 아이들의 장염을 낫게 해주는 약은 없고, 장염은 시간이 지나면 자연스럽게 낫습니다. 아이의 설사가 심하지 않다면, 병원에 가지 않아도 괜찮습니다.

Q234 아이의 탈수는 어떻게 확인하나요?

A 🧑 아이의 탈수는 모세혈관 충혈 시간을 통해 확인합니다. 모세혈관 충혈 시간은 아이의 손가락이나 발가락 끝을 손톱으로 꾹 눌러서 하얗게 변한 부분이 다시 붉게 돌아오기까지 걸리는 시간을 말합니다. 이 시간이 2초 이상 걸린다면 탈수를 의심할 수 있습니다. 아이들의 경우, 입과 혀가 말라 있거나 울어도 눈물이 나오지 않고, 여덟 시간 이상 소변을 보지 않거나 체중이 줄어드는 경우에도 탈수를 의심할 수 있습니다.

Q235 로타바이러스 예방 접종을 해야 하나요?

A 로타바이러스는 장염의 가장 중요한 원인 바이러스입니다. 그리고 로타바이러스 예방 접종은 효과가 좋은 편이어서 생후 6개월 이전에 로타바이러스 예방 접종을 하면 도움이 될 수 있습니다. 하지만 예방 접종을 못했다고 해도 걱정할 필요는 없습니다. 아이들은 자라면서 로타바이러스에 의한 장염에 한두 번씩 걸릴 수 있고, 장염을 이겨내면서 예방 접종보다 더 건강한 면역력을 키워갈 수 있습니다.

Q236 로타바이러스 예방 접종을 했는데 장염에 걸렸어요. 왜 그런가요?

A 로타바이러스 예방 접종은 로타바이러스만을 예방하는 백신이므로 다른 바이러스에 의해 장염에 걸릴 수 있습니다. 그리고 로타바이러스 예방 접종으로 100% 예방이 되는 것이 아니어서 예방 접종을 해도 로타바이러스에 감염될 수 있습니다.

Q237 감기에 걸려 약을 복용하고 있는데 아이가 설사를 해요. 장염일까요?

A 감기약을 복용하는 도중 설사를 한다면 몇 가지 가능성을 생각해볼 수 있습니다. 먼저 아이들은 감기에 걸리면 위장관의 기능도 함께 저하하면서 설사하는 경우가 있습니다. 두 번째로, 장염이 동반되어 설사를 할 수 있습니다. 마지막으로 감기약 때문에 설사를 할 수 있습니다. 특히 항생제를 복용했을 때 설사하는 경우가 종종 있습니다. 설사가 지속되면 새로운 증상이 생긴 상태일 수 있기 때문에 진료

받은 병원에서 다시 한 번 정확한 진찰을 받아보세요.

2. 장염과 설사

물을 많이 마시게 해주세요

아이가 장염에 걸려 설사를 많이 하면 몸의 수분 손실이 커서 탈수 위험이 있습니다. 그래서 장염에 걸렸을 때는 물을 충분히 마시는 것이 가장 중요합니다. 아이가 싫어해도 물은 억지로라도 마시게 해줘야 합니다. 물을 어느 정도 마시면 탈수는 잘 나타나지 않습니다.

설사가 심하면 전해질 용액을 복용할 수 있어요

전해질 용액에는 수분 흡수가 잘되도록 전해질과 포도당이 포함되어 있습니다. 병원에서 처방받거나 또는 처방전 없이도 약국에서 구할 수 있습니다. 설사가 심하거나 탈수 증상이 있을 때는 탈수 예방과 교정을 위해 물보다는 전해질 용액을 마시는 것이 더 도움이 됩니다. 하지만 아이의 설사가 심하지 않거나 물을 잘 마시고 있고 탈수 위험이 없을 때는 군이 전해질 용액을 마실 필요가 없습니다.

Q238 아이가 설사를 하는데, 피가 살짝 묻어 있어요. 괜찮을까요?

A 🧑 아이들이 장염에 걸려 설사를 할 때, 피가 조금씩 보이는 경

우가 있습니다. 만약 피가 한두 방울 대변 표면에 묻어 있는 정도라면 크게 걱정하지 않아도 됩니다. 아이가 코감기에 걸려 코를 많이 풀면 코에 상처가 생겨 콧물에 피가 묻어 나오는 것처럼, 설사를 많이 하면 장 점막에 상처가 생기면서 피가 살짝 묻어 나오는 경우가 있습니다. 지금은 너무 걱정하지 말고 설사의 양상과 혈변이 심해지지 않는지 대변 상태를 주의 깊게 살펴봐주세요.

Q239 아이가 설사를 하는데, 혈변을 봤어요. 피의 양이 많은데 괜찮을까요?

A 아이가 혈변을 보고 피의 양이 많다면, 병원에서 정확한 진찰을 받아보세요. 열과 함께 혈변이 동반될 때에는 세균성 장염을 의심할 수 있습니다. 또 혈변의 양이 많은 경우에는 장중첩증과 같은 위험한 질환일 가능성이 있기 때문에 병원에서 빨리 진찰을 받아야 합니다. 아이의 기저귀를 가져가거나 대변 사진을 찍어 의사 선생님에게 보여주면 정확한 진찰을 받을 수 있습니다.

Q240 물 대신 이온 음료를 마셔도 될까요?

A 장염에 걸렸을 때 물 대신 이온 음료를 마시는 경우가 종종 있는데요. 실제로는 이온 음료가 별 도움이 되지는 않습니다. 오히려 이온 음료는 전해질 농도가 낮고 단순 당의 함량이 많아 위장관에서 삼투압 작용에 의해 설사가 더 심해질 수 있습니다. 그래서 이온 음료보다는 일반적인 물을 마시게 해주는 게 좋습니다.

혹시 아이의 설사가 심해서 빨리 수분을 보충해줘야 하는 경우에는 약국에서 전해질 용액을 구입해서 마시게 해주세요.

Q241 아이가 설사를 많이 해요. 미음을 먹이는 게 좋겠죠?

A 예전에는 장염에 걸리면 위장관에 무리를 덜 주기 위해 미음을 먹었습니다. 그러나 최근에는 관점이 바뀌었습니다. 아이가 장염에 걸려 설사를 하더라도 아이가 잘 먹어야 손상된 위장관의 기능이 빨리 회복할 수 있습니다. 그래서 아이의 식사는 평상시처럼 먹이는 것이 가장 좋습니다. 하지만 장염에 걸리면 아이의 식욕이 떨어질 수 있는데, 이때는 미음이나 아이가 좋아하는 음식을 챙겨줘도 괜찮습니다.

Q242 아이가 설사를 많이 해요. 지사제를 먹여야 할까요?

A 아이가 설사를 하면 아이도 힘들고 부모님도 많이 걱정되겠지만, 설사는 지금 아이 몸에서 안 좋은 물질과 병균을 바깥으로 내보내기 위한 우리 몸에 필요한 작용입니다. 최근에는 일반적인 장염의 치료에서 지사제를 사용하지는 않습니다. 일반적인 장염에서 지사제의 사용은 오히려 장염의 회복을 더디게 할 수 있습니다. 지금은 아이에게 탈수가 나타나지 않도록 물을 충분히 마시게 해주는 것이 가장 중요합니다.

Q243 장염에 항생제를 복용하면 빨리 낫나요?

A 아이들이 걸리는 장염은 바이러스성 장염입니다. 그래서 항생제를 복용하지 않아도 됩니다. 항생제는 오히려 장염으로 민감해진 위장관의 정상 세균총을 파괴하고 설사를 더 심하게 하는 부작용을

EBS 육아학교 육아 PIN 처방전 **아이가 설사할 때, 식사는 이렇게 해주세요**

- 식사는 평상시처럼 먹게 해주세요. 예전에는 장염에 걸리면 덜 먹이거나 미음을 먹였지만, 최근 연구 결과에서는 일반 식사를 권장합니다. 아이가 잘 먹어야 부족한 영양을 빨리 공급할 수 있고 손상된 장 점막의 회복을 촉진할 수 있기 때문입니다.

- 음식을 먹기 싫어하면 억지로 먹이지 마세요. 장염에 걸리면 대체로 입맛이 떨어집니다. 이때는 억지로 먹이지 말고 미음이나 잘 먹는 음식 위주로 주는 것이 좋습니다.

- 모유나 분유 수유를 하는 아이는 평소대로 먹게 해주세요. 모유 수유는 아이의 장염 회복을 도와줍니다. 분유 수유 아이는 설사가 심하면 설사 분유로 대체할 수 있습니다.

- 유제품, 기름진 음식, 군것질은 피해야 합니다.

- 유산균은 장염 회복에 도움이 됩니다.

일으킬 수 있습니다. 장염은 바이러스가 원인이므로 장염을 빨리 낫게 하는 약물은 없습니다. 장염은 시간이 지나면 아이의 면역력에 의해 자연스럽게 좋아집니다.

Q244 모유 수유 하는 아이인데 설사가 심하고 잘 먹지도 않아요. 어떻게 해야 하나요?

A 아이들이 장염에 걸리면 식욕이 떨어져 잘 안 먹을 수 있습니다. 하지만 수분 섭취가 충분하지 않으면 탈수가 나타날 수 있으므로

조금씩이라도 먹여야 합니다. 아이가 수유를 힘들어하면 유축한 모유나 전해질 용액을 티스푼 하나 정도의 양으로 3분마다 한 번씩 먹게 해주세요. 아이가 잘 먹으면 양을 조금씩 늘립니다. 아이가 식욕을 되찾을 때까지 이렇게 먹이면서 영양 공급과 탈수 예방을 해줘야 합니다.

Q245 분유 수유 하는 아이인데 설사를 해요. 설사 분유를 먹여야 할까요?

A 아이가 장염에 걸리면 일시적으로 약간의 유당불내증이 나타나 분유에 함유된 유당의 소화가 잘 안 될 수 있습니다. 그러나 심하지 않은 설사는 평소 먹던 분유를 먹어도 괜찮습니다. 아이의 설사가 심하면 며칠 정도 설사 분유를 먹이세요. 설사 분유는 유당이 함유되지 않아, 설사하는 동안 아이의 분유 흡수가 좀 더 수월해질 수 있습니다.

설사가 줄어들면 다시 원래 분유로 바꿔주세요. 설사 분유는 영양 공급이 충분하지 않기 때문에 설사가 잦아들면 원래 분유로 바꿔야 합니다. 원래 분유로 돌아가면 분유에 함유된 유당 성분 때문에 대변이 좀 더 묽어질 수 있지만 시간이 지나면 회복됩니다.

Q246 설사가 심해서 전해질 용액을 처방받았는데, 아이가 잘 안 먹으려 해요. 어떻게 해야 할까요?

A 전해질 용액은 짠맛 때문에 아이들이 꺼리는 경우가 많습니다. 이럴 때는 전해질 용액을 시원하게 만들어 먹이거나 작은 얼음 조각으로 얼려서 먹이세요. 또 아이가 좋아하는 음료수가 있으면, 음료

수와 전해질 용액의 비율을 1:2로 섞어서 마시게 해줘도 괜찮습니다.

Q247 장염에 걸렸는데 과일을 먹여도 될까요?

A 아이가 장염에 걸렸을 때 과일을 먹어도 괜찮습니다. 하지만 한의학적인 관점에서 과일은 찬 성질이 있기 때문에 차갑지 않은 실온 상태로, 평소 섭취하는 만큼만 먹게 해주는 것이 좋습니다.

Q248 설사가 심해서 엉덩이에 발진이 생겼어요. 어떻게 해야 하나요?

A 아이들이 설사를 많이 하면 엉덩이가 짓무를 수 있습니다. 아이의 엉덩이는 물티슈로 닦기보다 따뜻한 물로 조심조심 씻어주세요. 그리고 비누나 목욕 제품은 자극이 적은 것으로 조금만 사용해서 씻어주세요. 비누를 많이 사용하면 오히려 회복이 더뎌질 수 있습니다. 그리고 아이가 대변이나 소변을 보면 가능한 한 빨리 기저귀를 갈아주고, 평소엔 기저귀를 열어두어 공기가 잘 통하게 해주는 것이 좋습니다.

Q249 아이가 장염으로 설사가 심한데, 어느 정도로 심하면 입원해야 하나요?

A 아이의 설사가 심해서 탈수 증상이 의심되면 밤중에라도 응급실에 가서 정확한 상태를 체크하고 탈수 상태를 교정해줘야 합니다. 그리고 설사가 심하고 탈수가 의심될 경우, 수액 보충과 함께 아이의 상태를 세심히 관리하기 위해 입원 치료가 필요할 수 있습니다. 집에서는 탈수가 나타나지 않도록 물을 충분히 마시게 해주고 주의 깊게

관찰하며 관리해주세요. 설사를 많이 해도 물을 잘 마시고 탈수가 나타나지 않는 아이들은 집에서 관리할 수 있습니다.

▌ 3. 장염과 구토

설사 없이 구토만 나타나는 장염도 있어요

아이가 설사 없이 구토를 하면 일반적으로 체했다고 생각하기 쉽습니다. 물론 아이들이 체했을 때 구토를 하는 경우도 있지만, 장염에 걸렸을 때도 구토를 할 수 있습니다. 또 장염 외에 다른 감염 질환이나 음식 알레르기, 또는 충수염에 의해서도 구토가 나타날 수 있기 때문에 아이의 구토가 심하면 병원에서 정확한 진찰을 받아보는 것이 좋습니다.

구토도 설사와 마찬가지로 수분 보충이 중요해요

구토를 많이 하면 설사와 마찬가지로 수분 손실이 나타납니다. 이때 물을 충분히 마시지 못하면 탈수 위험이 있습니다. 그래서 장염으로 구토하는 아이에게도 물을 충분히 보충해주는 것이 구토의 관리에서 가장 중요합니다.

Q250 아이가 밤중에 갑자기 구토를 하는데 응급실에 가야 할까요?

A 🙂 아이의 구토가 심하지 않으면, 어느 정도 안정된 후 물을 마시게 한 다음 다시 재워보세요. 만약 다음 날도 구토 증상이 지속되면 병원에서 진찰을 받아보는 것이 좋습니다. 아이가 구토를 심하게 하고 물을 마시기 힘들 정도이거나 구토 증상으로 탈수가 의심되면, 밤중이라도 응급실에서 정확한 진찰을 받아야 합니다.

Q251 아이가 구토를 해서 오전에 병원에 다녀왔는데 장염이라고 합니다. 그런데 오후에도 구토를 계속해요. 다시 병원에 가야 할까요?

A 🙂 아이가 장염으로 구토를 하면 하루 이틀 정도 지속될 수 있습니다. 지금은 구토로 인해 탈수가 나타나지 않도록 관리해주는 것이 중요합니다. 물을 충분히 마시게 해주고, 여러 가지 방법을 써도 아이가 물을 거의 마시지 못하거나 탈수 증상을 보인다면 병원이나 응급실에서 수액 주사를 통해 수분을 보충해야 합니다.

Q252 아이가 전해질 용액을 먹여도 토하는데 어쩌죠?

A 🙂 아이가 전해질 용액을 토하더라도 조금씩 계속 마시게 해줘야 합니다. 아이가 토하더라도 조금씩은 아이의 몸에 흡수가 되고 있습니다. 아이가 먹기 힘들어하면 티스푼으로 조금씩 먹이세요. 그래도 힘들면 얼음으로 만들어 먹이거나 아이가 좋아하는 주스에 전해질 용액을 1:2로 섞어 마시게 해줘도 좋습니다. 아이가 계속 먹기 힘들어하고 탈수 증상이 의심될 때는 병원에서 수액 주사를 통해 수분을 보충하세요.

EBS 육아학교 육아 **PiN** 처방전　　**아이가 구토할 때는 이렇게 해주세요**

- 아이의 구토가 안정되면 물을 마시게 해주세요. 구토가 심할 때는 물까지 토하게 되므로 아이가 조금 안정되었을 때 물을 조금씩 천천히 마시게 해주는 것이 좋습니다.
- 구토가 심한 경우에는 전해질 용액을 마시게 해주세요.
- 아이가 물과 전해질 용액을 모두 거부하면, 얼려서 아이가 조금씩 빨아 먹게 해주세요. 물과 전해질 용액에 아이가 좋아하는 주스를 조금 섞어줘도 괜찮습니다.
- 식사는 평상시처럼 먹이세요. 구토로 식욕이 떨어지면 아이가 좋아하는 음식을 먹을 수 있는 만큼만 먹게 해주세요.
- 모유 또는 분유 수유를 하는 아이라면, 아이의 상태가 안정됐을 때 평소처럼 수유해주세요. 천천히 조금씩 자주 먹이는 것이 좋습니다. 아이가 수유를 힘들어하고 먹는 양이 적다면, 전해질 용액을 티스푼이나 시럽병을 사용해서 마시게 해주세요.

Q253 구토하면서 물 대신 과일 주스를 조금 마시는데 괜찮을까요?

A 아이가 물을 마시기 힘들어하면 과일 주스를 마시게 해도 괜찮습니다. 그러나 구토와 함께 설사를 한다면 과일 주스나 음료수는 설사를 더 심하게 할 수 있으므로 삼가는 것이 좋습니다.

Q254 아이의 구토가 심하고 계속 못 먹었는데, 언제 음식을 주는 것이 좋을까요?

A 🧑 구토가 심하면 음식은 주지 말고 물이나 전해질 용액을 마시게 해주세요. 물과 전해질 용액도 토하고 힘들어하면, 5분마다 1~2티스푼씩 마시게 해주세요. 잘 마시면 양을 조금씩 늘려가고, 네 시간 동안 토하지 않으면 부드러운 음식으로 식사하게 해주세요.

Q255 모유 수유 하는 아이인데 장염으로 계속 구토를 해요. 괜찮을까요?

A 🧑 구토가 심하지 않으면 모유 수유를 지속해주세요. 대신 조금씩 자주 먹이는 것이 좋습니다. 아이의 구토가 심하고 수유를 거부하면, 유축한 모유나 전해질 용액을 3분마다 1티스푼씩 주세요. 아이가 잘 받아먹으면 양을 조금씩 늘려가고, 네 시간 동안 토하지 않으면 다시 수유를 시도해주세요.

4. 체

'체'는 소화불량과 비슷한 상태예요

체했다는 말은 우리나라에서만 사용되는 표현입니다. 아이가 음식을 먹은 후 위장관이 섭취한 음식을 잘 내려주지 못해서 답답한 느낌이 들거나 복통이 느껴질 때 체했다고 말합니다. 증상이 심하면, 아이는 구토를 하거나 손이 차가워질 수 있습니다. 그리고 배꼽 위 상복부의 불편함을 느끼는 경우가 많고, 배가 아프다고 해서 만져주면 오히려 더 아파하고 불편해하는 경우가 많습니다.

'체'는 잘못 사용되는 경우가 많아요

아이가 토하거나 손발이 차면 체했다고 생각하는 경우가 많습니다. 하지만 정말 체한 것이 아니라 다른 원인인 경우가 있습니다. 아이가 구토할 때는 체했을 가능성도 있지만, 장염에 걸려서 하는 구토일 수 있습니다. 그리고 손발이 찰 때는 감기나 장염으로 인해 열이 오르는 전조 증상일 수도 있습니다. 만약 아이에게 이런 증상이 보인다면 집에서 손을 따주고 기다리기보다 병원에서 정확한 진찰을 받아야 합니다.

체했을 때는 한의학적인 치료가 효과적이에요

아이가 체했을 때는 한의원에서 치료를 받아보세요. 한의학적으로 '체했다'는 말은 기운이 막혀 있다는 의미입니다. 한의학에서는 침 치료를 통해 아이의 막힌 기운을 뚫어줍니다. 그리고 저하된 위장관 기능을 도와주는 한약도 아이가 체했을 때 많은 도움이 됩니다.

Q256 아이가 자꾸 토해요. 체한 것 같은데, 손을 따주면 좋을까요?

A 아이가 토하는 것은 체했을 가능성도 있지만, 장염에 걸렸을 수도 있습니다. 손을 따주기 전에 병원에서 정확한 진찰을 받는 것이 좋습니다.

Q257 아이가 체해서 손을 따려고 하는데, 어떻게 해야 하나요?

A 체했을 때 손가락 끝을 많이 따주는데요. 이것은 손가락 끝에

있는 혈자리를 자극해 우리 몸의 막힌 기운을 뚫어주는 것이 목적입니다. 손가락을 따기 전에 바늘을 깨끗이 소독해주세요. 그리고 검지 안쪽이나 엄지 바깥쪽 손톱 라인의 조금 아래쪽 부위를 아이가 살짝 놀랄 정도로 찔러주면 됩니다.

Q258 아이가 체해서 손을 따려고 하는데, 검은 피가 나와야 하나요?

A 손을 따줄 때는 꼭 피가 나오지 않아도 괜찮습니다. 아이가 살짝 놀랄 정도로만 자극을 주면 됩니다. 그리고 간혹 피가 안 나오면 짜주기도 하는데요, 이 과정 역시 필요하지 않습니다.

Q259 체한 것과 장염은 어떻게 구별하나요?

A 아이가 구토할 때 체한 증상과 장염을 구별하기 어려울 수 있습니다. 이때 발열이나 설사를 동반하면 체했다기보다는 장염일 가능성이 큽니다. 그리고 체한 증상은 보통 식사 후에 나타나는 경우가 많고, 배꼽 위 상복부를 눌렀을 때 더 아파하고, 배를 어루만졌을 때 편안해하기보다 아파하고 불편해하는 경우가 많습니다. 구별하기 어려울 때에는 병원에서 정확한 진찰을 받아보세요.

Q260 아이가 체했을 때 한방 소화제가 도움이 될까요?

A 한방 소화제는 체로 인해 기운이 막혔을 때, 막힌 기운을 뚫어주고 저하된 위장관의 기능을 회복시켜줍니다. 그래서 자주 체하거나 소화불량 증상이 나타나는 아이라면 한방 소화제를 미리 준비해두는 게 좋습니다.

Q261 아이가 체했을 때 매실액이 도움이 될까요?

A 배가 불편한 증상이 있을 때 매실액을 많이 먹습니다. 하지만 아이가 체했을 때는 매실액보다 한방 소화제가 더 도움이 됩니다. 매실액의 발효된 성분이 어느 정도 소화불량을 도와줄 수 있지만, 매실액은 체했을 때보다 대변이 묽거나 설사할 때 더 도움이 됩니다.

Q262 아이가 자주 체하는 편이에요. 어떻게 해야 할까요?

A 아이의 소화기계 기능, 특히 섭취한 음식물을 잘 내려줘야 하는 소화기계의 운동성이 부족할 때 자주 체하면서 토하는 증상이 나타날 수 있습니다. 이런 아이들은 한의학적인 방법으로 소화기계의 기능을 개선시켜주면 많은 도움이 됩니다. 그리고 집에 한방 소화제를 준비해두세요. 식사는 항상 잘 씹으면서 천천히 먹게 하고, 먹은 후에는 어느 정도 소화시킨 다음 신체 활동을 하게 하는 것이 좋습니다.

▌5. 한의학에서의 장염 치료

한의학은 저하된 소화기계의 기능을 회복시켜줘요

한의학은 장염으로 인해 손상된 소화기계의 기능이 빨리 회복할 수 있도록 도와주는 치료를 합니다. 먼저 구토와 설사, 체하는 증상을 구별한 후에, 구토와 설사의 경우 위장관의 염증을 줄이고 손상된 소화기계의 기능을 회복시켜주는 치료를 하고, 체했을 경우 막혀 있는 기운을 뚫어주어 기혈 순환이 원활히 돌아가도록 도와주는 치료를 합니다.

소화기계 기능이 약한 아이들은 자주 체하거나 탈이 날 수 있는데, 이때 꾸준히 소화기계의 기능을 더해주고 관리해주는 치료가 도움이 됩니다. 또 이런 아이들은 섭취한 음식을 소화하고 받아들이는 기능도 약한 경우가 많아 소화기계의 기능을 개선하면 아이의 키와 체중 성장에도 도움이 됩니다.

한의학은 장염 치료의 부작용이 적어요

아이가 장염에 걸리거나 체한 상태에서는 소화기계 상태가 민감해지기 때문에 약의 사용이 무척 조심스럽습니다. 하지만 한의학은 생약 성분을 이용한 한약을 통해 아이의 위장관에 무리를 주지 않고 민감해진 소화기계 기능의 회복을 도와주는 치료를 하기 때문에 부작용이 적습니다.

자주 탈이 나고 체하는 아이에게 소화기계의 기능을 더해줘요

소화기계의 기능이 부족한 아이는 자주 체하거나 탈이 날 수 있습니다. 이러한 아이들은 부족한 소화기계의 기능을 꾸준히 더해주고 관리해주는 치료가 도움이 됩니다. 이렇게 소화기계의 기능이 약한 아이들은 섭취한 음식을 소화하고 받아들이는 기능도 부족한 경우가 많기 때문에, 소화기계의 기능을 개선시키면 아이의 키 성장과 체중 증가에도 도움을 줄 수 있습니다.

Q263 장염에 걸렸을 때 한의원에 가도 되나요?

A 한의원에서도 아이의 장염을 치료할 수 있습니다. 한의학의 장염 치료는 아이의 위장관에 무리를 주지 않으면서 좋은 효과를 볼 수 있습니다. 위장관의 염증을 줄이고 아이의 소화기계 기능의 회복을 도와주는 한약 치료와, 민감한 소화기계의 상태를 원활하게 해주고 회복을 도와주는 뜸 치료를 함께 해주면 아이의 장염에 많은 도움이 됩니다.

Q264 장염에 걸렸을 때 매실액을 먹여도 괜찮나요?

A 한의학에서 매실은 오랜 기침과 설사에 쓰이는 약재입니다. 그래서 아이가 설사를 할 때 먹이면 도움이 됩니다. 하지만 매실액에는 보통 설탕이 많이 포함되어 있어 많이 먹일 경우 이러한 당 성분 때문에 설사가 더 심해질 수 있습니다. 그래서 양이 많지 않게 물에 묽게 타서 아이가 물처럼 마시게 해주세요.

Q265 장염에 걸렸을 때 백초 시럽을 먹여도 괜찮나요?

A 백초 시럽에 함유된 한약재는 아이가 장염에 걸렸을 때 도움이 됩니다. 아이가 구토나 설사를 하면 백초 시럽을 먹여도 괜찮습니다.

4장

비염:

아이가 콧물을 계속 흘려요

아이들이 가장 많이 앓는 질환 중 하나가 비염입니다. 그래서 아이에게 콧물이 오래 지속되면 부모는 아이가 비염으로 진행되는 게 아닌가 싶어 많이 걱정합니다. 하지만 비염인 줄 알았던 아이가 실제로 비염이 아닌 경우가 많습니다. 아이들은 면역력이 성장하는 과정에 있기 때문에 어른과 같은 기준으로 비염을 판단해서는 안 됩니다. 그래서 가장 먼저 아이에게 비염이 정말 있는지 살펴보는 것이 중요합니다.

아이들의 비염은 면역력의 방향을 바르게 잡아줘야 해요

비염이 있는 아이는 호흡기계 면역력이 성장하면서 방향이 틀어진 모습입니다. 그래서 아이의 비염은 틀어진 면역력의 방향을 바르게 잡아줘야 합니다. 아이들은 면역력이 성장하는 과정에 있기 때문에, 어른에 비해 비염이 더 잘 관리될 수 있습니다. 비염이 없는 아이들도 비염으로 진행되지 않기 위해서는 면역력의 방향을 잘 잡아줘야 합니다.

1. 비염

비염은 만성 질환이에요

우리가 일반적으로 말하는 비염은 콧물, 코막힘과 같은 증상이 만성으로 지속되는 질환입니다. 감기는 1~2주면 증상이 조금씩 잦아들면서 깨끗이 낫지만, 비염은 아이가 감기에 걸리지 않아도 증상이 한 달 이상 지속됩니다. 그리고 날씨가 따뜻해지면 조금 호전되었다가 추워지면 심해지는 증상이 몇 년 동안 계속 나타날 수 있습니다.

감기인지 비염인지 구별해야 해요

아이가 감기에 걸리면 보통 2주 안에 코 증상이 줄어들면서 깨끗이 낫습니다. 그리고 감기는 열이나 기침 같은 다른 증상을 동반하는 경우가 많습니다. 이런 감기는 오래 지속되더라도 나은 뒤에는 콧물과 코막힘 같은 증상이 없습니다. 하지만 비염은 감기처럼 증상이 갑자기 심해지거나 줄어드는 모습이 아니라 꾸준히 지속되는 코 증상이 나타납니다.

아이의 감기가 지속되면 비염처럼 보이기도 해요

만 1~3세의 아이들이 단체 생활을 하거나 외부 환경에 많이 노출되면 감기가 오래 지속되고 코 증상이 나타나 비염처럼 보일 수 있습니다. 하지만 이것은 면역력이 약한 상태에서 나타나는 잦은 감기의 모습이며, 비염으로 나타나는 경우는 많지 않습니다. 하지만 아이의 면역력이 성장하고 감기가 줄어든 후에도 코 증상이 좋아지지 않고 오랫동안 지속되면 비염을 의심할 수 있습니다.

비염은 면역력의 방향이 틀어진 상태를 의미해요

아이들은 만 3~4세 이전에 감기에 자주 걸리면서 면역력의 기초를 다집니다. 이때 감기를 이겨내는 면역력을 키우지 못한 아이들은 만 3~4세 이후에 면역력의 방향이 틀어져 비염으로 진행됩니다. 면역력의 방향을 바로잡아주지 않으면, 아이가 성장하면서 면역력의 방향이 더 틀어지게 되고, 초등학교를 다닐 즈음에는 비염 증상이 더 심해질 수 있습니다.

Q266 15개월 된 아이인데, 콧물이 자주 흘러요. 비염일까요?

A 이 시기 아기들은 면역력이 약해서 콧물이 흐르는 모습을 자주 보이지만 비염으로 보기에는 아직 이릅니다. 아기의 코가 아직 약해서 온도나 습도 변화에 민감하게 반응할 수 있고, 새로운 외부 환경에 노출되면서 콧물이 흐르는 경우가 많습니다. 아이의 면역력이 건강

하게 작용하여 콧물을 흘리는 모습이니 너무 걱정하지 마세요.

Q267 20개월 된 아이예요. 어린이집을 다니면서 감기를 달고 살아요. 혹시 비염일까요?

A 아이들은 면역력이 약해서 단체 생활을 시작하면 감기에 자주 걸립니다. 하지만 이것은 잦은 감기의 모습이며, 비염은 아닙니다. 아이는 앞으로 2~3년 동안 감기에 자주 걸릴 수 있겠지만, 면역력이 성장하면서 감기가 점차 줄어들 텐데요. 감기가 줄어든 후에도 아이의 코 증상이 지속된다면 그때는 비염을 의심해볼 수 있습니다.

Q268 25개월 아이인데 감기에 걸리면 2~3주는 앓은 뒤에야 나아요. 비염일까요?

A 아직은 아이가 어리기 때문에 감기를 이겨내는 면역력이 약해서 한번 감기에 걸리면 낫는 데 2주 이상 걸릴 수 있어요. 하지만 시간이 오래 걸려도 증상이 좋아지고 깨끗이 낫는다면 비염이 아니라 감기입니다.

Q269 만 4세 아이예요. 감기에 걸리지 않았는데도 아침저녁으로 콧물을 늘 훌쩍거려요. 혹시 비염일까요?

A 아이의 상태를 정확히 살펴봐야겠지만, 감기에 걸리지 않아도 늘 콧물이 지속된다면 만성 비염이 있을 가능성이 있습니다. 지금 시기의 아이들은 코의 면역력이 약하거나 면역력의 방향이 틀어진 경우에 지금처럼 콧물이 지속되는 모습이 나타날 수 있습니다. 이러한 아

이들은 만성 비염을 의심할 수 있습니다.

Q270 만 6세 아이인데, 날씨가 추워지면 코가 막혀서 잠을 잘 못 자요. 비염일까요?

A 아이의 상태를 정확히 살펴봐야겠지만, 아이에게 비염이 있을 가능성이 있습니다. 만성 비염이 있는 아이들의 경우, 환절기나 추운 날씨에 코막힘 증상이 나타날 수 있고, 코막힘이 심하면 잠을 자기 힘들거나 자다가 깨기도 합니다. 이런 아이들에게는 코의 과도한 염증을 줄여주고 면역력의 방향을 바로잡아주는 치료가 필요합니다.

2. 비염 검진

감기에 걸렸을 때, 병원에 가면 비염 증상을 보일 수 있어요

감기의 의학적 용어는 급성 비인두염입니다. 다시 말해 감기에 걸리면 급성 비염 증상, 즉 코의 염증이 나타납니다. 그리고 코의 염증으로 콧물과 코막힘 증상이 나타날 수 있습니다. 하지만 이런 상태는 만성 비염이 아닙니다. 만약 감기에 걸리지 않은 상태에서도 코의 염증과 그로 인한 코 증상이 지속된다면 만성 비염을 의심할 수 있습니다.

비염은 검사보다 증상이 더 중요해요

병원에 가면 비내시경으로 코의 상태를 확인합니다. 하지만 이런 검사보다 아이에게 나타나는 증상이 더 중요합니다. 비염은 콧물과 코막힘

같은 증상이 오랫동안 지속되는 상태이고, 비염이 있는 아이라도 비내시경으로 확인한 코 상태는 별문제가 없을 수도 있습니다. 그리고 코 상태가 깨끗하지 않더라도 코 증상이 없다면 아이에게 비염이 있다고 생각하지 않습니다.

Q271 감기에 걸려 병원에 갔는데 코 상태를 보더니 비염이 있다고 해요. 정말 비염일까요?

A 감기에 걸렸을 때는 코에 염증이 나타나기 때문에 비염이 있는 상태입니다. 하지만 이것은 급성 비염 상태이고 아이의 감기가 좋아지면 깨끗이 낫습니다. 만약 아이가 감기에 걸리지 않았는데도 코의 염증과 그로 인한 코 증상이 지속된다면 만성 비염을 의심할 수 있습니다.

Q272 검사를 통해 비염인지 알 수 있나요?

A 비내시경으로 코 안이 부어 있는 정도, 염증의 정도, 점막의 상태를 확인하거나 엑스레이 촬영을 통해 비강과 부비동 상태를 확인할 수 있습니다. 그러나 비염은 이런 검사보다 아이의 증상이 더 중요합니다. 아이에게 콧물과 코막힘 증상이 오랫동안 지속될 때 비염으로 진단할 수 있습니다. 만약 검사에서 비염으로 의심되는 소견이 보여도 아이에게 증상이 나타나지 않는다면 비염으로 생각하지 않습니다.

3. 비염과 알레르기

비염이 있는 아이에게 알레르기 비염이 나타날 수 있어요

아이의 비염 증상이 꽃가루, 집먼지진드기, 반려동물과 같은 외부 물질에 대한 알레르기 반응으로 더 심해지는 경우가 있습니다. 이러한 경우 콧물, 코막힘과 함께 코 가려움, 눈 가려움, 재채기 같은 증상이 동반될 수 있고 알레르기 비염을 생각해볼 수 있습니다.

알레르기 비염은 여러 가지 형태로 나타나요

알레르기 비염은 원인이 되는 물질에 따라 여러 가지 형태로 나타날 수 있습니다. 집먼지진드기에 반응하는 알레르기 비염은 그 원인이 제거되지 않으면 1년 내내 지속될 수 있고, 꽃가루에 반응하는 알레르기 비염은 꽃가루가 날리는 환절기에만 증상이 나타날 수 있습니다.

알레르기가 있으면 비염뿐만 아니라 다른 알레르기도 나타날 수 있어요

알레르기는 아이의 면역 체계가 외부 물질에 민감하게 반응하는 상태이므로 비염뿐만 아니라 다른 알레르기도 나타날 수 있습니다. 아이의 체질과 면역력 상태에 따라 특정 음식에 민감하게 반응하는 음식 알레르기, 외부 물질에 대해 기관지가 민감하게 반응하는 천식, 아이의 피부가 민감하게 반응하는 아토피 피부염 등이 동반될 수 있습니다.

Q273 아이가 환절기만 되면 비염 증상이 나타나는데, 알레르기 비염일까요?

A 환절기에 심해지는 비염 증상이라도 알레르기 비염이 아닐 수 있습니다. 환절기에 심해지는 비염은 환절기에만 나타나는 특정 외부 물질에 반응하는 알레르기 비염도 있지만, 우리나라처럼 일교차가 심한 날씨에 코의 면역력이 적응하지 못해서 나타나는 비염도 있습니다.

Q274 환절기에 재채기를 자주 하면 알레르기 비염으로 의심해야 하나요?

A 재채기를 알레르기 증상으로 여기기 쉽지만, 꼭 그렇지는 않습니다. 알레르기가 없는 사람도 일교차가 큰 날 아침에 찬 공기를 쐬면 재채기를 할 수 있습니다. 그래서 비염 증상과 함께 재채기를 동반하더라도 알레르기 비염이 아닐 수 있습니다. 재채기보다 코나 눈이 가려우면 알레르기 비염을 나타내는 증상입니다.

Q275 1년 내내 비염 증상이 있으면, 알레르기 비염이 아닌가요?

A 알레르기 비염도 1년 내내 증상이 지속될 수 있습니다. 집먼지진드기, 반려동물, 화학 제품 등이 알레르기 비염의 원인일 수 있고, 계속 노출되었을 경우 1년 내내 알레르기 비염 증상이 지속될 수 있습니다.

Q276 알레르기 비염은 검사를 통해 알 수 있나요?

A 비염이 있는 아이들의 경우 알레르기 검사를 통해 알레르기성 비염인지 비알레르기성 비염인지를 확인할 수 있습니다. 알레르기 검사는 피부 검사와 혈액 검사로 확인하고, 검사를 통해 알레르기의 원인이 확인되면 더 정확하고 효과적인 비염 치료와 관리를 할 수 있습니다.

Q277 알레르기 비염은 평생 지속되나요?

A 알레르기는 치료되지 않는 경우가 많고, 체질의 한 부분으로 지속되는 경우가 많습니다. 그러나 아이의 생활에 불편함을 주지 않도록 관리할 수 있습니다. 먼저 알레르기의 원인을 피하는 것이 중요합니다. 그리고 알레르기를 일으키는 원인에 노출되더라도, 아이의 면역력과 컨디션이 좋은 상태이면 알레르기 반응은 약하게 나타날 수 있습니다.

4. 비염 예방

아이의 면역력을 건강하게 키워주세요

비염은 코의 면역력이 약하거나 면역력의 방향이 틀어진 아이들에게 나타납니다. 면역력이 건강한 아이들은 환절기의 일교차가 큰 날씨나 추운 겨울에도 비염 증상이 나타나지 않습니다. 그리고 알레르기의 유전적 소인이 있는 아이들도 면역력이 튼튼하면 알레르기 유발 요인을 만나도 알레르기 비염 증상이 약하게 나타납니다.

비염의 시작은 감기예요

면역력을 건강하게 키우는 방법은 아이의 감기에서 시작됩니다. 아이들은 어렸을 때부터 감기를 겪으면서 코와 호흡기계의 면역력이 조금씩 성장합니다. 하지만 이때 아이가 감기를 이겨내는 방법을 잘 배우지 못하면 아이의 면역력은 건강하게 성장하지 못하고 방향이 틀어져 비염으로 진행할 수 있습니다. 그래서 아이가 감기를 건강하게 이겨낼 수 있도록 관리해주는 것이 중요합니다. 아이들 스스로 감기를 이겨내면서 면역력을 키우면 비염으로 진행되지 않을 수 있습니다.

면역력의 방향을 잡아주세요

비염은 아이의 면역력의 방향이 틀어지면서 콧물, 코막힘 같은 증상이 만성적으로 나타나는 질환입니다. 그래서 아이에게 비염이 생기지 않게 하려면 면역력의 방향을 잘 잡아줘야 합니다. 이를 위해서는 감기에 걸렸을 때 감기약과 항생제 사용을 줄이고, 아이 스스로 건강하게 감기를 이겨내야 합니다. 아이는 한 차례 한 차례 감기를 이겨내면서 면역력이 올바른 방향으로 성장해갈 수 있습니다.

아이를 너무 깨끗하게 키우지 마세요

아이들은 바깥세상과 조금씩 접촉하고 한 번씩 아파보면서 외부 환경의 새로운 물질, 세균, 바이러스와 함께 살아가는 방법을 배웁니다. 하지만 지나친 살균이나 위생 관리 때문에 아이가 있는 그대로의 바깥 환경을 접하지 못하면 아이의 면역력은 자연스러운 모습으로 성장하지 못하고 알레르기가 생길 가능성은 더 커집니다. 그래서 아이를 너무 깨끗하게 키우기보다 바깥 환경에 자연스럽게 노출하면서 키워주세요. 자주 외출을 하면서 흙장난을 해본 아이의 면역력이 더 건강하게 성장합니다.

Q278 부모에게 비염이 있으면 아이에게도 유전이 되나요?

A 부모에게 비염이 있으면 아이에게도 비염이 있을 수 있습니다. 부모가 코와 호흡기계의 면역력이 약하면 아이 역시 코와 호흡기계의 면역력이 약할 수 있습니다. 특히 부모에게 알레르기 비염이 있는 경우에는 알레르기 체질이 유전될 수 있습니다. 하지만 부모에게 비염이 있다고 해서 아이에게 꼭 비염이 생기는 것은 아닙니다. 아이들은 자라면서 면역력이 차근차근 성장해가는데, 이때 부족한 면역력을 보충해주고 면역력의 방향을 잘 잡아주면 비염으로 진행하지 않도록 관리할 수 있습니다.

Q279 항생제를 많이 복용하면 비염이 생기기도 하나요?

A 항생제를 일찍 복용할수록 알레르기 비염이 나타날 가능성이 커진다는 연구 결과가 있습니다. 그리고 아이가 감기에 걸렸을 때, 항생제 복용이 많아지면 아이는 스스로 감기를 이겨내는 방법을 배울 수 없습니다. 또 항생제의 남용은 유아기에 만들어지는 장내 세균총

의 정상적인 발달을 방해하여, 아이의 면역력 발달에 영향을 줄 수 있습니다. 아이에게 비염이 생기지 않게 하기 위해서 항생제 사용을 줄이는 게 좋습니다.

Q280 코 세척을 자주 하면 비염이 예방될 수 있나요?

A 코 세척은 아이가 비염이나 감기 증상으로 코가 답답하고 불편할 때, 코를 편하게 해주는 방법입니다. 하지만 코 세척을 지나치게 하면 코 안의 면역 물질을 제거하기 때문에 코의 면역력에 좋지 않은 영향을 줄 수 있습니다. 코 세척은 아이의 코 증상이 심할 때만, 특히 코막힘으로 잠들기 힘들어할 때 한 번씩 해주는 것이 좋습니다.

Q281 반려동물을 키우면 알레르기 비염이 생기나요?

A 아이에게 개나 고양이 같은 반려동물에 대한 알레르기가 있다면, 당연히 반려동물을 키워서는 안 됩니다. 하지만 최근의 연구에서는 아이가 어릴 때부터 반려동물과 생활하면 알레르기 가능성이 줄어드는 것으로 알려져 있습니다. 만약 아이가 태어나기 전부터 반려동물을 키우고 있었다면 계속 키워도 괜찮습니다.

Q282 비염이 생기지 않게 하려면, 집 안의 환경 관리는 어떻게 해야 하나요?

A 먼저 아이가 먼지와 집먼지진드기, 곰팡이, 화학 제품에 노출되지 않게 해야 합니다. 특히 아이가 사용하는 이불을 깨끗이 관리해주세요. 그리고 아이가 급격한 온도 변화를 겪지 않도록 온도 조절과

환기에 신경 쓰고, 습도는 50~60%로 유지하는 것이 좋습니다.

Q283 비염은 평생 지속되나요?

A 아이가 알레르기 비염이 있거나 호흡기계 면역력이 약하다면, 어른이 되어서도 그 상태가 지속될 수 있습니다. 하지만 유아기에 면역력의 방향을 바르게 잡아주고 부족한 면역력을 보충해주면 비염이 지속되지 않도록 관리할 수 있습니다.

5. 비염 관리

비염의 관리는 환경에서부터 시작돼요.

비염을 관리하려면 우선 코를 자극하지 않는 환경을 만들어주는 것이 중요합니다. 처방전(256쪽, 비염, 이렇게 관리하세요)을 참조해 비염을 관리해주세요.

Q284 아이에게 비염이 있어서 물을 주는데 잘 안 마시려고 해요. 어떻게 해야 하나요?

A 아이가 물을 안 마실 땐 좋아하는 과일이나 과일 주스를 마시게 해도 괜찮습니다. 또는 물에 매실액, 꿀, 배청, 도라지청과 같은 단 성분을 살짝 섞어 마시게 해도 좋습니다. 하지만 우유나 시판 음료수,

주스는 많이 마시지 않게 해주세요. 우유에는 지방 성분이 많고, 시판 음료수와 주스에는 당분이 지나치게 함유되어 있는 경우가 많습니다.

Q285 아이가 알레르기 비염 때문에 눈을 가려워해요. 도움 되는 방법이 있을까요?

A 일단 물을 많이 마시게 해주세요. 알레르기 비염으로 눈이 가려울 때에는 물만 충분히 마셔도 큰 도움이 됩니다. 그리고 국화차를 연하게 만들어 물처럼 마시게 해주는 것도 좋습니다. 국화는 한의학적으로 지나친 열로 인한 눈의 가려움 증상을 줄여주는 효과가 있습니다. 눈을 자주 만지면 결막염이나 다래끼 같은 질환이 생길 수 있기 때문에 손을 항상 깨끗이 씻도록 해주세요.

Q286 아이가 비염으로 콧물이 차서 답답해 보여요. 병원에 가서 빼줘야 할까요?

A 코가 답답해 보여도 병원에 가서 빼줄 필요는 없습니다. 현재 아이의 몸은 콧물이 필요해서 그걸 만드는 거예요. 콧물을 빼주어도 금세 다시 콧물이 차고, 콧물을 빼면 코 안의 좋은 면역 물질들까지 함께 제거됩니다. 그래서 가능하면 병원에서 콧물을 빼지 말고, 아이가 잠들기 전에 코를 많이 답답해하면 식염수 세척을 해주세요.

Q287 만 2세 아이인데 코가 막혀서 자꾸 깨요. 도움 되는 방법이 있을까요?

A 아이의 코막힘이 심하면 콧물을 살짝 빨아서 흡입하세요. 콧

EBS 육아학교 육아 PIN 처방전 | 비염, 이렇게 관리하세요

1. 온도와 습도 관리 집 안의 온도는 20~22℃, 습도는 50~60%로 조절해주세요. 환기를 자주 해주는 것이 좋지만, 집 안의 온도가 갑자기 변하지 않도록 서서히 해주어야 합니다. 온도가 상대적으로 낮은 아침에는 환기에 주의하는 것이 좋습니다.

2. 계절과 날씨에 적응하기 환절기에는 급격한 온도 변화로 아이의 몸이 힘들지 않게 겉옷을 꼭 챙겨주고, 겨울철에는 찬 공기가 코로 들어가지 않도록 마스크와 목도리를 챙겨주세요.

3. 아이의 이불 관리 이불은 아이의 땀과 분비물이 쌓이면서 지저분해지기 쉽습니다. 그리고 아이의 코 증상은 아이가 잠들 때 더 심해지는 경향이 있기 때문에 이불을 자주 빨아주고 맑은 날 밖에서 털어 햇볕에 자주 말려주세요.

4. 알레르기의 원인 물질 조절 아이에게 집먼지진드기나 곰팡이 등에 알레르기가 있다면 노출되지 않도록 해주세요. 꽃가루 알레르기가 있다면 꽃가루가 날리는 시기에는 외출을 줄이고 마스크를 꼭 해주세요.

물을 빨아주기 전에 아이의 코 안에 식염수를 몇 방울 떨어뜨려주면 더 좋습니다. 그리고 집 안의 온도와 습도를 조절하고, 면 수건을 조그맣게 자른 뒤 따뜻한 물에 적셔 아이의 코 위에 덮어주면 도움이 됩니다.

20~22℃

EBS 육아학교 육아 PiN 처방전　　　　비염, 이런 음식이 좋아요

비염에는 물을 많이 마시는 것이 큰 도움이 됩니다. 물은 코 점막을 촉촉하게 만들어 코의 면역력을 더해줍니다. 한의학적 관점에서도 물은 기혈 순환을 원활하게 해주어 아이의 비염에 도움이 됩니다. 가능하면 찬물은 피하고 따뜻하거나 미지근한 물을 많이 마시는 것이 좋습니다.

1. **박하** 한의학에서 비염 치료에 많이 쓰이는 약재입니다. 박하차를 연하게 끓여 물처럼 자주 마시게 해주세요.

2. **생강** 생강은 아이가 비염을 이겨내는 면역력을 더해줍니다. 생강가루나 생강즙을 요리할 때 조미료로 골고루 사용해주세요.

3. **파 뿌리** 파 뿌리는 우리 몸의 기혈 순환을 원활하게 해서 아이가 비염을 이겨내도록 도와줍니다. 파 뿌리를 잘 씻어서 국물을 낼 때 사용해주세요.

4. **국화** 아이가 알레르기 비염으로 눈을 가려워한다면 국화차를 연하게 끓여 물처럼 마시게 해주세요.

Q288 만 6세 아이인데 코막힘 때문에 잠을 못 자요. 도움 되는 방법이 있을까요?

A 코막힘이 심할 때 식염수 세척을 해주면 도움이 됩니다. 식염수 세척은 한쪽 코 안으로 식염수를 넣어 반대쪽으로 나오게 하는 방법입니다. 약국이나 인터넷에서 식염수 세척에 도움이 되는 도구를 찾을 수 있습니다. 식염수 세척을 하면 코 안의 답답함이 해소되어 아이가 코막힘으로 잠들기 힘들어할 때 도움이 됩니다.

Q289 코막힘이 심한데, 식염수 세척은 얼마나 자주 해야 하나요?

A 식염수 세척은 아이의 코막힘이 심해서 잠들기 힘들어하거나 일상생활이 힘들 때만 해주세요. 식염수 세척은 아이의 비염을 치료하는 게 아니라, 힘들 때 증상을 잠시 덜어주는 방법입니다. 식염수 세척을 지나치게 하면 코 안의 좋은 면역 물질을 제거할 수 있고, 코 안에 상처가 생기는 경우도 있습니다.

Q290 비염에 작두콩이 도움 될까요?

A 작두콩은 한의학적 관점에서 비염에 직접 도움이 되는 음식은 아닙니다. 작두콩은 배가 차면서 소화가 잘 안 되고 더부룩한 증상에 더 도움이 되는 재료입니다. 비염이 있으면서 몸이 찬 편이고 소화가 잘 안 될 때에는 작두콩차가 도움이 되지만, 몸에 열이 많고 더위를 많이 타는 아이라면 맞지 않을 수 있습니다.

Q291 비염에 수세미즙이 도움이 될까요?

A 수세미는 한의학적 관점에서 코와 호흡기계에 직접 도움을 주지는 않지만, 지나친 열을 꺼주고 염증을 억제해주는 효과가 있어 비염이 있는 아이들에게 도움이 될 수 있습니다. 하지만 수세미는 찬 성질이라 추위를 많이 타고 몸이 찬 아이들에게는 먹이지 않는 것이 좋습니다.

6. 한의학에서의 비염 치료

비염, 틀어진 면역력을 바로잡아주세요

아이의 코와 호흡기계의 면역력이 약하거나, 감기를 이겨내는 면역력을 제대로 키우지 못한 아이들은 자라면서 면역력의 방향이 조금씩 틀어져 비염으로 발전합니다. 그래서 비염을 치료하기 위해서는 틀어진 면역력의 방향을 바로잡아줘야 합니다.

한의학으로 틀어진 면역력을 바로잡아주세요

한의학은 비염이 있는 아이에게 틀어진 면역력의 방향을 바로잡아주어 아이가 건강한 면역력을 키워갈 수 있도록 치료합니다. 아이들의 면역력은 스스로 성장하는 힘이 있기 때문에 조금만 도와주어도 면역력의 방향을 바로잡을 수 있습니다.

콧물과 코막힘, 한의학으로도 좋은 효과를 볼 수 있어요

면역력의 방향을 바로잡는 근본적인 치료뿐만 아니라, 심한 콧물과 코막힘 같은 증상에도 한의학은 좋은 효과가 있습니다. 한의학은 콧물과 코막힘을 직접 억제하는 작용이 아니라 우리 몸의 면역력을 키워 콧물과 코막힘을 줄이는 작용이기 때문에 아이의 몸에 주는 부작용이 적습니다.

감기를 건강하게 이겨내는 연습을 해야 해요

아이의 건강한 코와 호흡기계의 면역력은 감기를 이겨내는 연습을 통

해 만들어집니다. 특히 비염이 있는 아이들에게 감기는 면역력의 방향을 바로잡을 기회가 됩니다. 그러므로 아이가 감기에 걸렸을 때 감기약과 항생제 사용을 줄이고 건강하게 감기를 이겨내는 연습을 하게 해주세요. 아이들의 면역력은 아직 약하지만 성장하는 과정에 있기 때문에, 이러한 연습을 통해 다시 면역력의 방향을 바로잡을 수 있습니다.

Q292 한의학에서 비염 치료는 어떻게 하나요?

A 한의학에서는 한약과 침 치료를 통해 비염을 치료합니다. 한약으로 코와 호흡기계의 부족한 면역력을 더해주면서 면역력의 방향을 잡아주고, 침으로 면역력의 방향을 함께 조절해줍니다. 그리고 감기에 걸렸을 때 약물 사용을 줄이고 건강하게 감기를 이겨내는 연습을 함께하면 아이의 면역력이 성장하면서 비염이 호전될 수 있습니다.

Q293 한약을 복용하면 그때뿐이고, 다시 심해지는 것 같아요.

A 면역력의 방향이 한번 틀어진 아이는 코 증상이 심해지는 환절기나 겨울이 되면 다시 면역력의 방향이 틀어지면서 비염이 심해질 수 있습니다. 특히 기초 면역력이 튼튼하지 못한 아이는 다시 면역력의 방향이 틀어지기 쉽습니다. 그래서 틀어진 면역력의 방향을 다시 잡아줘야 합니다. 한 번의 치료로 방향이 잡히는 아이들도 있지만, 몇 차례의 환절기 동안 치료를 반복해야 하는 아이들도 있습니다. 그러

나 면역력의 방향이 틀어질 때마다 바로잡아주고, 아이의 기초 면역력을 튼튼하게 해주면 아이의 면역력이 바르게 성장하면서 비염이 좋아질 수 있습니다.

Q294 비염으로 진행되지 않도록 미리 관리할 수 있나요?

A 비염은 일반적으로 만 3~4세 이후에 시작하는 경향이 있습니다. 그전에 아이의 기초 면역력을 잘 만들어주면 비염으로 진행되지 않도록 관리할 수 있습니다. 비염의 유전적 소인이 있는 아이들도 이 시기에 기초 면역력을 잘 만들어주는 것이 중요합니다. 그리고 이러한 기초 면역력은 아이가 감기에 걸렸을 때, 감기를 건강하게 이겨내면서 만들어갈 수 있습니다.

감염 질환:

아이의 입 주변에 수포가 생겼어요

아이들은 자라면서 다양한 질환에 걸려요

아이들은 자라면서 감기와 장염뿐만 아니라 여러 가지 질환에 걸립니다. 아이가 아프지 않고 건강하게 자라면 좋겠지만, 아이들에게는 건강한 면역력이 성장하는 과정이기도 합니다. 그래서 이러한 과정 동안 불필요한 약물의 사용을 줄이고, 약물은 꼭 필요할 때에만 사용해주세요.

약물을 사용하지 않고 나을 수 있는 질환이 많아요

아이들이 아플 때 당연한 것처럼 약을 복용해왔던 질환들은, 사실 약을 복용하지 않아도 자연스럽게 낫는 경우가 많습니다. 그러나 약의 복용이 필요할 때에는 빨리 복용해야 합니다. 이 장에서는 우리 아이가 감염 질환으로 아플 때 어떻게 약물 사용을 줄이고 꼭 필요할 때에만 약을 복용할 수 있는지에 대해 살펴보겠습니다.

1. 중이염

중이염은 귀 안 중이에 염증이 생기는 질환이에요

아이들이 감기에 걸리면 중이염도 함께 걸리는 경우가 많습니다. 중이염은 만 3세 이하 아이들의 90%가 한 번 이상 걸릴 정도로 아이들이 자라면서 한두 번은 걸리는 감염 질환입니다. 고막 뒤의 중이는 코와 연결되어 있으므로 감기에 걸리면 물이 차거나 감염으로 염증이 나타날 수 있습니다. 이때 아이들은 귀의 통증을 호소하는데 열과 기침, 콧물 같은 감기 증상과 함께 컨디션이 저하될 수 있습니다.

중이염에서 꼭 항생제를 복용해야 하는 것은 아니에요

예전에는 아이가 중이염에 걸리면 거의 대부분 항생제를 복용했습니다. 하지만 최근에는 아이의 중이염에서 항생제 사용을 줄이고 있습니다. 항생제를 복용하지 않아도 저절로 좋아지는 중이염이 많고, 오히려 항생제의 복용으로 인한 부작용이 더 클 수 있기 때문입니다. 그러므로 가능하면 아이가 중이염에 걸렸을 때 불필요한 항생제의

사용을 줄이고 건강하게 중이염을 이겨낼 수 있게 해주세요.

염증이 없어져도 귀에 물이 차 있을 수 있어요

급성 중이염으로 인한 염증 증상이 없어진 후에도, 아이들의 중이 안에는 몇 주에서 몇 개월 동안 물이 차 있는 경우가 많습니다. 이러한 상태를 삼출성 중이염이라고 하는데, 별다른 치료 없이 자연스럽게 좋아지고, 항생제는 도움이 되지 않습니다. 이 삼출성 중이염은 아이들이 불필요한 항생제를 많이 복용하는 질환 중 하나이기 때문에 가능하면 불필요한 항생제의 사용을 줄이는 것이 좋습니다.

Q295 중이염에는 무조건 항생제를 먹여야 하나요?

A 예전에는 아이가 중이염에 걸리면 대부분 항생제를 먹였지만, 최근에는 그렇지 않습니다. 중이염은 항생제를 사용하지 않아도 대부분 자연스럽게 좋아지기 때문에, 항생제의 사용을 점차 줄여가고 있습니다. 어린아이들이 중이염에 걸릴 때마다 항생제를 복용하면, 불필요한 항생제의 복용이 많아지게 되고 항생제의 부작용도 함께 커지게 됩니다.

Q296 아이가 중이염에 걸렸어요. 바로 항생제를 복용해야 하나요?

A 중이염에 걸려도 바로 항생제를 복용할 필요는 없습니다. 미국 소아과학회에서는 아이가 급성 중이염에 걸렸을 때 2~3일 정도는

항생제를 먹이지 않고 저절로 좋아질 때까지 기다릴 것을 권고합니다. 영국 국립보건임상연구원에서는 대부분의 중이염은 3~5일이면 자연스레 좋아지기 때문에 특별한 치료가 필요 없다고 이야기합니다. 따라서 아이가 중이염에 걸렸을 때는 바로 항생제를 먹이기보다 아이의 상태를 좀 더 지켜보는 것이 좋습니다.

Q297 아이가 중이염으로 3개월째 항생제를 복용하고 있는데, 괜찮을까요?

A 중이염으로 몇 개월째 항생제를 복용하고 있다면, 급성 중이염 이후에 나타나는 삼출성 중이염일 듯싶습니다. 삼출성 중이염은 귀 안에 염증은 없이 물만 차 있는 상태이므로 항생제는 도움이 되지 않습니다. 그리고 별다른 치료 없이 시간이 지나면 자연스럽게 좋아지므로 불필요한 항생제를 줄이는 것이 좋습니다. 다니는 병원에서 계속 항생제를 처방한다면, 다른 병원으로 바꾸는 것을 고려해보세요.

Q298 아이가 중이염인데 항생제를 복용하지 않으면 귀에 큰 문제가 생기나요?

A 중이염으로 합병증이 나타나는 경우는 거의 없습니다. 그래서 중이염에 걸렸을 때 합병증을 걱정하면서 항생제를 복용하지 않아도 됩니다. 하지만 드물게 중이염으로 합병증이 나타나는 경우도 있기 때문에 중이염에 걸리면 항생제를 복용하지 않더라도 귀 상태를 꾸준히 확인해보는 것이 좋습니다.

Q299 중이염으로 귀에 물이 찼는데, 몇 개월 동안 안 빠져요. 괜찮을까요?

A 아이들은 급성 중이염이 나은 후에도 감염 증상 없이 몇 개월 동안 물이 차 있는 삼출성 중이염이 나타나는 경우가 많습니다. 삼출성 중이염은 아이들의 중이염에서 흔히 나타나고, 별다른 치료 없이 서서히 물이 빠지면서 좋아집니다. 그리고 삼출성 중이염은 항생제가 도움이 되지 않고 부작용만 줄 수 있기 때문에 항생제를 복용하지 않도록 해야 합니다.

Q300 아이가 중이염으로 귀가 아프다고 해요. 어떻게 해야 하나요?

A 중이 안에 물이 차고 염증이 생기면 아이가 귀의 통증을 호소할 수 있습니다. 이때는 해열제를 먹여주세요. 해열제에는 해열 작용과 함께 진통 작용이 있어 아이의 귀 통증에 도움이 될 수 있습니다. 귀의 통증은 아이의 급성 중이염이 회복되면서 며칠 정도면 좋아질 수 있습니다.

Q301 중이염을 예방하는 방법이 있나요?

A 중이염에 자주 걸리는 아이들은 공갈젖꼭지를 사용하지 않는 것이 좋습니다. 공갈젖꼭지는 귀의 압력에 영향을 주어 중이염에 쉽게 걸리게 할 수 있습니다. 그리고 수유할 때에는 아이를 눕히지 않은 상태로 하고, 가능하면 모유 수유를 해주세요. 또 담배 연기의 노출을 피하는 것도 아이의 중이염 예방에 도움이 됩니다.

2. 수족구병

아이의 손과 발, 입에 수포가 생겨요

수족구병은 장 바이러스에 의해 나타나는 감염 질환으로, 아이의 입안과 손발에 수포가 나타나는 질환입니다. 입안에 수포가 생기면 아이가 많이 아파할 수 있는데, 이 수포는 입안과 손발에 함께 나타나거나 또는 입안에만 생기거나 손발에만 생기기도 하고, 간혹 얼굴과 몸통, 엉덩이에 생기기도 합니다.

수족구병은 별다른 치료 없이 좋아져요

수족구병은 아이의 입안과 손발에 갑자기 수포가 생기면서 부모님을 많이 놀라게 하지만, 7~10일이면 자연스럽게 좋아집니다. 수족구병은 바이러스 질환이기 때문에 수족구병을 낫게 해주는 약은 없고, 항바이러스제, 항생제 모두 복용하지 않아도 괜찮습니다. 하지만 드물게 뇌수막염, 심근염과 같은 합병증이 나타날 수 있기 때문에 병원에서 정확한 진찰을 받아야 합니다.

입의 통증 때문에 음식을 먹기 어려워요

수족구병으로 아이가 가장 힘들어하는 증상이 입의 통증입니다. 입안에 수포가 생기면 아이가 통증을 호소하고, 음식을 먹기 힘들어합니다. 이때는 아이가 열이 나지 않아도 해열제를 사용하면 도움이 됩니다. 해열제에는 진통 효과가 있어서 입안의 통증을 완화시켜줍니다. 간혹 아이가 입의 통증이 너무 심해 물도 안 마시려 할 수 있습니다.

하지만 물을 안 마시면 아이에게 탈수가 생길 수 있기 때문에 조금씩이라도 물을 마시게 해주는 것이 중요합니다. 아이가 물을 마시기 힘들어하면 시원한 물을 티스푼으로 조금씩 먹이거나 얼음을 빨아서 먹게 해주세요.

Q302 수족구병을 빨리 낫게 할 수 있을까요?

A 수족구병을 빨리 낫게 해주는 약은 없습니다. 하지만 수족구병은 7~10일 정도 지나면 자연스레 낫습니다. 그러니 이 과정 동안 불필요한 약의 복용은 줄이는 것이 좋습니다.

Q303 아이가 수족구병이라면서 항바이러스제를 처방해줬어요. 치료약이 없다고 들었는데 먹여야 하나요?

A 간혹 수족구병에 항바이러스제를 처방해주는 병원이 있습니다. 하지만 항바이러스제는 아이의 수족구병에 효과가 없기 때문에 복용하지 않아도 괜찮습니다.

Q304 아이가 수족구병으로 많이 아파하는데 어떻게 해야 하나요?

A 아이가 수족구병에 걸렸을 때 가장 힘들어하는 증상이 입의 통증입니다. 이때는 해열제를 먹이면 도움이 됩니다. 해열제에는 진통 효과가 있어 입안의 통증을 줄여줍니다. 그리고 입이 아파서 음식을 못 먹어도 물을 조금씩 자주 마시게 해주세요. 얼음을 빨아 먹게 해

주는 것도 괜찮습니다.

Q305 수족구병을 확인하는 검사가 있나요?

A 수족구병을 확인하는 검사가 있지만, 손발과 입안의 수포로 구별할 수 있기 때문에 따로 검사가 필요하지는 않습니다.

Q306 아이가 두 달 전에 수족구병에 걸렸는데 또 걸릴 수 있나요?

A 수족구병은 장 바이러스가 원인으로, 15가지 이상의 장 바이러스가 병을 일으킵니다. 그래서 한번 수족구병에 걸렸다 해도 다시 걸릴 수 있습니다. 하지만 아이가 수족구병에 걸려도 부모님은 괜찮은 것처럼, 아이가 자라면서 면역력이 성장하면 수족구병은 점차 줄어듭니다.

Q307 아이의 수족구병이 부모에게 옮을 수 있나요?

A 수족구병은 일반적으로 초등학생 정도까지의 아이들이 걸리고, 아이들이 자라면서 면역력이 성장하면 잘 걸리지 않습니다. 그래서 어른들은 수족구병에 거의 걸리지 않지만, 간혹 걸리는 어른도 있습니다. 가능하면 손을 자주 씻고, 특히 아이의 기저귀를 갈 때 위생에 더 신경 써주세요.

Q308 수족구병이 유행하는데, 예방하는 방법이 있나요?

A 아이들은 단체 생활을 하면서 수족구병에 전염되는 경우가 많습니다. 그래서 아이가 다니는 어린이집이나 유치원에 수족구병이

유행하면, 잠시 단체 생활을 쉬는 것이 가장 좋습니다. 만약 단체 생활을 쉬기 어렵다면 손을 깨끗이 씻게 해주세요. 수족구병은 대부분 손을 통해 전염되는 경우가 많습니다.

3. 결막염

결막염은 눈의 결막에 염증이 생긴 질환이에요

결막염은 안구의 가장 바깥쪽 경계인 결막에 감염이나 알레르기, 자극에 의해 염증이 생긴 질환입니다. 결막에 염증이 생기면, 눈의 분비물이 많아져서 눈곱이 많이 생기고 특히 아침에 일어났을 때 눈곱이 많아집니다. 그리고 결막이 거칠한 느낌과 함께 눈이 붉어지면서 불편감이 나타날 수 있습니다.

결막염에는 감염성 결막염과 알레르기성 결막염이 있어요

감염성 결막염은 바이러스, 세균에 의한 감염으로 나타납니다. 감염성 결막염은 눈곱, 눈의 충혈과 통증, 불편감이 나타날 수 있고, 2주 정도면 좋아질 수 있습니다. 이 감염성 결막염은 전염성이 매우 높기 때문에, 눈을 만지지 말고 손을 잘 씻어야 합니다. 그리고 알레르기성 결막염은 특정 외부 물질에 민감하게 반응하는 결막염입니다. 통증보다는 가려움이 더 심하게 나타날 수 있고, 외부 물질의 노출에 따라 짧게 나타나거나 또는 1년 내내 증상이 나타나는 경우도 있습니다. 하지만 알레르기성 결막염은 다른 사람에게 전염이 되지는 않습니다.

아이들은 감기에 걸리면 결막염을 동반하기도 해요

아이들이 열나고 목이 아프고 콧물이 나는 감기에 걸리면, 결막에도 염증이 생기면서 결막염 증상이 미미하게 나타나는 경우가 많습니다. 이러한 결막염은 감기 초기인 2~3일쯤 나타나고, 보통 감기 증상이 진행하는 동안 자연스럽게 없어집니다.

결막염에 항생제를 복용하지 마세요

아이들이 감염성 결막염에 걸리면 항생제를 복용하는 경우가 많습니다. 하지만 결막염은 대부분 바이러스가 원인이기 때문에 항생제가 도움이 되지 않습니다. 혹시 항생제가 도움이 되는 세균성 결막염이라도 항생제를 복용할 필요는 없습니다. 결막염은 대체로 시간이 지나면 자연스럽게 좋아지고, 항생제를 복용하는 것보다 항생제가 포함된 점안제를 사용하는 것이 더 효과가 좋습니다.

Q309 아이 눈이 충혈되고 눈곱이 많이 생겨요. 어떻게 해야 하나요?
A 눈이 충혈되고 눈곱이 많이 생긴다면 결막염에 걸렸을 가능성이 있습니다. 일단 병원에서 정확한 진찰을 받아보세요. 결막염은 2주 정도 지나면 자연스럽게 좋아지고, 필요할 경우 점안제가 도움이 될 수 있습니다.

Q310 결막염으로 눈곱이 많이 생길 때, 마사지가 도움이 된다는데 어떻게 하면 되나요?

A 아이의 눈 안쪽을 만져보면 조그만 주머니가 만져집니다. 이 부분에는 눈물주머니가 있는데, 이 부위를 마사지해주면 눈물이 비루관을 통해 코로 빠져나갈 수 있습니다. 그리고 눈물주머니 아래 방향으로 있는 비루관 부위를 아래로 내려주듯이 마사지해주면, 역시 눈물이 빠져나가는 데 도움이 됩니다. 이렇게 눈물이 잘 빠져나가면 눈곱의 양이 줄어들 수 있습니다.

Q311 결막염은 약을 복용해야 하나요? 점안제를 사용해야 하나요?

A 대부분의 결막염은 치료 없이 자연스럽게 좋아지므로 약을 복용할 필요가 없습니다. 특히 결막염의 원인이 대부분 바이러스성이기 때문에 결막염을 낫게 해주는 약은 없습니다. 만약 아이가 세균성 결막염에 걸렸을 경우에는 점안제가 도움이 될 수 있고, 이때도 항생제를 복용할 필요는 없습니다.

Q312 아이가 감기에 걸렸는데 눈곱이 많이 생겨요. 어떻게 해야 하나요?

A 감기 초기에 아이들에게 약간의 결막염 증상이 나타나는 경우가 있습니다. 이러한 결막염은 증상이 심하지 않고 감기가 진행되면서 며칠 사이에 자연스럽게 좋아지기 때문에 별다른 치료가 필요 없습니다. 혹시 결막염 증상이 좋아지지 않고 더 심해지면 병원에서 진찰을 받는 것이 좋습니다.

Q313 알레르기성 결막염으로 눈을 가려워해요. 괜찮을까요?

A 먼저 알레르기성 결막염의 원인을 파악하고 있다면 원인 물질에 노출되지 않도록 관리해주세요. 아이가 눈을 많이 가려워하면, 알레르기 증상을 줄여주는 점안제를 사용하면서 관리할 수 있습니다. 그리고 알레르기성 결막염이 심한 상태로 오래 지속된다면, 한의학적인 방법으로 틀어진 면역력의 방향을 잡아주고 눈의 염증을 줄여주는 치료가 도움이 될 수 있습니다.

Q314 아이가 결막염에 걸렸어요. 다른 가족에게 전염되지 않게 하려면 어떻게 해야 하나요?

A 감염성 결막염은 전염성이 매우 강합니다. 특히 눈을 만진 손으로 사람과 물건을 만질 때 전염될 수 있으니 아이 손을 자주 씻게 해주고, 아이와의 직접적인 접촉을 줄여야 합니다. 수건처럼 아이와 함께 사용하는 물건이 있다면, 전염되지 않도록 잘 관리해주세요.

▌4. 요로감염

요로기계는 소변을 만들어 저장하고 바깥으로 내보내는 신체 기관을 말하는데 신장, 요관, 방광, 요도가 여기에 포함됩니다. 요로기계에는 원래 세균이 살지 않지만, 세균이 요도를 타고 방광이나 신장에 침입하면 요로감염이 생깁니다.

만 2세 이하의 아이들이 열이 많이 나면 요로감염을 의심할 수 있어요 아이들의 경우 요로감염 증상이 요로기계에 명확하게 나타나지 않습니다. 때로는 별다른 증상 없이 열만 나기도 합니다. 특히 6개월 이하의 아이에게 열이 날 경우에는 요로감염을 의심하고 필요한 검사를 할 수 있습니다. 연장아의 경우 요로감염에 걸리면 요로기계가 위치한 아랫배와 옆구리의 통증 및 불편감을 호소하거나 소변을 자주 보는데, 소변을 볼 때 통증을 호소할 수 있습니다.

항생제를 복용하면 좋아질 수 있어요

대부분의 요로감염은 항생제 치료로 좋아집니다. 그리고 적절한 치료를 해주면 후유증이 거의 없습니다. 많지는 않지만 요로감염에 걸렸던 아이의 8%에서 재발할 수 있어 주의 깊게 살펴봐야 합니다.

Q315 아이가 요로감염에 걸렸는데 어떻게 해야 하나요?

A 요로감염은 적절한 항생제 치료를 하면 별문제 없이 나을 수 있습니다. 그러니 아이를 치료하는 의사 선생님을 믿고 잘 따라가 주세요. 필요한 경우 입원과 추가 검사를 할 수 있지만, 요로감염은 적절한 치료만으로도 깨끗이 나을 수 있습니다.

Q316 아이가 요로감염에 걸렸는지 어떻게 알 수 있나요?

A 증상만으로 요로감염을 구별하기는 어렵습니다. 특히 어린 아기일 경우 열 이외에는 다른 증상이 나타나지 않는 경우가 많습니다. 그래서 열이 많이 날 경우, 소변 검사를 통해 요로감염인지를 확인해

야 합니다. 의사 표현을 할 정도로 자란 아이들은 아랫배나 옆구리의 통증을 호소하거나 소변을 볼 때 아파하거나 불편감을 호소할 수 있습니다.

Q317 요로감염으로 항생제를 복용하고 있는데, 괜찮을까요?

A 요로감염은 세균이 원인이므로 적절한 항생제 치료로 좋아질 수 있습니다. 아이에게 불필요한 항생제 복용은 줄이는 것이 좋지만 필요할 때에는 항생제를 복용해야 합니다.

Q318 아이가 요로감염에 걸렸었는데, 재발을 예방하려면 어떻게 해야 하나요?

A 요로감염이 재발되는 경우는 많지 않지만, 재발 예방을 위해 이렇게 해주세요. 여자아이들의 경우 대변을 본 후 앞에서 뒤로 닦아주세요. 대변의 세균이 요로감염의 원인균으로 작용할 수 있습니다. 변비가 있는 아이는 변비를 관리하면 도움이 됩니다. 또 아이가 물을 충분히 마시게 해주고, 소변이 마려울 땐 바로 화장실에 가게 해주세요.

Q319 첫째가 요로감염에 걸렸는데 둘째에게 전염될까요?

A 요로감염은 감기, 장염과 같은 전염성 바이러스가 아니라 아이의 위장관에 살고 있는 세균에 의해 감염되는 질환이므로 다른 사람에게 전염되지 않습니다.

5. 구내염

구내염은 헤르페스바이러스 감염으로 입안과 입 주변, 또는 입술에 물집이 생기는 질환입니다. 보통 5세 이전에 첫 구내염에 감염되고, 열과 함께 입 주변에 물집이 생기며 입과 목의 통증을 호소할 수 있습니다.

구내염은 시간이 지나면 자연스럽게 좋아져요

아이들의 구내염은 별다른 치료 없이 1~2주에 걸쳐 좋아지고, 입안의 상처는 3주 정도면 점차 좋아집니다. 증상이 심하지 않은 구내염은 별다른 치료가 필요 없지만, 증상이 심할 경우 항바이러스제를 복용할 수 있습니다.

아이가 자라면서 구내염이 재발할 수 있어요

헤르페스바이러스는 구내염이 나은 후에도 아이의 몸 안에서 계속 살아갑니다. 그래서 아이의 컨디션이 저하되거나 감기에 걸렸을 때 또는 스트레스가 심할 때 구내염이 다시 나타날 수 있습니다. 아이가 자라면서 몇 차례 반복하여 구내염이 나타날 수 있지만, 처음 구내염보다는 증상이 가볍습니다.

Q320 구내염과 수족구병은 어떻게 다른가요?

A 구내염은 헤르페스바이러스가 원인이고, 수족구병은 장 바이러스가 원인입니다. 입안에 수포가 생긴다는 점에서는 비슷하지만, 수

포의 모양이 다르게 나타나고 수족구병은 손발에도 수포가 생긴다는 차이가 있습니다. 그리고 구내염은 전염될 수 있지만, 유행성 질환은 아닙니다. 반면 수족구병은 봄과 여름에 유행하는 질환이기 때문에 수족구병이 유행한다는 뉴스가 나올 때는 주변에 이미 수족구병에 걸린 아이들이 많을 수 있습니다.

Q321 구내염이 생긴 부위에 연고를 바르면 도움이 되나요?

A 구내염으로 물집이 생긴 부위에 항바이러스 연고를 바르면, 구내염으로 인한 물집 회복에 도움이 됩니다. 연고는 구내염 증상 초기에 사용해야 효과가 있고, 늦게 사용하면 별 효과가 없습니다. 구내염에 사용하는 연고는 병원에서 처방을 받지 않아도 약국에서 구매할 수 있습니다.

Q322 아이가 입이 아파서 음식을 못 먹는데 어떻게 해야 하나요?

A 구내염으로 입안에 물집이 생기면 통증 때문에 음식을 먹기 힘들 수 있습니다. 통증이 심할 때는 해열제를 먹여주세요. 해열제에는 진통 작용이 있어서 입안의 통증 완화에 도움이 됩니다. 그리고 입안에 얼음 조각을 물고 있게 하거나 통증을 느끼는 입 주위에 시원한 찜질을 해주는 것도 도움이 됩니다.

Q323 구내염에 걸렸는데 전염 가능성이 있나요?

A 구내염은 침을 통해 다른 사람에게 전염될 수 있습니다. 만약 아이가 구내염에 걸렸다면 외출을 줄이고, 손을 자주 씻게 하고, 수건

은 따로 사용하세요. 특히 다른 형제와의 직접적인 접촉을 줄여야 합니다.

6. 수두

수두는 수두 바이러스로 인해 아이의 몸에 물집이 생기는 감염 질환입니다. 처음에는 발진으로 시작해 물집, 딱지의 순서로 변하고 아이는 많이 가려워할 수 있습니다. 수두는 예방 접종으로 과거보다 많이 줄었고, 만약 수두에 걸리더라도 한번 수두에 걸렸다면 면역력이 생겨 다시 걸리지 않습니다.

수두는 별다른 치료 없이 좋아져요

수두 예방 접종을 했어도 아이는 수두에 걸릴 수 있습니다. 하지만 별다른 치료 없이 자연스럽게 좋아질 수 있습니다. 열과 가려움이 심하면 약을 복용할 수 있고, 합병증 위험이 높은 아이들의 경우 항바이러스제가 도움이 될 수 있습니다.

많이 긁으면 흉터가 생길 수 있어요

수두로 물집이 생긴 부위를 아이가 많이 가려워할 수 있습니다. 아이가 긁으면 흉터가 생기거나 회복이 느려질 수 있고, 2차 감염이 생길 위험이 있습니다. 그러니 아이가 많이 긁지 않도록 관리해주세요.

Q324 아이가 많이 가려워하는데 어떻게 해야 하나요?

A 먼저 상처가 생기지 않도록 아이의 손톱을 짧게 잘라주고, 아이가 자면서 무의식적으로 긁지 않도록 장갑을 끼워주는 것도 좋습니다. 아이가 너무 가려워하면 시원한 물로 목욕을 시키거나 가려워하는 부위를 시원하게 찜질해주는 것도 도움이 됩니다. 그래도 가려워하면 병원에서 약물을 처방받아 복용할 수 있습니다.

Q325 수두에 걸려 물집이 생겼는데 흉터가 남을까요?

A 수두로 생긴 물집은 깨끗이 낫고 흉터가 남지 않습니다. 하지만 아이가 수두 부위를 많이 긁어서 상처나 2차 감염이 생기면 흉터가 남을 수 있기 때문에 긁지 않도록 관리해주세요.

Q326 수두 예방 접종이 아이에게 해롭지는 않을까요?

A 수두 예방 접종의 부작용을 걱정하는 부모님이 많이 있습니다. 지금까지의 연구 결과를 보면 안전한 것으로 알려져 있습니다. 그리고 명확한 치료 방법이 없는 수두를 피할 수 있는 최선의 방법이 예방 접종이기 때문에 접종을 해주는 것이 좋습니다. 수두 예방 접종은 생후 12~15개월과 4~6세에 걸쳐 두 차례 접종을 받아야 효과가 가장 좋습니다.

Q327 엄마인 제가 대상포진에 걸렸는데, 아이에게 수두가 옮길 수 있나요?

A 대상포진과 수두는 같은 바이러스에 의해 나타나는 질환이므로 엄마가 대상포진에 걸렸다면 아이가 수두에 걸릴 수 있습니다. 특히 아이가 수두 예방 접종을 하지 않았다면 더욱 조심해야 합니다. 그러나 대상포진의 전염성은 수두보다 강하지 않습니다. 대상포진으로 생긴 수포에 아이가 접촉하지 않게 해주고, 옷과 수건은 따로 사용하세요.

7. 귀두포피염

아직 어린 아이들은 귀두 뒤쪽으로 포피가 완전히 젖혀지지 않기 때문에 귀두와 포피 사이 공간에 분비물이 쌓여 피부를 자극하면 염증이 생기는 경우가 많습니다. 다시 말해서 귀두와 포피 사이의 공간이 깨끗하지 않으면 귀두포피염이 생길 수 있으므로 위생 관리에 특히 신경 써야 합니다.

대부분 며칠 사이에 좋아져요

귀두포피염이 생기면 귀두를 아파하고 가려워하며 특히 소변을 볼 때 아파할 수 있습니다. 염증으로 귀두가 붓고 빨갛게 변할 수 있으며, 귀두 끝에 고름이 생기는 경우도 있습니다. 이처럼 귀두포피염은 아이의 고추가 평소와 달라 보이면서 증상이 심해 보일 수도 있지만, 위생 관리에 신경 쓰면서 적절한 치료를 해주면 대체로 며칠 사이에 좋아집니다.

포피를 귀두 뒤로 억지로 젖히면 안 돼요

귀두 뒤쪽으로 포피가 젖혀지지 않았다고 억지로 젖히면 아이의 포경이 잘못 형성되어 귀두포피염이 더 자주 생길 수 있습니다. 포피는 아이가 자라면서 자연스레 귀두 뒤로 넘어갑니다. 포피를 귀두 뒤로 무리하게 젖히지 말고, 기저귀를 갈거나 목욕할 때 포피를 부드럽게 한 번씩 뒤로 젖혀주면서 깨끗이 관리해주세요.

Q328 아이의 고추 끝에 고름이 생긴 것 같고 아파하는데 어떻게 해야 하나요?

A 아마 귀두포피염이 생긴 것 같습니다. 우선 병원에 가서 정확한 진찰을 받아보세요. 심하지 않은 귀두포피염은 위생 관리를 잘해주면 며칠 사이에 좋아질 수 있고, 아이의 증상에 따라 병원에서 연고를 처방해줄 수 있습니다.

Q329 아이가 귀두포피염에 걸렸는데 어떻게 관리해야 하나요?

A 귀두포피염은 위생 관리가 가장 중요합니다. 하루에 두세 번 정도 소금을 약간 넣은 따뜻한 물에 아이를 앉히고 아이의 귀두와 포피 사이를 깨끗이 씻어주세요. 이때 비누는 피부를 자극할 수 있으므로 사용하지 않는 것이 좋습니다. 병원에서 처방받은 연고가 있으면, 아이를 깨끗이 씻긴 다음 잘 닦아 물기를 없애고 발라주세요.

Q330 귀두포피염에 걸리지 않으려면 어떻게 해야 하나요?

A 귀두포피염에 걸리지 않기 위해서는 위생 관리를 잘해주고 포피를 귀두 뒤로 억지로 젖히지 말아야 합니다. 그리고 아이의 음경이 옷이나 외부 환경에 지나친 자극을 받지 않게 해주세요. 귀두포피염이 자주 재발할 때는 포경 수술도 도움이 될 수 있습니다.

Q331 아이의 포피가 자연스럽게 귀두 뒤로 젖혀지는데, 어떻게 관리해야 하나요?

A 아이의 포피가 귀두 뒤로 자연스럽게 넘어가면, 아이를 씻길 때 포피를 젖혀 귀두 아래를 깨끗이 씻은 뒤 잘 말려주세요. 그리고 씻을 때 젖혀진 포피는 꼭 원래 상태로 돌려주세요. 만약 원래 상태로 되돌려주지 않으면 아이의 포경이 잘못 형성될 수 있습니다.

8. 경부림프절염

경부림프절은 우리 몸에서 면역 기능을 담당하는 조직이에요

우리 몸의 목 옆과 뒤쪽에는 콩알 크기의 림프절이 여러 개 있습니다. 이 림프절은 우리 몸에 침입한 병균과 싸우는 면역 작용을 합니다. 그래서 아이의 몸에 병균이 침입했을 때, 림프절이 커지면서 만져지는 경우가 종종 있습니다.

아이가 감기에 걸리면 경부림프절염이 생길 수 있어요

감기에 걸리면 편도가 붓는 것처럼 경부림프절에도 염증이 생기면서 부을 수 있습니다. 이는 아이의 몸이 감기와 잘 싸우고 있다는 신호이고, 아이가 감기를 이겨내면 경부림프절염도 함께 좋아집니다. 간혹 증상이 심한 경우에는 약물 치료가 도움이 될 수 있습니다.

Q332　감기에 걸린 아이의 목에 콩알 같은 게 만져져요. 괜찮을까요?

A　감기에 걸리면 목의 경부림프절에 함께 염증이 생기면서 만져질 수 있습니다. 경부림프절은 아이의 몸에서 병균과 싸우는 면역 작용을 하는 조직이고, 감기에 걸리면 편도가 붓는 것처럼 경부림프절이 함께 부을 수 있습니다. 경부림프절염은 아이의 몸이 감기와 잘 싸우고 있다는 신호이고, 감기가 호전되면 경부림프절염도 함께 좋아집니다.

Q333　아이가 경부림프절염이라고 하는데 어떻게 치료하나요?

A　경부림프절염은 일반적으로 감기와 함께 나타납니다. 바이러스가 원인이고 감기가 호전되면 자연스럽게 좋아지므로 별다른 치료가 필요 없습니다. 간혹 경부림프절염이 심해서 많이 붓거나 통증이 심한 경우에는 세균성 감염의 가능성이 있는데, 이때에는 약물 치료가 도움이 될 수 있습니다.

Q334 아이의 목에서 항상 콩알 같은 게 만져지는데 괜찮을까요?

A 소아 시기에는 편도, 경부림프절과 같은 면역 조직이 성인보다 큽니다. 그래서 평소 감기에 걸리지 않아도 편도가 큰 아이가 있는 것처럼, 경부림프절이 큰 아이들도 있습니다. 아이가 경부림프절을 만졌을 때 불편해하거나 아파하지 않으면 별문제 없고, 아이가 자라면서 면역력이 성장하면 차츰 크기가 줄어듭니다. 간혹 다른 원인 때문에 커지는 경우도 있기 때문에 병원에서 정확한 진찰을 받아보는 것이 좋습니다.

6장

아토피:

아이가 자꾸 몸을 긁어요

아이에게 피부 트러블이 생기면 아토피가 아닌지 걱정이 많아져요

아토피는 비염과 함께 많은 부모님이 가장 걱정하는 만성 질환입니다. 아이에게 피부 트러블이라도 생기면 혹시 아토피가 아닌지 걱정부터 앞섭니다. 하지만 아토피 역시 비염과 마찬가지로 아토피가 아닌 가벼운 피부 트러블인 경우가 많습니다. 그리고 이런 피부 트러블에 어떻게 대처하느냐에 따라 아이의 피부 면역력의 방향이 달라지고 아이의 피부가 튼튼하게 성장할 수 있습니다.

아토피는 틀어진 피부 면역력의 방향을 바르게 잡아줘야 해요

아이의 아토피는 피부 면역력의 방향이 틀어진 상태입니다. 그래서 아

토피가 있는 아이는 피부 면역력의 방향을 바르게 잡아줘야 합니다. 그리고 이러한 피부 면역력의 방향을 잡아주기 위해서는 아이의 평소 생활 관리가 중요합니다. 그래서 이번 장에서는 아이의 피부 면역력의 방향을 바르게 잡아주고, 아이의 피부가 튼튼해지는 생활 관리에 대해 자세히 살펴보겠습니다.

1. 아토피

아토피는 피부 면역력의 방향이 틀어진 상태예요

아토피는 아이의 면역력이 미숙해서 피부가 민감하게 반응하는 질환입니다. 아이의 피부는 만성적인 염증 때문에 가려움과 함께 피부가 건조해지는 증상이 나타납니다. 아토피는 유전적인 영향을 많이 받지만, 대부분 만 1세 이전에 시작되는 경향이 있습니다. 그리고 아이가 자라면서 호전과 악화를 반복하다가 면역력이 성장하고 피부가 튼튼해지면서 조금씩 좋아집니다. 그러나 30~50%의 아이들은 성인이 되어서도 아토피가 지속될 수 있습니다.

아토피가 있는 아이는 면역력이 민감하게 반응합니다. 다른 아이에게는 괜찮은 환경과 음식, 외부 물질이 아토피가 있는 아이에겐 자극이 되어 피부 증상이 나타날 수 있습니다. 따라서 아토피가 있는 아이는 원인이 되는 외부 물질을 피하고, 틀어진 면역력의 방향을 바로잡아주는 치료가 필요합니다.

아토피는 가려움이 오래 지속돼요

아토피가 있는 아이의 피부는 가렵습니다. 가려운 증상이 없으면 아토피로 진단하지 않습니다. 또 며칠 정도만 나타나는 가려움도 아토피로 생각하지 않습니다. 아이가 가려워하는 피부 증상이 오래 지속된다면 아토피를 생각할 수 있습니다.

아토피는 피부의 수분을 유지하는 것이 중요해요

피부는 몸 안의 수분이 밖으로 나가지 않도록 막아주는 장벽 역할을 합니다. 하지만 아토피가 있는 아이의 피부 장벽 기능은 약해서 피부를 통한 수분 손실이 많고, 이로 인해 아토피 증상이 심해집니다. 그래서 아토피의 관리는 이러한 수분 손실을 막아주고 보충해서 촉촉한 피부를 유지하는 것이 가장 중요한 포인트입니다.

Q335 생후 2주 된 아기의 볼이 붉어요. 아토피일까요?

A 지금은 아이의 볼이 붉은 것은 피부가 바깥세상에 적응하는 모습이고 아토피는 아닙니다. 10개월 동안 엄마 배 속의 양수에서 지냈던 아이에게 바깥세상의 공기는 아직 많이 낯섭니다. 그래서 아이의 피부가 적응하는 과정에서 피부가 붉어지고 건조해지는 증상이 나타날 수 있습니다. 이러한 모습은 집 안의 온도와 습도를 조절해주고, 아이 피부 보습에 신경 써주면, 피부가 조금씩 튼튼해지면서 좋아질 수 있습니다.

Q336 2개월 아기인데, 허벅지 부분이 거칠고 하얗게 일어나요. 아토피일까요?

A 아기들의 피부는 아직 연약하고 면역력이 미숙합니다. 그래서 지금처럼 피부가 건조해지거나 약간의 염증이 나타나는 경우가 종종 있습니다. 만약 아기가 가려워하고 불편해하는 모습을 보이지 않는다면 아토피가 아닙니다. 피부 보습과 온도, 습도를 잘 관리해주면 조금씩 좋아질 수 있을 거예요.

Q337 3개월 된 아기인데 손발이 건조하고 각질이 생겨요. 아토피일까요?

A 아기들은 아직 피부가 연약하기 때문에 피부가 건조해지는 증상이 나타나기 쉽습니다. 하지만 아기가 가려워하고 불편해하지 않으면 아토피는 아니에요. 지금은 아이의 피부가 더 이상 건조해지지 않도록 평소에 보습을 잘해주세요. 목욕은 너무 자주 시키지 말고, 아이를 씻길 때 더럽지 않은 부위는 물로만 씻겨주세요. 손발에 땀이 많이 나는 아이는 온도와 습도를 잘 조절해주고, 땀이 흐르면 자주 닦아주세요.

Q338 5개월 아기인데 피부에 진물이 나고 가려운지 잠을 잘 못 자요. 아토피일까요?

A 아이가 가려워하고 불편해하면 아토피일 수 있습니다. 일단 병원에 가서 정확한 진찰을 받아보세요. 아이가 잠을 잘 못 자고 증상이 심할 때는 스테로이드 연고를 사용할 수 있습니다.

Q339 6개월 아기인데 입술 주변이 울긋불긋해요. 아토피일까요?

A 이 시기 아기의 입술 주변이 울긋불긋하다면 아토피보다 침독일 가능성이 있습니다. 아기들이 입 주변에 침을 묻히거나 손이 입으로 자주 가면서 입술 주변에 침을 묻히면 입 주변이 건조해지고 붉어지는 모습이 나타날 수 있습니다. 이때는 입 주변을 부드러운 면 수건으로 톡톡 자주 닦아주면 도움이 됩니다. 또 이유식에 대한 두드러기일 수 있으므로 이유식을 먹은 후의 반응도 주의 깊게 살펴봐주세요.

Q340 7개월 된 아기의 얼굴에 태열이 있어요. 아토피로 진행될까요?

A 아이의 얼굴이 붉고 건조해지면서 태열 증상이 있다면 아토피의 시작 증상일 수 있습니다. 그렇다고 모두 아토피로 진행되지는 않습니다. 태열은 아이의 면역력이 미숙하고 피부가 연약해서 나타나는 증상이고, 자라면서 좋아지는 경우가 많습니다. 지금은 아이의 피부 상태가 더 심해지지 않게 온도와 습도 조절, 피부 보습에 신경 써주세요.

Q341 8개월 아기인데 귓불이 갈라져요. 아토피일까요?

A 귓불이 갈라지는 증상은 아토피의 시작 증상일 수 있습니다. 그러나 귓불이 갈라지는 모습만으로 아토피로 생각하지는 않습니다. 아토피는 피부가 건조해지는 증상과 함께 가려운 증상이 함께 나타나야 합니다. 아기들의 피부는 아직 연약하고 민감하기 때문에 귀 주변의 피부가 건조하고 갈라지기도 합니다. 지금은 너무 걱정하지 말고 온도 및 습도 조절과 보습을 잘해주면서 아이의 피부를 잘 관리해주세요.

Q342 9개월 된 아기예요. 깨끗했던 피부가 요즘은 약간 거칠어졌어요. 아토피일까요?

A 아이들의 피부는 연약하기 때문에 지금처럼 거칠어지는 경우가 종종 있습니다. 아토피는 거칠어지는 피부와 함께 가려워하는 증상이 함께 나타나야 하고, 거칠어진 피부만 가지고 아토피로 진단하지 않습니다. 지금은 온도와 습도 조절, 보습을 잘해주고, 아이를 씻길 때 더럽지 않은 부위는 물로만 씻어주면서 아이의 피부를 잘 관리해주세요. 아이들이 자라면서 피부가 튼튼해지면 다시 깨끗해질 수 있습니다.

Q343 10개월 아기인데, 눈 주변에 좁쌀 같은 게 일어났어요. 아토피일까요?

A 아이의 상태를 정확히 살펴봐야겠지만, 아토피보다는 약간의 트러블이나 염증일 수 있습니다. 이 시기의 아이들은 손으로 얼굴 주변을 자주 만지면서 트러블이 나타날 수 있고, 얼굴에 땀을 많이 흘리는 경우에도 지금 같은 모습이 나타날 수 있습니다. 일반적으로 아토피는 좀 더 넓은 부위에 나타나고 피부가 건조해지는 모습과 함께 아이가 가려워하는 증상이 나타납니다.

Q344 11개월 아기인데 팔 접히는 부위가 빨개요. 아토피일까요?

A 아이들의 피부는 아직 연약하기 때문에 팔과 다리, 목이 접히는 부위의 피부가 자극되기 쉽습니다. 이렇게 접히는 부위에 땀이 나면서 축축했다가 마르는 과정이 반복되면 피부가 건조해지면서 염증

이 생길 수 있습니다. 그래서 접히는 부위를 보송보송하게 유지해주는 것이 중요합니다. 땀이 났을 때는 면 수건을 물에 적셔 톡톡 두드리듯 닦아주고 마른 면 수건으로 닦은 뒤 보습을 도와주는 제품으로 마무리해주세요.

Q345 17개월 된 아기예요. 피부가 약간 건조하고 울긋불긋한데 긁지는 않아요. 아토피일까요?

A 아마 아이의 피부가 건조해서 나타나는 증상이 아닐까 싶습니다. 아이가 가려워하지 않으면 아토피는 아닙니다. 평소 아이의 피부가 건조하지 않도록 온도와 습도 조절, 보습을 잘해주고, 씻길 때 더럽지 않은 부위는 물로만 씻어주세요. 뽀득뽀득 깨끗이 씻을수록 아이의 피부는 더 건조해지고 더 약해진다는 것을 잊지 마세요.

Q346 25개월 아기인데 몸에 붉은 무언가가 나고 긁어서 진물이 나요. 아토피일까요?

A 아이의 몸 상태를 정확히 진찰해봐야겠지만, 아이가 가려워하고 긁어서 진물이 난다면 아토피가 아닐까 생각됩니다. 일단 병원에 가서 정확한 진찰을 받아보세요. 진물이 날 정도라면 증상이 가볍지는 않기 때문에 증상을 완화시켜주고 면역력의 방향을 바로잡아주는 치료가 필요할 수 있습니다.

Q347 28개월 아기인데, 몇 달 전부터 팔, 다리와 목이 접히는 부위를 가려워해요. 아토피일까요?

A 🧑 접히는 부위를 오랫동안 가려워한다면 아토피일 가능성이 있습니다. 아이들은 특히 접히는 부위의 피부가 자극되면서 지금처럼 가려운 증상이 나타날 수 있습니다. 접히는 부위에 땀이 많이 나지 않도록 집 안의 온도와 습도를 잘 조절해주고, 땀이 나면 바로 닦아서 보송보송하게 유지해주세요. 아이가 가려워하면 부드러운 면 수건을 시원한 물로 적셔서 그 부위에 올려놓는 것도 도움이 됩니다.

Q348 만 4세 아이로 며칠 전에 양쪽 다리의 무릎부터 발목까지 좁쌀 같은 게 났어요. 아토피일까요?

A 🧑 며칠 전부터 무릎 아래에만 무언가가 났다면 접촉성 피부염이지 않을까 생각됩니다. 접촉성 피부염은 바깥으로 노출된 다리의 피부가 외부 환경에 자극을 받아 나타나는 증상입니다. 혹시 아이가 바깥 환경에서 자극이 될 만한 요소를 접한 적은 없는지 확인해보고, 만약 증상이 계속되면 병원에서 정확한 진찰을 받아보세요.

2. 아토피의 구별

지루성 피부염

지루성 피부염은 영아기에 피지선이 많은 부위에 생기는 염증 반응으로, 주로 두피와 얼굴에 피지선의 분비로 기름기가 많아 보이는 노란색 딱지가 보이고, 아토피와 다르게 가려움 없이 가볍게 나타납니다. 지루성 피부염은 부모님이 보기에는 걱정이 될 수 있지만, 아이를 불편하게 하는 증상은 없고 대체로 돌 이전에 자연스럽게 좋아집니다.

땀띠

땀띠는 과도한 땀의 분비로 땀샘이 막혀서 생기는 증상입니다. 아토피와 달리 붉은색의 좁쌀처럼 볼록 튀어나온 모양이고, 땀이 많이 나는 부위에 나타납니다. 영아기에는 목과 팔, 다리, 사타구니가 접히는 부위에, 큰 아이들은 몸통이나 목 부위에 생기는 경우가 많습니다. 땀띠가 생긴 부위는 가렵고 따가울 수 있어요. 땀띠를 치료할 수 있는 약물은 없고, 땀이 나지 않도록 시원하게 해주면 자연스레 좋아집니다.

두드러기

두드러기는 음식과 같은 외부 물질에 민감하게 반응하여 나타나는 증상입니다. 아토피와 달리 원인이 되는 물질에 노출되면 갑자기 나타나고, 그 물질을 피하면 금세 좋아집니다. 그리고 두드러기는 넓은 부위가 붉어지면서 부어오르고, 아토피처럼 피부가 건조하지는 않습니다.

기저귀 피부염

아토피 피부염은 대체로 기저귀를 차는 부위엔 나타나지 않습니다. 아토피는 피부가 건조해지는 환경에서 나타나는 경향이 있고, 기저귀 피부염은 일반적으로 기저귀를 차는 부위의 습한 환경에서 나타납니다. 기저귀 피부염은 일반적으로 기저귀가 닿는 엉덩이, 아랫배, 허벅지 같은 볼록한 부위에 나타나고, 아토피 피부염은 살이 접히는 부위에 나타나며 가려운 증상을 동반하는 경우가 많습니다.

Q349 머리에 노란 딱지가 있어요. 어떻게 해야 하나요?

A 머리의 노란 딱지는 피지선의 과도한 분비 때문에 생긴 것으로 지루성 피부염의 증상입니다. 머리를 감길 때, 먼저 오일로 불린 후 부드러운 빗으로 조심조심 벗겨주세요. 그리고 지루성 피부염이 있는 머리 부위는 자극성이 적은 샴푸로 날마다 감겨주는 것이 좋습니다.

Q350 아이에게 땀띠가 생겼는데, 뭘 발라야 할까요?

A 땀띠를 치료할 수 있는 약은 없습니다. 땀띠가 생긴 부위에 연고나 로션을 과도하게 바르면 오히려 땀샘이 더 답답해질 수 있습니다. 땀띠가 빨리 낫는 방법은 아이가 땀이 나지 않도록 해주는 것입니다. 집 안을 시원하게 해주고, 아이에게는 통기가 잘되는 옷을 입혀주세요.

Q351 이유식을 하는 아이인데, 갑자기 두드러기가 생겼어요. 어떻게 해야 하나요?

A 새로운 음식에 반응해서 나타나는 두드러기는 원인이 되는 음식을 끊으면 자연스레 좋아집니다. 간혹 증상이 심해 아기가 가려워하고 불편해 보일 때에는 항히스타민제를 복용할 수 있습니다. 두드러기가 나타난 음식은 아이의 몸 안에서 음식의 항원이 완전히 빠져나간 몇 개월 뒤에 조심스럽게 다시 시도해볼 수 있습니다.

Q352 아이가 기저귀 찼던 부분이 빨개졌어요. 어떻게 해야 하나요?

A 기저귀 피부염인 듯합니다. 먼저 기저귀를 바꿀 때마다 그 부위를 따뜻한 물로 씻어주세요. 매번 비누를 사용할 필요는 없고, 아이가 대변을 봤을 때만 비누를 사용해 씻겨주세요. 기저귀 피부염이 생긴 부위는 물티슈가 자극이 될 수 있기 때문에 물로 씻어주는 것이 좋습니다. 씻긴 후에는 기저귀 피부염에 사용하는 연고를 발라주세요. 평소엔 기저귀를 채우지 말고 공기에 노출시켜주는 것이 좋습니다.

▌ 3. 아토피 관리

보습은 아토피 관리의 핵심이에요

아토피가 있는 아이의 피부는 수분 소실이 많기 때문에 피부가 건조해지지 않도록 보습을 잘해주는 것이 가장 중요합니다. 보습은 유분 함량이 많고 수분 함량이 적은 크림 형태의 제품이 좋습니다. 수분 함량이 많은 제품은 수분이 증발하면서 아토피 증상을 더 심하게 만들 수 있습니다. 보습은 하루에 두 번 이상 해주고, 목욕 직후 해주는 것이 좋습니다.

더럽지 않다면 물로만 씻겨주세요

뽀득뽀득 씻을수록 아이의 피부는 더 건조해지고 피부 증상이 심해집니다. 더럽지 않은 부위는 물로만 씻어주고, 목욕 제품은 순한 것으로 부드럽게 씻어주세요. 그리고 따뜻한 물보다는 미지근한 물이 더 좋습니다. 목욕 후에는 바로 보습을 해주세요.

땀이 많이 나지 않게 하세요

땀이 많이 나는 아이의 피부는 더 건조해지면서 아토피 증상이 더 심해질 수 있습니다. 그러니 땀이 많이 나지 않도록 집 안의 온도 조절을 해주세요. 땀이 나는 부위는 물에 적신 부드러운 면 수건을 톡톡 두드리듯 닦아주고, 다시 마른 면 수건으로 물기를 제거한 후 보습을 해주세요.

이불을 깨끗하게 관리해주세요

아이들이 사용하는 이불은 땀과 분비물이 많이 쌓여 지저분해지기 쉽습니다. 그리고 아토피 증상은 보통 아이들이 잘 때 더 심해지는 경향이 있습니다. 그래서 아이가 사용하는 이불을 깨끗하게 관리하는 것이 중요합니다. 이불은 자주 빨아주고, 맑은 날 바깥에서 털고 자주 말려주세요.

Q353 온도와 습도는 어느 정도로 조절해야 하나요?

A 집 안을 덥지 않고 건조하지 않게 해주는 것이 좋습니다. 온도는 20~22℃, 습도는 50~60% 정도로 조절해주세요. 온도는 아이들마다 덥게 느끼는 정도가 다르기 때문에 아이가 덥지 않고 땀을 흘리지

않을 정도로 아이의 반응을 살펴보면서 조절해주세요.

Q354 아이를 시원하게 재우는 것이 좋나요?

A 아토피가 있는 아이는 시원하게 해주는 것이 좋습니다. 아이가 땀을 많이 흘리면 아토피 증상이 더 심해질 수 있습니다. 또한 아이들은 한의학적 관점에서 몸에 열이 많기 때문에 어른은 덥지 않다고 느끼는 온도에서도 덥게 느낄 수 있습니다. 아이의 반응을 살펴보면서 아이가 덥지 않고 땀을 흘리지 않을 정도로 온도를 조절해주세요.

Q355 아이에게 아토피가 있어요. 어떤 로션이 좋을까요?

A 아토피가 있는 아이에겐 고유분 저수분의 진한 크림 형태 제품을 사용해주세요. 로션은 아이의 피부에 수분을 공급하는 게 아니라 피부가 수분을 뺏기지 않도록 관리해주는 것이 목적입니다. 그리고 아이들마다 로션에 대한 반응은 다르게 나타나므로 미리 샘플을 사용해보고 반응을 살펴본 후 아이에게 맞는 로션을 찾아주세요.

Q356 아토피가 있는데, 로션을 사용하면 더 가려워해요. 어떻게 해야 할까요?

A 아이들마다 로션에 대한 반응은 다르게 나타날 수 있습니다. 로션을 사용한 뒤 더 심해진다면 다른 제품으로 바꾸는 것이 좋을 듯싶습니다. 다른 아이에게는 효과가 좋은 제품도 우리 아이에겐 맞지 않을 수 있습니다. 샘플을 미리 사용해보고 반응을 살펴본 후 아이에게 가장 적합한 로션을 찾아주는 것이 좋습니다.

Q357 아토피가 있는 아이인데 오일을 사용해도 될까요?

A 🧑 아토피가 있는 아이들은 수분이 적고 유분이 많은 크림 형태의 제품이 보습에 좋습니다. 그래서 오일 제품이 아이의 피부 보습에 더 도움이 될 수 있어요. 하지만 아토피가 있는 아이들은 피부가 연약하고 예민하기 때문에 아이들에 따라 반응이 다르게 나타날 수 있습니다. 먼저 샘플로 피부의 반응을 주의 깊게 살펴본 후 사용하세요.

Q358 아토피가 있는 아이에게 호호바 오일을 사용해도 될까요?

A 🧑 호호바 오일은 아토피가 있는 아이들에게 도움이 되는 경우가 많기 때문에 사용해도 괜찮습니다. 하지만 이런 오일이나 로션 제품들은 아이들마다 반응이 다르게 나타날 수 있기 때문에 주의 깊게 반응을 살펴보면서 사용하는 것이 좋습니다.

Q359 아토피에는 어떤 목욕 제품을 쓰는 게 좋을까요?

A 🧑 아이의 피부에 자극감이 적은 순한 제품을 사용해야 합니다. 약산성을 띠는 제품도 좋습니다. 그리고 더러운 부위만 목욕 제품을 사용하고, 더럽지 않은 부위는 물로만 씻어주는 것이 피부 자극을 줄일 수 있습니다. 목욕 후에는 바로 보습을 해주는 것이 더 중요합니다.

Q360 입욕제가 아토피에 도움이 될까요?

A 🧑 입욕제의 사용이 도움이 될 수 있습니다. 하지만 아이들에 따라 입욕제의 반응이 다르게 나타날 수 있어요. 다른 아이에게는 효과가 좋아도 우리 아이에겐 아토피 증상을 더 심하게 만들 수 있습니다.

입육제는 처음에는 연하게 타서 아이에게 잘 맞는지 주의 깊게 살펴주세요.

Q361 아토피에는 목욕과 샤워 중 무엇이 더 좋을까요?

A 목욕과 샤워 중 무엇이 더 좋은지에 대해서는 연구자들 사이에도 아직 일치된 의견이 없습니다. 많은 연구자가 목욕이 더 보습 효과가 있다고 생각하지만, 짧은 샤워가 더 도움이 된다고 생각하는 연구자도 있습니다. 하지만 그보다 더 중요한 것은 씻고 나서 바로 충분한 보습을 해주는 것입니다.

Q362 연수기가 아토피에 도움이 될까요?

A 탄산칼슘 농도가 적은 연수는 아토피에 도움이 됩니다. 수돗물은 연수로 공급되기 때문에 일반 가정에서는 꼭 필요하지 않습니다. 그러나 아토피 증상이 심한 아이라면 연수기 사용을 고려해볼 수 있습니다. 연수기를 사용해서 머리를 감거나 샤워를 하면 물이 부드러워졌다고 느낄 수 있는데, 연수기는 물 안에 있는 칼슘, 마그네슘과 같은 양이온을 없애서 씻을 때 비누와 세정 성분이 잘 제거되지 않아 피부가 미끈거리는 느낌이 생깁니다. 이런 비누 성분이 피부에 오래 머물게 되면, 약하고 민감한 아토피 아이들의 피부를 자극할 수 있기 때문에 아이를 씻길 때에는 피부에 비누나 목욕 제품이 남아 있지 않도록 깨끗이 관리해야 합니다.

Q363 아이에게 아토피가 있는데, 여름철 피부 관리를 어떻게 해야 하나요?

A 🧑 더운 여름 날씨로 아이가 땀을 많이 흘리면 아토피 증상이 더 심해질 수 있습니다. 땀이 나면서 축축했다가 마른 상태가 반복되면 아이의 피부는 더 건조해질 수 있어요. 그러니 여름철에는 아이가 땀을 흘리지 않도록 집 안을 시원하게 해주세요. 또 외출할 때는 땀이 많이 나는 부위와 피부가 접히는 부위를 자주 닦아주세요.

▌ 4. 아토피와 식생활

아토피라고 해서 특정 음식을 무조건 피할 필요는 없어요

아토피 피부염이 있는 아이들에게 특정 음식에 대한 알레르기 반응이 나타나는 경우가 있습니다. 그러나 아토피 피부염이라고 무조건 특정 음식을 제한하지는 않습니다. 아이들에 따라 특정 음식이 아토피를 심하게 할 수는 있지만, 특정 음식이 아토피의 원인은 아니기 때문입니다. 예를 들어 유제품이나 밀가루 등은 아토피를 일으키지 않습니다.

먹어서 문제가 없다면 먹어도 괜찮아요

유제품에 알레르기 반응이 나타나지 않는다면 먹어도 괜찮습니다. 또 알레르기 검사에서 알레르기 반응이 나온 음식이라도 아이가 먹은 후에 별다른 문제가 없으면 괜찮습니다. 그래서 아토피가 있는 아이라

도 음식을 지나치게 제한하지 말고, 의사 선생님과 함께 아이의 반응을 주의 깊게 살펴본 후 식생활을 관리해주세요.

아토피 증상이 있는 아이도 다른 아이와 똑같이 이유식을 시작해요
예전에는 아토피가 있는 아이들은 이유식을 늦게 시작했지만, 최근 연구 결과에 의하면 다른 아이들과 같은 시기에 시작할 것을 권장합니다. 이유식을 늦게 시작할수록 아이들에게 음식 알레르기가 나타날 가능성이 더 높아지기 때문입니다. 그러니 아토피 피부염이 있는 아이라도 아이가 이유식을 시작할 준비가 되면 이유식을 늦추지 마세요.

모유 수유 하는 엄마가 건강한 식사를 해야 해요
아토피가 있는 아이나 아토피 유전 가능성이 있는 아이에겐 모유 수유를 하는 것이 좋습니다. 그리고 모유 수유를 하는 동안은 엄마가 건강한 식사를 해야 합니다. 엄마가 특정 음식에 알레르기가 있다면 피해야 하지만, 우유나 밀가루 등에 알레르기가 없다면 무조건 피할 필요는 없습니다.

Q364 아토피가 있는 아이에게 모유와 분유 중 무엇이 더 좋은가요?
A 모유는 생후 6개월 동안 아이에게 최선의 영양을 제공하는 방법으로, 아이에게 여러 가지 면역학적인 혜택을 준다고 알려져 있습니다. 가능하면 모유 수유를 하는 것이 가장 좋습니다.

Q365 4개월 아기인데 아토피가 있어요. 모유를 끊으면 좋아질까요?

A 모유 수유는 계속해주세요. 모유는 아이에게 아토피를 일으키지 않습니다. 아토피는 아이의 면역력이 미숙해서 피부가 민감하게 반응하는 상태이고 특정 음식 때문에 나타나지 않습니다. 그리고 모유는 아이에게 면역학적으로 가장 적합한 음식이고, 여러 가지 면역학적인 혜택을 줄 수 있습니다. 그러니 걱정하지 말고 모유 수유를 계속해주세요.

Q366 모유 수유 중에 우유와 달걀을 먹어도 될까요?

A 엄마에게 우유와 달걀 알레르기가 없다면 괜찮습니다. 모유 수유 중에 특정 음식이 아이에게 아토피를 유발시키거나 더 심하게 만들지는 않습니다.

Q367 모유 수유 중에 빵을 먹으면 안 되나요?

A 모유 수유 중에 먹는 특정 음식이 아이에게 아토피를 일으키지는 않습니다. 빵 역시 아토피를 일으키는 음식은 아니에요. 첨가물이 들어 있지 않은 건강한 빵으로 먹는다면 괜찮습니다.

Q368 5개월 아기로, 아토피가 심해요. 분유를 먹이고 있는데 분유는 어떻게 해야 할까요?

A 만약 아이에게 유당 알레르기가 있다면, 유당이 미리 분해되어 나오는 가수 분해 분유가 도움이 될 수 있습니다. 하지만 아이가 유당에 알레르기 반응이 없다면 그대로 분유를 먹여도 괜찮습니다.

Q369 아토피가 있는 아이인데 분유 수유 중이에요. 산양 분유가 도움이 될까요?

A 아토피가 있는 아이들에게 산양 분유를 먹이는 경우가 종종 있습니다. 하지만 산양 분유가 아토피에 효과가 있는지에 대해서는 명확히 밝혀져 있지 않습니다. 그리고 아이가 유당에 알레르기가 없다면 굳이 다른 종류의 분유를 먹일 필요는 없습니다.

Q370 아토피가 있는 아이예요. 이유식을 시작하면 더 심해질까요?

A 아토피가 있는 아이들이 특정 음식에 대해 알레르기 반응을 보이는 경우가 있지만, 이유식을 시작한다고 해서 아토피가 심해지는 건 아니에요. 이유식은 다른 아이들과 똑같은 시기에 진행하고, 새로운 음식을 첨가할 때는 아이의 반응을 주의 깊게 살펴보세요.

Q371 아토피가 있는 아이에게 이유식으로 쌀미음 다음에는 어떤 음식을 먹여야 하나요?

A 아토피가 있더라도 다른 아이들처럼 진행하면 됩니다. 쌀미음 다음에는 소고기를 넣은 이유식을 만들어주세요. 새로운 음식을 첨가할 때는 아이의 피부 상태를 주의 깊게 살펴보세요. 혹시 알레르기 반응이 나타나더라도, 당분간 그 음식을 피하면 아토피 관리에는 별다른 문제가 없습니다.

Q372 아토피가 있는 아이에게 오렌지를 먹여도 되나요?

A 오렌지에 알레르기가 있는 경우에는 피해야 하지만, 오렌지를

먹고 별다른 문제가 없다면 괜찮습니다. 아이의 반응을 주의 깊게 살펴보면서 먹여보세요. 혹시 알레르기 반응으로 아토피가 심해지더라도 오렌지를 중단하면 금세 다시 좋아지고, 앞으로 오렌지를 피하면 괜찮습니다.

Q373 바나나를 먹은 후 아토피가 심해지는데 어떻게 해야 하나요?

A 아토피가 있는 아이들은 지금처럼 특정 음식에 대한 알레르기 반응이 나타나면서 아토피가 심해질 수 있습니다. 하지만 걱정하지 않아도 됩니다. 바나나로 심해진 아토피 증상은 바나나를 중단하면 다시 원래대로 돌아갈 거예요. 그리고 당분간 바나나는 피해주세요. 몇 개월 뒤 바나나의 항원이 아이 몸속에서 완전히 빠져나간 다음, 조심스럽게 다시 시도해볼 수 있습니다.

Q374 혈액 검사를 하면 어떤 음식을 피해야 하는지 알 수 있나요?

A 알레르기 검사를 통해 아이가 어떤 음식에 민감하게 반응하는지 알 수 있습니다. 하지만 혈액 검사에서 알레르기 반응이 나타난 음식이라도 아이가 실제로 먹었을 때는 괜찮을 수 있습니다. 이때는 그 음식을 제한하지 않습니다. 음식을 지나치게 제한할 경우 아이의 영양 섭취와 성장, 발달에 좋지 않은 영향을 줄 수 있습니다. 그러니 혈액 검사 결과를 참고하여 의사 선생님과 함께 음식에 대한 반응을 주의 깊게 살펴보면서 아이의 식생활을 관리해주세요.

Q375 아토피 때문에 음식을 조심해서인지 영양이 부족한 것 같아요. 어떻게 해야 하나요?

A 음식을 지나치게 제한할 경우, 아이에게 필요한 영양을 충분히 섭취하지 못할 수 있습니다. 그러므로 알레르기 반응이 많이 나타나는 음식이나 혈액 검사에서 알레르기 반응이 나타난 음식이라도, 아이가 먹어서 알레르기 반응이 나타나지 않고 아토피 증상이 심해지지 않으면 먹어도 괜찮습니다. 아이가 접해보지 않은 음식들도 아이의 반응을 주의 깊게 살펴보면서 골고루 먹게 해주세요.

Q376 간식을 많이 먹으면 아토피가 생기나요?

A 그렇지 않습니다. 특정 음식이 아이에게 아토피를 일으키지는 않습니다. 아이에게 알레르기가 있는 음식이라면 피해야겠지만, 그렇지 않다면 먹어도 괜찮습니다. 가능하면 첨가물이 들어가지 않은 간식으로 먹게 해주세요.

Q377 견과류를 매일 먹는데 아토피에 안 좋나요?

A 견과류는 음식 알레르기가 많이 나타나는 음식이지만, 아이가 먹어서 별다른 문제가 없다면 괜찮습니다. 만약 견과류에 알레르기 반응이 나타나고, 아토피가 심해진다면 피해야 합니다.

Q378 아이에게 아토피가 있는데 어떤 과일을 먹여야 할까요?

A 먼저 알레르기 검사를 해보면 어떤 과일에 민감하게 반응하는지 알 수 있습니다. 하지만 알레르기 검사에서 민감하게 나온 과일

도 실제로 먹었을 때 괜찮을 수 있습니다. 새로운 과일을 시도할 때 아이의 반응을 살펴보면서 시도해보세요. 아토피가 더 심해지지 않으면 먹여도 괜찮고, 혹시 알레르기 반응이 나타나더라도 앞으로 피해주면 별다른 문제는 없습니다.

5. 아토피와 유전

아토피는 유전이 될 수 있어요

부모 중 한 사람에게 아토피가 있을 때, 아이에게 아토피가 나타날 가능성은 2~3배 증가하고, 부모 둘 다 아토피가 있다면 3~5배까지 증가합니다. 하지만 부모에게 아토피가 있다고 해서 아이에게 무조건 유전되는 것은 아닙니다. 유전 가능성이 있더라도 아이의 면역력이 튼튼하면 아토피로 진행되지 않도록 관리할 수 있습니다.

임신 중에 먹는 특정 음식이 아토피를 일으키지는 않아요

많은 임신부가 아토피에 대한 걱정으로 유제품과 밀가루를 먹지 않는 경우가 많습니다. 하지만 임신부가 먹는 특정 음식이 아이에게 아토피를 일으키지는 않습니다. 임신부에게 특정 음식에 대한 알레르기가 없다면 음식을 제한하지 않아도 괜찮습니다. 엄마의 배 속에서 아이가 건강하게 자라도록 골고루 음식을 먹게 해주세요.

임신 중 유산균을 먹으면 아토피 예방에 도움이 돼요

아토피가 있는 아이들이 치료를 위해 유산균을 복용하는 경우가 많습니다. 하지만 많은 연구에서 아토피에 대한 유산균의 명확한 효과는 나타나지는 않았습니다. 만약 유산균 복용을 고려한다면, 아이에게 아토피가 생긴 뒤보다 임신 중에 예방 목적으로 먹는 것이 더 좋은 효과를 기대할 수 있습니다.

아토피 유전 가능성이 있는 아이는 생후 첫 달의 보습이 중요해요

아토피 유전 가능성이 있는 아이의 경우 생후 1개월 동안 보습을 잘 해주면 피부 장벽이 튼튼해지면서 아토피 발생을 줄일 수 있습니다. 생후 첫 달 동안 아이의 피부를 보습과 함께 잘 관리해주세요. 땀이 많이 나지 않도록 조금 시원하게 해주고, 아이를 너무 깨끗이 씻기기보다 더럽지 않은 부위는 물로 가볍게 씻겨주는 것이 아이의 피부에는 더 좋은 영향을 줍니다.

Q379 임신 중에 빵을 많이 먹으면 아이에게 아토피가 생기나요?

A 임신 중에 먹는 빵과 밀가루가 아이에게 아토피를 유발하지는 않습니다. 빵과 밀가루뿐만 아니라 임신부가 먹는 특정 음식이 아이의 알레르기 질환에는 영향을 주지 않는 것으로 알려져 있습니다. 임신부에게 밀가루와 유제품 알레르기가 없다면 먹어도 괜찮습니다.

Q380　임신 중에 인스턴트 음식을 먹으면 아토피가 생기나요?

A　임신부가 먹는 특정 음식이 아토피를 유발하지는 않지만, 임신부가 먹는 음식은 아이 몸의 재료가 되기 때문에, 가능하면 첨가물이 들어 있지 않은 음식이 좋습니다.

Q381　임신 중에 고양이를 키우면 아토피가 생길 수 있나요?

A　예전에는 고양이 같은 반려동물이 아토피의 원인이 된다고 생각했지만, 최근 연구 결과에 따르면 그렇지 않습니다. 오히려 아이가 이른 시기에 고양이에게 노출되면 고양이 알레르기가 나타날 가능성이 줄어들 수 있습니다. 강아지는 강아지 알레르기뿐만 아니라 다른 알레르기 질환 가능성도 줄여주는 것으로 알려져 있습니다. 만약 임신 중에 고양이나 개를 키우고 있다면 계속 키워도 괜찮습니다.

6. 아토피의 치료

아이의 면역력과 피부를 튼튼하게 해주세요

아토피는 아이의 면역력 방향이 틀어지면서 생기는 질환입니다. 그래서 아이의 면역력이 건강하게 성장하도록 관리해야 합니다. 지나친 약물 사용을 줄이고, 아이를 너무 깨끗하게 키우기보다 바깥 환경에 자연스럽게 노출시키는 것이 더 좋습니다. 아이의 피부는 너무 깨끗이 씻기기보다 더럽지 않은 부위는 물로만 씻겨주세요. 아이 주변의 환경은 아이의 피부에 자극을 주는 요소가 없어야 하지만, 지나친 살균은 오히려 아이의 피부를 약하게 만들 수 있습니다. 그리고 치료가 필요한 경우 한의학적 방법으로 아이의 면역력이 바르게 성장하도록 도와줄 수 있습니다.

아토피 증상이 심할 때, 스테로이드를 사용할 수 있어요
스테로이드 연고가 아이에게 꼭 해로운 것은 아닙니다. 아이가 심한 가려움 때문에 잠을 잘 못 자고 일상생활이 힘들 때는 스테로이드를 사용해도 괜찮습니다. 단, 반드시 정해진 용량과 용법으로 사용하고, 아이의 증상이 심하지 않으면 사용을 줄여주세요. 그리고 스테로이드 사용과 함께 면역력의 방향을 바로잡는 치료를 병행해주세요.

아토피로 아이가 가려워하면 시원한 찜질을 해주세요
아이가 가려워하는 부위에 부드러운 면 수건을 시원한 물에 적셔 덮어주세요. 시원한 찜질은 아이의 피부를 진정시키면서 가려움을 줄여주고, 피부에 보습을 주는 효과가 있습니다. 가려워하는 부위에 젖은 면 수건을 덮어주고 위에는 마른 수건을 다시 덮어주세요. 상처가 생기고 진물이 나는 부위는 식염수에 적신 거즈를 덮어주세요.

Q382 8개월 아기인데 아토피 때문에 가려워서 잠을 못 자요. 어떻게 해야 하나요?

A 아이가 가려워서 잠을 못 자면 스테로이드 연고를 사용할 수 있습니다. 병원에서 정확한 진찰 후 처방받아 사용하세요. 단, 용량과 용법을 꼭 지켜주세요. 스테로이드 연고와 함께 시원한 찜질을 해주면 도움이 됩니다.

Q383 10개월 아기인데 목이 접히는 부위에 진물이 나요. 어떻게 해야 하나요?

A 일단 병원에서 진찰을 받아보세요. 필요한 경우 아이의 증상에 도움이 되는 연고를 처방받을 수 있습니다. 진물이 나는 부위는 연고를 바른 후 식염수에 적신 거즈를 덮어주세요. 그리고 이러한 증상 조절과 함께 면역력을 튼튼하게 해주는 치료를 병행해주세요.

Q384 한의학에서는 아토피 치료를 어떻게 하나요?

A 한의학의 아토피 치료는 두 가지 방향으로 이루어집니다. 먼저 아이의 면역력과 피부를 튼튼하게 해주는 치료를 합니다. 아이의 면역력 방향을 바로잡아주고, 피부로 기혈 순환이 원활히 이루어지도록 도와줍니다. 이러한 근본적인 치료와 함께 피부의 과도한 염증을 줄여주는 치료를 병행합니다.

Q385 아토피에 광선 치료가 도움이 될까요?

A 광선 치료는 피부에 자외선을 가해 피부를 튼튼하게 해주는 치료입니다. 하지만 부작용이 생길 수 있어 소아에게는 권장하지 않습니다. 광선 치료보다는 하루에 20~30분씩 집 밖에서 일광욕을 해주세요. 아이가 햇볕을 쬐면서 뛰어노는 것만으로도 아이의 피부는 튼튼해질 수 있습니다.

Q386 유산균이 아토피에 도움이 되나요?

A 연구 결과에 따르면, 유산균은 아토피에 명확한 효과가 있지 않습니다. 하지만 유산균은 아이의 위장관에 좋은 세균을 제공하고, 이 세균들은 아이의 면역력에 도움이 될 수 있기 때문에 아이에게 유산균을 먹여도 괜찮습니다.

Q387 아토피가 있는 아이인데 긁어서 상처가 생겼어요. 어떻게 해야 하나요?

A 상처는 깨끗이 물로 씻어주고 가능하면 아이가 만지지 않도록 해주세요. 상처에 2차 감염이 생기지 않으면, 특별한 소독이나 연고는 필요하지 않습니다. 아이가 자주 만지면 메디폼 같은 습윤 밴드를 붙여주세요. 그리고 상처가 생기지 않게 아이의 손톱을 손질해주세요.

EBS
육아학교

3부
—
우리 아이의
생활과 건강

EBS 육아학교 우리 아이가 아플 때 어떻게 해야 하나요?

아이의 피부가 평소와 다른데 어떻게 해야 하는지, 대변이 이상해 보이는데 문제가 있는 것은 아닌지, 아이가 다쳤는데 어떻게 해야 하는지……. 아이가 자라는 모습을 보면서 부모는 아이의 건강이 걱정되고 궁금한 점들이 많이 생깁니다. 하지만 인터넷을 검색하고 주변에 물어봐도 이런 걱정과 궁금증을 명쾌하게 해결하기는 어렵습니다. 부모님의 이런 궁금증과 걱정을 조금이라도 덜어낼 순 없는 걸까요?

아이의 건강에 대한 궁금증을 해결해드려요

아이의 건강이 걱정되고 궁금한 점이 생길 때, 3부 '우리 아이의 생활과 건강'을 펼쳐보세요. 아이의 건강에 대한 부모님의 걱정과 궁금증을 명쾌하게 해결해드립니다. 우리 아이의 건강에 대한 걱정은 아이가 복용하는 불필요한 약물로 이어집니다. 하지만 건강에 대한 걱정을 줄이고 건강한 생각을 갖게 되면, 아이가 복용하는 불필요한 약물을 줄일 수 있습니다. 그리고 불필요한 약물과 치료가 줄어들수록, 아이는 앞으로 더욱 건강하게 자랄 수 있습니다.

피부 트러블:

아이 피부가 이상해요

아기의 피부가 꼭 백옥 같지만은 않아요

많은 부모님이 아기의 피부는 트러블이 잘 생기지 않는 깨끗한 피부로 생각합니다. 그래서 조그만 피부 트러블이 생겨도 문제가 있는 것은 아닌지, 아토피가 아닌지 걱정부터 앞섭니다. 하지만 실제로 아기의 피부는 트러블이 자주 생깁니다. 아직 연약하고 면역력이 미숙하기 때문에, 아이들은 자라면서 여러 가지 피부 트러블을 겪게 됩니다.

피부 트러블은 별다른 치료 없이 좋아질 수 있어요

하지만 아기의 피부 트러블은 대부분 별문제 없이 좋아지는 경우가 많습니다. 아이의 피부는 아직 연약하지만, 재생력과 회복력이 좋아

대부분 흉터 없이 깨끗하게 나을 수 있습니다. 그러니 불필요하게 연고를 바르고 약물을 복용하기보다 아기의 피부가 스스로 좋아질 수 있도록 지켜봐주세요. 이 장에서는 아기의 피부 트러블 원인과 피부 질환의 종류 그리고 아기 피부를 더 튼튼하게 만드는 방법에 대해 알아보겠습니다.

1. 태열

태열은 아이의 피부가 붉어지는 질환이에요

태열胎熱은 한의학적인 개념의 질환입니다. 유전적인 요인과 임신 중에 먹는 음식과 생활 등의 영향으로 엄마 배 속에 있는 태아의 몸에 열이 쌓이고, 이러한 열이 아기의 피부에 태열 증상으로 나타납니다. 서양 의학적인 개념에서는 신생아 독성 홍반, 신생아 여드름, 지루성 피부염, 아토피 피부염 등 아기의 피부를 붉게 만드는 여러 가지 질환을 포함합니다.

열을 식혀주고 풀어줘야 해요

한의학적인 관점에서 태열은 아이의 몸에 쌓여 있는 과도한 열을 식혀주고 풀어줘야 합니다. 집 안의 온도를 시원하게 하고, 아이의 옷은 통풍이 잘되는 것으로 입혀 몸을 시원하게 해줍니다. 모유 수유를 하는 엄마는 맵고 기름진 음식을 줄이고, 열을 식혀주는 한약을 복용하면 아이의 태열 치료에 도움이 됩니다.

자연스럽게 좋아지는 경우가 많아요

태열은 여러 가지 원인 때문에 나타나지만, 기본적으로 연약한 아기 피부가 바깥세상에 적응해가는 과정이고, 시간이 지나면서 피부 면역력이 튼튼해지면 대부분 자연스럽게 좋아집니다. 하지만 태열의 원인에 따라 대처 방법이나 관리가 달라질 수 있습니다. 또 아토피일 경우에는 장기적인 피부 면역력의 관리가 필요합니다.

Q388 생후 5일 된 아기인데 얼굴과 몸이 붉어요. 태열일까요?

A 아기의 피부 상태를 정확히 확인해봐야겠지만, 이 시기 아기의 얼굴과 몸이 붉어진다면 한의학적인 관점에서 태열로 생각됩니다. 서양 의학적인 관점에서는 신생아 독성 홍반일 가능성이 있습니다. 이러한 태열 또는 신생아 독성 홍반은 별다른 치료 없이 아기가 자라면서 자연스럽게 좋아집니다. 지금은 아기의 몸을 시원하게 해주고, 모유 수유를 하는 경우에는 엄마가 맵고 기름진 음식을 피해주세요.

Q389 생후 3주 된 아기예요. 얼굴에 여드름처럼 뭐가 올라오는데, 태열일까요?

A 아기의 피부 상태를 정확히 확인해봐야겠지만, 신생아 여드름이 아닐까 싶습니다. 신생아 여드름도 한의학적인 관점에서는 태열로 생각할 수 있습니다. 우선 아이를 시원하게 해주고, 얼굴에 여드름처럼 피지 분비가 많다면 매일 비누로 씻어주세요. 신생아 여드름은 아

이가 자라면서 피부가 튼튼해지면 자연스럽게 좋아집니다.

Q390 생후 1개월 된 아기 머리에 노란 딱지가 있고 얼굴이 붉어요. 태열인가요?

A 이 시기 아기의 얼굴이 붉다면 태열로 생각할 수 있습니다. 또 머리에 노란 딱지가 있다면 서양 의학적 관점에서는 지루성 피부염으로 볼 수 있습니다. 지루성 피부염은 아기에게 흔히 볼 수 있는 모습이고, 몇 개월에 걸쳐 조금씩 좋아집니다. 일단 아기의 머리에 피지 분비가 많은 상태이니 매일 머리를 감겨주세요.

Q391 생후 6주 된 아기인데 얼굴을 자꾸 만져서 진물투성이예요. 이것도 태열인가요?

A 아기의 피부 상태를 정확히 진찰해봐야겠지만, 태열로 생각됩니다. 아기가 자꾸 그 부분을 만지고 불편해한다면 아토피 피부염의 가능성도 있습니다. 진물이 나는 부위는 거즈에 식염수를 적셔서 덮어주면 피부가 진정되고 가려움이 줄어들 수 있습니다. 적신 거즈 위에는 마른 거즈를 하나 더 올려 젖은 거즈가 마르지 않게 해주세요.

Q392 아기에게 태열이 있으면 아토피로 진행되나요?

A 아기의 태열이 모두 아토피로 진행되지는 않습니다. 실제로 대부분의 태열은 아기가 자라면서 피부가 튼튼해지면 자연스럽게 좋아지는 경우가 많습니다. 그러나 간혹 아토피 피부염으로 태열이 나타나는 경우가 있습니다. 이때는 아이의 피부 면역력이 튼튼하게 자랄 수

있도록 장기적인 관리가 필요합니다.

2. 태열의 진단

신생아의 피부는 아직 연약하고 민감해요

엄마의 배 속 양수에서 10개월을 지내고 나온 신생아에게 바깥세상 공기는 낯설 수밖에 없습니다. 그로 인해 피부에 온갖 트러블이 나타나는 경우가 많습니다. 하지만 이런 피부 트러블은 아기가 자라면서 피부가 튼튼해지면 대부분 자연스럽게 좋아집니다.

출생 후 일주일 사이에 피부가 붉어질 수 있어요

신생아의 절반가량은 출생 후 일주일 사이에 피부가 붉어지는 신생아 독성 홍반이 나타납니다. 보통 태어나서 1~2일 사이에 아기의 몸과 팔다리, 얼굴 부분에 붉은색 반점 또는 뾰루지가 나타나는데, 아기에게 가렵거나 불편한 증상은 없습니다. 신생아 독성 홍반은 대체로 일주일 사이에 자연스럽게 없어지고, 간혹 6주까지 지속되는 경우도 있지만 별다른 치료는 필요하지 않습니다.

신생아에게도 여드름이 나타날 수 있어요

신생아 여드름은 신생아의 20%에서 나타나는 흔한 질환입니다. 아기 몸에 남아 있는 모체 호르몬의 영향으로 보통 얼굴이나 볼에 집중해서 나타납니다. 생후 3주쯤 시작해 생후 4개월 이전에 흉터를 남기지 않고 깨끗이 없어집니다. 신생아 여드름은 피지선에서 피지가 많이 분비되는 상태이기 때문에 아기의 얼굴을 매일 깨끗이 씻어주어야 합니다.

신생아는 땀띠도 잘 생겨요

한의학적인 관점에서 아기들의 몸은 열이 많은 편이어서 땀을 흘릴 수 있는데, 땀을 많이 흘려서 땀샘을 막아 염증이 생기면 땀띠가 됩니다. 보통 얼굴이나 두피, 피부가 접히는 부위에 좁쌀 모양으로 올라올 수 있고, 땀이 많이 나는 부위에는 어디든 땀띠가 생길 수 있습니다. 이러한 땀띠를 치료하는 약은 없습니다. 땀띠가 난 부위에 뭔가를 바르면 피부는 오히려 더 답답해질 수 있습니다. 아기에게 땀띠가 생기면 땀이 나지 않도록 집 안의 온도를 조절해주고, 아기의 몸을 시원하게 해주는 것이 중요합니다.

Q393 신생아의 피부가 붉어요. 아토피일까요?

A 신생아의 피부는 연약하고 민감하기 때문에 피부가 붉어지는 경우가 많습니다. 하지만 그렇다고 해서 아토피는 아닙니다. 아토피는 아기가 가려워하고 불편해야 합니다. 지금처럼 신생아의 피부가 붉어지는 모습은 아기가 자라면서 피부가 튼튼해지면 대부분 자연스럽게 좋아질 수 있습니다.

Q394 병원에서 신생아 독성 홍반이라는데 심각한 질환인가요?

A 신생아 독성 홍반은 이름에 '독성'이 들어가 있어 마치 심각한 질환처럼 보입니다. 하지만 실제로 심각한 것은 아니고, 신생아의 절반가량에서 나타나는 흔한 모습입니다. 신생아 독성 홍반은 대부분 증상이 나타나고 일주일 사이에 자연스럽게 좋아지고, 이후에도 아토피처럼 걱정할 만한 피부 질환으로 진행되지 않습니다.

Q395 땀띠와 여드름은 어떻게 구별하나요?

A 땀띠는 아기가 땀을 많이 흘리는 부위에 붉은 좁쌀 모양처럼 나타나고, 여드름은 땀띠와 비슷해 보이지만 주로 얼굴 부위, 특히 볼에 나타납니다. 그리고 여드름은 안에 고름이 들어 있는 경우가 많고, 피지 분비가 왕성해 주변에 기름이 많아 보일 수 있습니다.

Q396 땀띠가 생겼는데 분을 뿌려줘도 괜찮을까요?

A 간혹 땀띠가 생긴 부위에 분을 바르는 경우가 있는데요. 분은 땀을 증발하지 못하게 가두기 때문에 땀띠를 더 심하게 할 수 있습니다. 그래서 아기의 땀띠에는 사용하지 않는 것이 좋습니다.

▎3. 지루성 피부염

두피에 노란 딱지가 생겨요

지루성 피부염은 보통 두피가 갈라지면서 노란 딱지가 생기고, 얼굴과 귀 뒤, 목, 팔까지 나타나기도 합니다. 신생아 여드름처럼 모체 호르몬의 영향 때문에 생기는 것으로 생각되고 주로 피지샘이 많은 부위에 나타납니다. 이러한 지루성 피부염은 아기들의 10%에서 나타나고, 일반적으로 생후 3주~3개월 사이에 나타나 몇 개월에 걸쳐 서서히 좋아집니다.

대부분 자연스럽게 좋아질 수 있어요

지루성 피부염은 별다른 치료 없이 자연스럽게 좋아지는 경우가 많습니다. 아기에게 지루성 피부염이 있으면 피지의 분비가 많기 때문에 매일 머리를 감겨주는 것이 좋습니다. 노란 딱지는 머리를 감길 때 손가락이나 부드러운 수건으로 조심스럽게 문질러 제거해주세요. 혹시 증상이 심하고 오랫동안 지속되면 병원에서 정확한 진찰을 받아보세요.

아토피와는 달라요

아기에게 지루성 피부염이 있는 경우, 아토피로 진행되지 않을까 걱정하는 경우가 많습니다. 그러나 지루성 피부염은 아토피와 다른 질환이고, 아토피로 진행되지 않습니다. 아토피는 지루성 피부염과는 달리 아이가 가려워하고 불편해하는 증상이 나타나야 하며, 가려움이 아이의 수면과 식사를 방해할 수 있습니다.

Q397 아기 머리의 노란 딱지는 어떻게 해야 하나요?

A 🧑 노란 딱지는 머리를 감길 때 손가락이나 부드러운 수건으로 살살 문질러주세요. 절대 손톱으로 긁어선 안 됩니다. 잘 안 벗겨질 때는 오일이나 바셀린으로 딱지를 불린 후 샴푸해주세요. 이때 오일이 남아 있으면 증상이 더 심해지므로 깨끗이 씻어줘야 합니다.

Q398 머리에 노란 딱지가 있는데 병원에 가야 할까요?

A 🧑 머리에 노란 딱지가 있다면 지루성 피부염이 아닐까 싶습니다. 지루성 피부염은 대체로 별다른 치료 없이 자연스럽게 좋아집니다. 따라서 당분간 매일 아기의 머리를 잘 감겨주고, 노란 딱지는 부드러운 빗으로 조심해서 벗겨주세요. 이러한 관리가 도움이 안 된다면, 그때 병원에서 정확한 진찰을 받아보세요.

Q399 지루성 피부염에는 어떤 로션을 사용해야 하나요?

A 🧑 지루성 피부염에는 유분이 적게 함유된 제품을 써야 합니다. 피지가 많이 분비되는 상태이므로 보습은 가볍게 하는 것이 좋습니다. 그리고 보습보다는 과도하게 분비된 피지를 잘 씻어서 없애주는 것이 더 중요합니다.

Q400 지루성 피부염이라는데 아토피로 진행하나요?

A 🧑 지루성 피부염은 아토피와는 다른 질환입니다. 지루성 피부염은 과도한 피지의 분비로 피부가 자극을 받은 상태이고, 아토피 피부염은 피부 장벽 기능이 손상되어 피부가 민감하게 반응하는 상태예요. 간혹 두 가지 질환이 함께 나타나는 아이들도 있지만, 지루성 피

부염이 꼭 아토피 피부염으로 진행하지는 않습니다.

4. 침독

침은 아이의 피부를 건조하게 해요

아기들이 자라면서 침을 흘려 침독이 생기는 경우가 많습니다. 하지만 침 자체가 아이의 피부를 자극하는 것은 아닙니다. 얼굴에 침이 묻고 마르는 과정이 반복되면서 아기의 피부가 건조해지고 붉어지는 염증 상태로 진행하게 됩니다. 이러한 침독은 일종의 접촉성 피부염에 속하며, 침독이 생기는 부위는 따갑고 불편할 수 있습니다.

침을 자주 닦아줘야 해요

4~6개월 정도 되면 아이들 손의 움직임이 많아지면서 입안에 손을 집어넣기도 합니다. 이때 침 묻은 손이 입 주변과 얼굴을 만지면서 침이 자주 묻어 침독이 나타날 수 있습니다.

　얼굴에 침이 묻으면 자주 닦아주세요. 부드러운 면 수건에 물을 적셔 톡톡 누르듯 닦아준 후, 다시 마른 면 수건으로 닦아주세요. 그리고 보습으로 마무리해주면 됩니다. 침독은 침이 마르기 전에 닦아주는 것이 중요합니다. 이때 아기의 연약한 피부를 자극하지 않도록 조심하세요.

Q401 침독은 아토피와 어떻게 다른가요?

A 침독은 침의 자극으로 피부가 건조해지는 접촉성 피부염이고, 아토피는 피부 장벽 기능이 약해서 피부가 민감하게 반응하는 상태입니다. 두 질환 모두 피부가 건조해지고, 피부에 불편한 증상이 나타날 수 있습니다. 침독은 침이 묻는 부위에 한정해서 나타나지만 침이 묻지 않게 잘 관리해주면 좋아집니다. 아토피는 좀 더 넓은 부위에 나타나며 침독에 비해 가려워하는 증상이 나타날 수 있습니다.

Q402 침독에는 어떤 로션을 발라줘야 하나요?

A 침독에는 건조한 피부를 보호해주는 유분이 많은 크림이나 바셀린 같은 제품이 좋습니다. 침이 묻으면 침을 잘 닦아준 후 보습을 해주세요. 그리고 침이 얼굴 피부를 자극하지 않도록 미리 닦아주는 것이 보습보다 더 중요합니다.

Q403 아이가 손으로 얼굴에 침을 묻히는데, 손싸개를 해야 할까요?

A 아기들은 4~6개월쯤 되면 손의 운동 기능이 발달하면서 손을 입안에 넣는 경우가 많습니다. 그러면서 침독이 많이 생기게 되는데요. 이러한 모습은 아이의 자연스러운 발달 과정이기 때문에 억지로 못하게 하기보다 그대로 지켜보는 것이 좋습니다. 그리고 손싸개는 침독 증상이 심할 때 하루 이틀 정도만 사용하고, 침이 얼굴에 묻으면

잘 닦아주면서 관리해주세요.

5. 두드러기

두드러기는 외부 물질에 민감하게 반응하는 알레르기예요

두드러기는 특정 외부 물질에 민감하게 반응하는 알레르기 반응으로, 아이들이 자라면서 한두 번은 경험하는 피부 트러블입니다. 일반적으로 이유식을 시작하면서 새로운 음식을 접하거나 아이가 아파서 약물을 복용한 뒤 갑자기 나타나는 경우가 많은데, 주로 눈꺼풀, 귀, 입주변과 팔다리, 몸통에 나타납니다. 이렇게 두드러기가 나타난 부위는 피부가 붉어지면서 부어오르고 가려움을 동반할 수 있습니다.

대부분 별다른 치료 없이 저절로 좋아져요

갑자기 피부에 두드러기가 생기면 부모님이 많이 놀랄 수 있지만, 이러한 두드러기는 병원에 가야 하는지 고민하는 동안 자연스럽게 없어지는 경우가 많습니다. 간혹 심각한 알레르기 반응으로 아이의 호흡이 힘들고 설사, 구토, 복통이 심할 때는 밤중이라도 응급실에 가서 진찰을 받아야 합니다. 두드러기 증상과 가려움이 심할 때도 병원에서 정확한 진찰을 받는 것이 좋습니다.

Q404 두드러기는 어떻게 구별하나요?

A 두드러기는 다른 피부 트러블과 달리 넓은 부위가 붉어지면서 부어오르고 가려운 증상을 동반합니다. 또 새로운 음식이나 약물을 접한 후 갑자기 나타나는 경우가 많고, 이런 음식이나 약물을 끊으면 대체로 금세 좋아집니다. 만약 이런 상태가 아니라면 다른 원인에 의해 나타나는 피부 트러블일 수 있고, 구별이 어려우면 병원에서 정확한 진찰을 받아보세요.

Q405 두드러기 때문에 많이 가려워하는데 어떻게 해야 하나요?

A 두드러기는 원인이 되는 음식이나 약물을 끊으면 자연스럽게 좋아지지만, 아이가 많이 가려워한다면 약물을 사용할 수 있습니다. 병원에서 정확한 진찰을 받고 아이에게 도움이 되는 약물을 처방받아 먹이세요. 아이가 가려워하는 부위에 시원한 찜질을 해주는 것도 도움이 됩니다.

Q406 두드러기가 생겼는데 로션이 도움이 될까요?

A 두드러기는 음식이나 약물과 같은 외부 물질에 우리 몸이 민감하게 반응해서 나타나는 상태입니다. 그래서 피부에 바르는 로션은 도움이 되지 않습니다. 두드러기는 원인이 되는 물질을 피하면 보통 며칠 뒤엔 자연스럽게 좋아집니다.

Q407 아기가 감기에 걸렸는데 갑자기 두드러기가 나타나요. 어떻게 해야 하나요?

A 일단 병원에서 다시 한 번 정확한 진찰을 받아보세요. 감기약에 대한 반응으로 나타나는 두드러기일 수 있고, 또는 감기가 아닌 피부 발진을 동반한 바이러스성 피부 발진일 수 있습니다. 약물이 원인인 경우에는 해당 약물을 끊으면 좋아질 수 있고, 바이러스성 피부 발진의 경우에는 시간이 지나면서 감염 증상이 회복되면 자연스럽게 좋아집니다.

Q408 두드러기가 생긴 음식은 앞으로 계속 못 먹나요?

A 두드러기의 원인이 된 음식은 당분간 피해야 합니다. 아이의 몸에서 알레르기 반응을 일으킨 음식의 항원이 빠져나간 몇 개월 뒤에 다시 시도할 수 있습니다. 아이가 자라면서 면역력이 성장하면, 대체로 두드러기가 나타나는 음식도 다시 먹을 수 있습니다. 이때는 아이의 반응을 주의 깊게 살펴보면서 시도하세요. 음식을 먹이기 전에 먼저 손이나 입 주변의 피부에 묻혀보고 반응을 살펴보면 도움이 됩니다.

Q409 이전에는 괜찮았던 음식에도 두드러기가 생길 수 있나요?

A 이전에는 별문제 없던 음식에도 두드러기가 나타날 수 있습니다. 아이의 컨디션과 면역력이 저하되면 괜찮았던 음식에도 민감하게 반응할 수 있습니다. 두드러기가 나타난 음식은 당분간 피하고, 다른 음식에 대한 반응도 주의 깊게 살펴봐야 합니다.

Q410 두드러기가 한 번 생긴 다음부터 계속 반복돼요. 어떻게 해야 하나요?

A  아이의 컨디션과 면역력이 저하된 상태에서는 두드러기가 계속 반복될 수 있고, 괜찮던 음식에도 반응하는 경우가 있습니다. 이런 경우에는 먼저 원인이 되는 음식을 찾아 당분간 제한해야 합니다. 그리고 민감하게 반응하는 면역력의 반응을 진정시키기 위해, 한의학적인 방법으로 아이의 민감해진 면역력의 방향을 잡아주는 치료를 해주면 도움이 됩니다.

▌6. 기저귀 발진

기저귀 발진은 기저귀에 의한 접촉성 피부염이에요
기저귀는 대소변을 가리지 못하는 아기를 위한 편리한 도구이지만, 잘못 관리하면 기저귀 발진이 생길 수 있습니다. 기저귀 안에서 과도한 수분과 대소변이 피부를 자극하면 피부 장벽 기능이 무너져 기저귀 발진이 나타납니다. 기저귀 발진은 대소변을 바로 갈아주지 않고 오래 내버려두었을 때, 장염으로 아이가 설사를 자주 할 때, 이유식을 시작하면서 대변의 양상이 변화할 때 나타나는 경향이 있습니다.

기저귀를 잘 관리하면 좋아져요

기저귀 발진이 생기면 기저귀를 빨리 갈아주는 것이 가장 중요합니다. 그리고 기저귀를 갈 때마다 기저귀 발진이 있는 부위를 따뜻한 물로 헹궈주세요. 비누나 목욕 제품은 대변을 봤을 때만 사용하고, 소변은 물로만 헹궈주세요. 물티슈는 발진 부위를 자극할 수 있기 때문에 물로 씻어주는 것이 좋습니다. 그리고 평소 기저귀를 채우지 말고 공기 중에 노출시켜주면 더 빨리 회복됩니다.

Q411 기저귀 발진이 생겼는데, 기저귀를 갈 때 아이가 많이 아파해요. 어떻게 해야 하나요?

A 기저귀 발진이 생긴 부위를 만지거나 물티슈로 닦으면 아이가 아파할 수 있어요. 따뜻한 물로 조심해서 씻겨주는 것이 좋습니다. 기저귀는 그때그때 갈아주고, 평소에는 기저귀를 열어두고 공기를 통하게 해주면 빨리 회복됩니다.

Q412 기저귀 발진은 아토피 피부염과 어떻게 다른가요?

A 아토피 피부염과 기저귀 발진은 다른 질환입니다. 아토피 피부염은 아이의 피부가 건조해지는 상태이지만, 기저귀 발진은 아이의 피부가 너무 습해서 생기는 상태입니다. 그래서 아토피 피부염은 기저귀를 차는 부위에는 잘 나타나지 않습니다. 만약 기저귀를 차는 부위에 아토피 피부염이 나타난다면, 아이가 오랫동안 가려워하는 증상을

동반할 수 있습니다.

Q413 기저귀 발진에 분을 발라줘도 괜찮나요?

A 기저귀 발진에는 분을 사용하지 않는 것이 좋습니다. 분은 수분을 흡수하여 가두는 작용을 해서 오히려 더 공기가 통하지 않고 피부를 답답하게 하므로 오히려 안 좋을 수 있습니다.

Q414 기저귀 발진에는 뭘 발라야 하나요?

A 기저귀 발진에는 보통 비판텐 연고와 같은, 발진 부위를 보호해주는 연고를 사용합니다. 기저귀 발진은 습기 또는 대소변에 의한 접촉성 피부염이므로 이러한 접촉으로부터 보호하기 위해 연고는 두껍게 바르는 것이 좋습니다. 만약 기저귀 발진이 더 심해진다면 진균이나 세균에 의한 감염이 동반되었을 수 있으므로 이때는 항진균성 연고나 항생제 연고를 사용할 수 있습니다.

2장

대변:

아이 대변이 이상해요

대변은 아이의 소화기계 상태를 잘 보여줘요

아이의 대변은 소화기계 상태를 판단할 수 있는 중요한 방법입니다. 아직 의사 표현이 미숙한 아이들의 건강 상태를 살펴보는 데는 어려움이 많습니다. 그래서 대변의 색이나 대변이 딱딱한지 설사인지 등의 상태를 보고 아이의 건강을 체크하게 됩니다. 이 장에서는 아이의 대변이 평소와 다를 때, 아이의 소화기계에 어떤 문제가 있는지 그리고 어떻게 대처해야 하는지에 대해 살펴보겠습니다.

1. 변비

아이들은 생후 첫 주 동안 하루에 네 번 이상 부드러운 대변을 봅니다. 생후 3개월까지는 하루 두 번에서 일주일에 한 번 정도까지 대변을 볼 수 있고, 2세가 될 때까지 하루 한 번으로 줄어듭니다. 분유를 먹는 아이는 하루에 한 번 이상, 모유 수유를 하는 아이는 하루 수차례에서 일주일에서 한 번 정도 대변을 볼 수 있습니다.

대변 횟수로 변비를 판단하지는 않아요

아이가 3일에 한 번씩 대변을 봐도 힘들지 않게 본다면 변비가 아닙니다. 그러나 매일 대변을 봐도 대변이 딱딱하고 아이가 힘들어하면 변비일 수 있습니다. 아이의 대변 횟수가 평소보다 많이 줄어들었거나 대변을 볼 때 무척 힘들어하면 변비를 의심할 수 있습니다. 변비가 심해지면 대변에 피가 묻어 나오기도 하고, 대변이 조금씩 새어 나오는 유분증이 나타나기도 합니다.

섬유질 섭취를 늘리고, 운동해야 해요

아이가 변비로 힘들어할 때 배 마사지와 다리 운동을 해주면 배변 활동에 도움이 됩니다. 그리고 배, 사과 같은 과일과 채소를 충분히 섭취하면 대변의 부피가 커져 아이가 편하게 대변을 볼 수 있습니다. 또 아이가 물을 충분히 마시도록 해주세요. 따뜻한 물에 좌욕을 하는 것도 도움이 됩니다.

변비가 오래되고 심하면 아이의 소화력을 더해주세요

아이의 생활을 관리해도 변비가 좋아지지 않는다면, 이때는 치료가 필요합니다. 한의학적 방법으로 소화력을 더해주면 아이가 음식을 충분히 먹게 되어 대변이 잘 만들어지고, 대변을 바깥으로 내보내는 소화기계의 운동성을 더해주어 아이가 편하게 대변을 볼 수 있게 해줍니다. 이런 치료와 함께 생활 관리도 꾸준히 해주면 아이의 변비에 많은 도움이 됩니다.

Q415 생후 3주 된 모유 수유 하는 아이예요. 매일 대변을 보다가 지금은 못 봐요. 변비일까요?

A 생후 4주 미만의 아이가 하루에 한 번 미만으로 대변을 본다면, 모유의 양이 적어서일 수 있습니다. 먼저 아이가 먹는 모유의 양을 확인하고, 아이가 모유를 충분히 규칙적으로 먹을 수 있도록 해줘야 합니다. 그리고 모유 수유를 하는 아이들은 일반적으로 이 시기에 변비가 잘 나타나지 않는데, 계속 대변을 보지 못하면 병원에 가서 정확한 진찰을 받는 것이 좋습니다.

Q416 생후 8주 된 모유 수유 하는 아이입니다. 며칠째 대변을 못 봐요. 어떻게 해야 하나요?

A 생후 1개월이 넘은 아이들은 몸과 소화기계의 상태에 따라 일주일까지 대변을 보지 않을 수 있습니다. 특히 6주가 지나면 모유에

카세인이라는 성분이 증가하면서 대변 횟수가 줄어들 수 있습니다. 그리고 아이가 자라면서 수유 양이 충분히 늘지 않을 때 지금처럼 대변을 못 보는 경우가 있습니다. 그러니 너무 걱정하지 말고, 아이가 충분한 양의 모유를 먹게 해주면서 배 마사지와 다리 운동을 종종 해주세요. 아이가 며칠 동안 대변을 못 보더라도 잘 먹고 잘 놀고 몸 상태가 좋다면 좀 더 지켜봐도 괜찮습니다.

Q417 생후 3개월의 분유 수유 하는 아이인데, 대변을 며칠에 한 번씩 힘들게 봐요. 어떻게 해야 하나요?

A 아이에게 변비가 있지 않나 싶습니다. 먼저 수유 중간중간 물을 조금씩 마시게 해주세요. 분유에 함유된 특정 단백질 성분이 변비를 일으킬 수 있으므로 다른 브랜드의 분유로 바꿔보는 것도 좋습니다. 그래도 좋아지지 않으면 배 또는 사과를 갈아서 만든 주스나 푸룬 주스를 마시게 해주세요.

Q418 생후 3개월 된 아기예요. 변비가 있는데 과일 주스를 마시게 해도 될까요?

A 일반적으로 과일은 이유식을 시작한 뒤에 먹이지만, 변비가 심할 때는 과일 주스를 먹을 수 있습니다. 미국 소아과학회에서는 생후 4주 이상의 아기에게 변비가 있을 때 과일 주스를 줄 수 있다고 합니다. 만약 아이의 변비가 심해 보인다면, 사과 또는 배를 곱게 갈아서 만든 주스나 푸룬 주스를 마시게 해주세요. 개월 수마다 25g씩 먹이는데, 4개월에는 최대 100g 정도까지 먹일 수 있습니다.

Q419 생후 6개월 아기인데 이유식을 시작하면서 변비가 생겼어요. 어떻게 해야 하나요?

A 아이들은 이유식을 시작할 때 변비가 생기기 쉽습니다. 아이의 소화기계가 새로운 음식을 만나는 과정에서 변비가 생길 수 있고, 쌀처럼 섬유질이 부족한 음식을 많이 섭취했을 때 수분 섭취가 줄어들면서 변비가 생길 수 있습니다. 이때는 이유식에서 쌀의 양을 조금 줄이고 섬유질이 풍부한 채소와 과일의 섭취를 늘려주세요. 그리고 물을 충분히 마시게 해주세요.

Q420 아이에게 변비가 있는데 우유의 양을 줄여야 하나요?

A 우유는 직접 변비를 일으키지 않지만 우유를 마시면 다른 고형 음식의 섭취가 줄어들기 때문에 변비가 생길 수 있습니다. 우유의 양이 많다면 조금 줄이고 아이의 식사량을 늘려주세요. 식사는 섬유질이 풍부한 반찬을 많이 먹게 해주고, 우유 대신 과일 주스를 직접 만들어 마시게 해주는 것도 도움이 됩니다.

Q421 아이의 변비에 어떤 음식이 좋을까요?

A 변비에는 섬유질이 풍부한 음식을 먹어야 합니다. 섬유질은 장에서 소화, 흡수되지 않고 물을 끌어들여 대변을 부드럽게 만들어줍니다. 사과, 배, 키위 등의 과일과 양배추, 연근, 가지, 토마토 등의 채소, 견과류, 해조류 같은 음식이 변비에 도움이 됩니다.

Q422 아이에게 변비가 있는데 물을 너무 안 마셔요. 어떻게 해야 하나요?

A 물을 충분히 마셔야 아이의 변비가 좋아질 수 있습니다. 아이가 물을 마시지 않으려 해도 조금씩이라도 자주 마실 수 있도록 권해야 합니다. 그리고 아이들에 따라 좋아하는 물의 종류가 다를 수 있는데 생수, 보리차, 결명자차, 둥굴레차 등의 물을 시도해보고, 물에 배청이나 매실청을 살짝 넣어 단맛이 나게 만들어주어도 좋습니다. 그리고 물 마시는 양이 적다면 사과, 배, 키위처럼 섬유질이 풍부한 과일로 주스를 만들어 마시게 해주세요.

Q423 아이가 대변을 볼 때 힘들어하고 아파해요. 도와줄 방법이 있을까요?

A 아이가 많이 힘들어하고 아파하면 면봉에 바셀린을 묻혀 아이의 항문에 살살 발라주세요. 그러면 좀 더 편하게 대변을 볼 수 있습니다. 하지만 이런 방법을 매일 이용하면 아이의 소화기계가 이 방법에만 의존할 수 있어요. 그러니 생활 관리와 함께 변비 치료를 해주면서, 아이가 많이 힘들고 아파할 때에만 한 번씩 이용하세요.

Q424 아이의 변비에 유산균이 도움이 될까요?

A 변비가 있는 아이들이 유산균을 복용하는 경우가 많은데 아직 유산균이 변비에 효과가 있는지에 대해서는 명확히 밝혀지지 않았습니다. 실제로 유산균을 복용하고 변비가 좋아진 아이들도 있지만, 별다른 변화가 없는 아이들이 많습니다. 그래서 아이의 변비에 보

통 유산균을 추천하지 않습니다.

2. 설사

아이의 설사는 평소의 대변을 기준으로 생각합니다. 아이가 평소보다 무른 대변을 더 자주 보면 설사를 한다고 생각할 수 있습니다.

장염으로 설사가 나타날 수 있어요

설사의 가장 흔한 원인은 위장관의 바이러스 감염에 의한 장염입니다. 특히 로타바이러스에 의한 장염으로 설사를 하는 경우가 많습니다. 그리고 이러한 장염 외에도 음식에 의해서 나타나거나, 감기에 걸려서 복용하는 항생제로 나타나는 경우도 있습니다.

가벼운 설사는 조금 기다려보세요

심하지 않은 설사는 아이의 면역력으로 하루 이틀 사이에 자연스럽게 좋아지는 경우가 많습니다. 가벼운 설사는 특별한 치료 없이 조금 기다려보세요. 하지만 설사가 며칠 동안 지속되거나, 아주 심한 경우에는 병원에서 정확한 진찰을 받아보는 것이 좋습니다.

물을 충분히 마시게 해주세요

아이가 설사를 하면 수분 손실이 많아지므로 물을 충분히 마시는 것이 중요합니다. 모유나 분유를 수유하는 아이들은 원래대로 수유를 지속하고, 물을 마시는 아이들은 조금씩 자주 마시게 해주세요.

Q425 아이가 설사를 하는데 지사제를 먹여야 하나요?

A 설사는 아이의 위장관에 안 좋은 물질을 몸 밖으로 내보내기 위한, 아이 몸의 건강한 면역 작용입니다. 아이가 설사를 한다고 지사제를 먹일 필요는 없습니다. 지사제로 설사를 멈추면 아이의 몸 안에 해로운 물질이 더 오래 머물러 아이에게 더 나쁜 영향을 줄 수 있습니다.

Q426 모유 수유를 하면 설사를 적게 하나요?

A 모유에는 설사를 일으키는 장염 병균을 억제하는 면역 성분이 들어 있습니다. 그래서 모유 수유를 하는 아이는 분유 수유를 하는 아이보다 설사를 하는 경우가 더 적습니다.

Q427 설사를 하면 미음을 먹여야 하나요?

A 설사를 해도 아이가 밥을 잘 먹는다면 미음을 먹일 필요는 없습니다. 아이가 설사를 할 때는 잘 먹어야 위장관의 기능이 빨리 회복됩니다. 하지만 아이의 식욕이 떨어져 평소 먹던 음식을 먹기 힘들어하면 미음을 먹이는 것도 괜찮습니다.

Q428 설사할 때 이온 음료를 먹이면 좋을까요?

A 이온 음료는 단맛을 내기 위한 단순 당이 많이 들어 있어 오

히려 설사를 더 심하게 할 수 있습니다. 이온 음료보다는 물을 자주 마시게 해주는 것이 좋습니다.

Q429 아이의 설사를 예방하는 방법이 있을까요?

A 아이의 설사를 일으키는 장염 바이러스는 손에서 입으로 전달되어 전염되는 경우가 많습니다. 아이가 평소 비누로 손을 잘 씻도록 해주면 도움이 됩니다. 부모님도 손을 깨끗이 씻는 것이 좋습니다.

3. 대변의 색

녹변, 위장관의 운동이 빠를 때 나타나요

녹변은 위장관의 운동이 빨라져서 대변에 쓸개즙이 많이 남아 있을 때 나타납니다. 모유 수유를 하는 아이가 탄수화물이 많은 전유 위주로 먹고, 지방이 풍부한 후유를 충분히 먹지 않으면 장운동이 조금 빨라져서 녹변이 나타날 수 있습니다. 또 아이가 놀라는 경험을 하거나 장염에 걸리거나 다른 여러 가지 원인으로 장운동이 빨라지면 녹변이 나타날 수 있습니다. 아이가 녹변을 봐도 다른 문제가 나타나지 않고 컨디션이 좋다면 문제가 되지는 않습니다.

붉은색 변, 하부 위장관 출혈로 나타날 수 있어요

대변이 약간 붉은빛을 띤다면 우유 알레르기 때문일 수 있습니다. 딱딱한 대변에 피가 살짝 묻어 나온다면, 변비로 항문에 상처가 생기거나 치질이 있는 경우입니다. 설사와 함께 피가 섞여 있다면 세균성 감염에 의한 장염일 수 있습니다. 이처럼 아이의 대변이 붉은색을 띠면 하부 위장관 출혈 가능성이 있으므로 병원에서 정확한 진찰을 받아야 합니다.

검은색 변, 상부 위장관 출혈로 나타날 수 있어요

녹색을 띠는 짙은 갈색이 아니라 짜장면처럼 검은색 대변을 본다면 상부 위장관의 출혈이 원인일 수 있습니다. 상부 위장관의 출혈로 나온 혈액이 위장관을 통과하면 검은색으로 변합니다. 검은색 대변이 나타나면 바로 병원으로 가서 정확한 진찰을 받아보세요. 아이에게 빈혈이 있어 철분제를 복용할 때도 검은색 대변이 나타날 수 있습니다.

흰색 변은 쓸개관이 막혔을 때 나타날 수 있어요

아이의 대변에 쓸개즙이 거의 포함되지 않았을 때 흰색 대변이 나타날 수 있습니다. 대변에 쓸개즙이 없다는 것은 쓸개관이 막혔을 가능성을 의미합니다. 만약 아이가 흰색 대변을 보면 병원에 가서 정확한 진찰을 받아야 합니다. 간혹 처음 우유를 마셨을 때, 우유가 제대로 소화되지 않아 흰색 대변이 나타나는 경우도 종종 있습니다. 이때는 우유를 끊으면 다시 원래 대변으로 돌아갑니다.

Q430 모유 수유 하는 아이인데 대변이 녹색이에요. 어떻게 해야 하

나요?

A 🧑 엄마가 평소 먹던 음식과 다른 음식을 먹었을 때 아이의 대변이 녹색을 띠는 경우가 있습니다. 만약 아이의 대변이 밝은 녹색과 함께 거품을 띠고 있다면, 탄수화물이 많은 전유 위주로 먹고 지방이 많은 후유를 먹지 못해서일 수 있습니다. 이때는 아이가 한쪽 젖을 충분히 빨고 난 뒤 다른 젖을 빨도록 해주세요. 그리고 아이의 성장과 발달을 위해서는 영양분이 풍부한 후유까지 수유하는 것이 좋습니다.

Q431 분유 수유 하는 아이인데 대변이 녹색이에요. 어떻게 해야 하나요?

A 🧑 아이의 대변이 녹색이라도 아이가 잘 먹고 잘 놀고 몸 상태가 좋다면 크게 걱정하지 않아도 됩니다. 하지만 아이가 녹변을 보면서 대변 상태가 평소와 다르고 컨디션이 좋지 않다면 다른 분유로 바꿔보는 것도 도움이 될 수 있습니다.

Q432 아이가 며칠째 설사를 하고 대변이 녹색이에요. 괜찮을까요?

A 🧑 아이가 장염에 걸려 설사를 하면 장운동이 빨라지면서 녹변이 나오는 경우가 있습니다. 지금 아이에게는 녹변보다 장염이 더 중요합니다. 일단 병원에 가서 정확한 진찰을 받아보는 것이 좋습니다.

Q433 아이가 대변을 힘들게 보는 편인데요. 대변에 피가 조금 묻어 나왔어요. 어떻게 해야 하나요?

A 🧑 딱딱한 대변이 항문을 통과하면서 상처가 생길 때 피가 묻어

나올 수 있습니다. 평소 물을 충분히 마시게 해주고, 섬유질이 풍부한 사과, 배, 키위 등의 과일을 주스로 만들어 매일 마시게 해주세요. 만약 아이의 변비가 오래 지속되고 심하다면 한의학적인 방법으로 아이의 소화기계 기능을 더해주는 치료가 변비에 도움이 됩니다.

Q434 아이가 설사를 했는데, 피가 보여요. 괜찮을까요?

A 아이가 장염에 걸려 설사를 할 때 피가 섞여 나오는 경우가 있습니다. 약간의 피는 일반 장염에서 나타날 수 있으므로 크게 걱정하지 않아도 됩니다. 아이의 설사에 전체적인 출혈이 보인다면 세균성 감염에 의한 장염이나 심각한 질환일 가능성이 있습니다. 혈변이 심하다면 병원에 가서 정확한 진찰을 받는 것이 좋습니다.

Q435 아이가 갑자기 짜장면처럼 검은색 대변을 봤어요. 왜 그런가요? 괜찮을까요?

A 위, 십이지장과 같은 상부 위장관의 출혈로 나온 혈액이 아이의 위장관을 통과하면서 짜장면처럼 검은 대변이 나올 수 있습니다. 바로 병원에 가서 정확한 진찰을 받아보세요. 만약 철분제 복용을 시작했다면 철분제 때문에 검은색 대변이 나타날 수 있습니다.

Q436 생우유를 처음 마셨는데 흰색 대변이 나왔어요. 우유 때문일까요?

A 아이의 위장관은 약해서 처음 먹는 음식은 제대로 소화시키지 못해 대변 색깔이 음식의 색으로 나오는 경우가 있습니다. 우유를

처음 먹을 때 간혹 흰색 대변이 나타나는 경우가 있는데 우유를 끊으면 다시 원래 대변으로 돌아갈 겁니다. 하지만 흰색 대변은 쓸개관이 막혀 쓸개즙이 위장관으로 흘러나오지 못할 때도 나타날 수 있습니다. 만약 아이에게 흰색 변이 계속 나타난다면 병원에 가서 정확한 진찰을 받아보는 것이 좋습니다.

통증:

아이가 자꾸 아프다고 해요

아이의 통증은 원인을 알기 어려운 경우가 많아요

아이가 자꾸 머리가 아프고 배도 아프다고 하는데, 그 원인을 알기 어려울 때가 많습니다. 그래서 혹시 아이에게 심각한 문제가 있는 것은 아닌지 부모는 걱정이 이만저만이 아닙니다.

하지만 이러한 통증은 대부분 별문제 없이 시간이 지나거나 또는 생활 관리를 통해 좋아지는 경우가 많습니다. 이번 장에서는 아이가 갑자기 통증을 호소할 때 어떻게 해야 하는지, 그리고 위험한 경우와 그렇지 않은 경우를 어떻게 구별하는지에 대해 살펴보겠습니다.

1. 두통

아이들은 누구나 몇 번씩 두통을 경험해요

두통은 어른들과 마찬가지로 아이들에게도 흔한 증상입니다. 아이들은 자라면서 몇 차례씩 두통을 겪습니다. 이런 두통은 여러 가지 원인으로 나타나고, 대부분 심각한 문제를 일으키지 않습니다. 그리고 아이들의 두통은 올바른 생활 습관과 약물을 통해 관리할 수 있습니다.

두통의 원인은 다양해요

아이들은 컨디션과 스케줄의 변화 때문에 두통을 호소할 수 있습니다. 아이가 식사를 건너뛰거나 물을 많이 안 마시는 경우, 운동을 심하게 한 후에 두통을 호소할 수 있고, 스트레스와 같은 심리적 요인에 의해서도 두통이 나타납니다. 만약 두통과 함께 열이 난다면 감기 같은 감염 질환이 원인일 수 있으므로 병원에 가서 정확한 진찰을 받는 게 좋습니다.

아이에게 두통이 있을 때는 이렇게 하세요

조용하고 어두운 방에 아이를 눕힌 후, 머리 위에 시원하게 적신 수건을 올려주세요. 그리고 심호흡을 시키면서 잠들게 해주거나, 아이가 밥과 물을 좀 더 먹게 해주는 것도 좋습니다. 두통이 심하면 타이레놀이나 부루펜 같은 진통제를 복용하게 해주세요. 두통 때문에 아이가 병원에 가야 할 경우는 많지 않습니다. 하지만 아이가 머리를 부딪힌 후 두통을 많이 호소하거나, 두통 때문에 잠을 못 자는 경우, 뒷목의 뻣뻣함과 통증, 구토가 있거나 의식과 시력이 평소와 다르고 또는 열이 있을 때 병원에서 정확한 진찰을 받는 것이 좋습니다.

Q437 아이가 갑자기 머리가 아프다고 해요. 어떻게 해야 하나요?

A 먼저 아이에게 열이 있는지, 침을 삼켰을 때 아픈지, 감기 증상이 있는지 확인해주세요. 그리고 두통과 함께 다른 증상을 동반하는지 확인해주세요. 열이 나거나 다른 위험한 증상이 보이면 병원에서 정확한 진찰을 받게 해주고, 별다른 문제가 보이지 않으면 조용하고 어두운 방에서 쉬게 해주세요. 머리 위에는 시원한 수건을 올려놓아주고, 두통이 심하면 진통제를 먹이세요.

Q438 아이가 두통을 호소해요. 병원에 가야 할까요?

A 아이의 두통이 심하지 않고 다른 증상을 동반하지 않는다면 병원에 가지 않아도 괜찮습니다. 아이들에게 나타나는 대부분의 두통은 집에서 충분히 휴식을 취하고, 필요할 경우 진통제를 사용하면서 관리할 수 있습니다. 하지만 아이가 열이나 구토를 동반하고 다른 위험한 증상이 함께 나타나는 경우라면 병원에서 정확한 진찰을 받아보는 것이 좋습니다.

Q439 아이가 축구 수업을 하면 머리가 아프다고 해요. 왜 그럴까요?

A 아이가 운동을 하면 몸 안의 수분과 당이 떨어지면서 두통을 호소하는 경우가 있습니다. 운동하는 도중에 물을 충분히 마시게 해주고, 운동이 끝난 뒤에는 간식을 먹을 수 있도록 해주세요.

Q440 감기에 걸리면 머리가 아플 수 있나요?

A 감기에 걸리면 두통이 동반될 수 있습니다. 감기 초기에는 열이 나면서 두통이 나타나는 경향이 있는데 대체로 감기가 호전되면서 함께 좋아집니다.

Q441 심리적인 이유로도 두통이 나타날 수 있나요?

A 아이들도 스트레스와 고민이 있을 때 두통이 나타날 수 있습니다. 예를 들어 아이들이 유치원과 학교에 가기 싫을 때처럼 심리적인 이유로 두통을 호소하는 경우가 있습니다. 어른들은 이를 꾀병이라고 생각할 수 있지만, 아이들은 두통을 명확히 느끼고 있는 상태입니다. 이때는 두통의 원인이 되는 아이의 스트레스와 고민을 줄여주세요. 심리적인 이유가 해결되면 두통은 자연스럽게 없어질 수 있습니다.

Q442 아이가 두통을 자주 호소해요. 한의원에서 두통 치료를 할 수 있을까요?

A 두통을 자주 호소하는 아이는 기혈 순환이 원활히 이루어지지 않거나 오장육부의 기능에 문제가 있을 수 있습니다. 한의학에서는 두통의 원인에 따라 한약을 복용하고 침 치료를 하면서, 기혈 순환을

원활하게 하고 부족한 오장육부의 기능을 더해주는 치료를 합니다.

▌2. 복통

복통은 아이들에게 가장 잘 나타나는 통증이에요

아이들에게 나타나는 대부분의 복통은 별문제 없이 자연스레 좋아지거나, 적절한 치료를 받으면 좋아집니다. 아이가 복통을 호소할 때는 복통의 양상과 동반되는 증상을 주의 깊게 살펴주세요. 복통의 원인에 따라 도움이 되는 처치를 해주면 아이의 복통을 건강하게 관리할 수 있습니다.

복통은 여러 가지 원인으로 나타나요

아이들은 체하거나 장염, 변비, 심리적 요인과 같은 여러 가지 이유로 복통을 호소합니다. 이때는 원인에 따라 아이에게 도움이 되는 처치를 해주거나 약을 먹이면 복통은 잘 관리될 수 있습니다. 그리고 아주 드물지만 충수염이나 장중첩증, 장염전과 같이 치료하지 않으면 아이의 생명을 위협할 수 있는 질환에 의해서도 복통이 나타날 수 있습니다.

복통이 심하면 병원에서 정확한 진찰을 받아보세요

아이의 배에는 중요한 장기가 많고, 드물게는 장기에 심각한 문제가 생겼을 때 복통이 생기는 경우가 있습니다.

만약 아이의 복통이 심하고 다른 심각한 증상을 동반한 경우라면 바로 병원에 가서 정확한 진찰을 받아봐야 합니다.

Q443 아이가 자주 복통을 호소하는데 꾀병 같아요. 왜 그럴까요?

A 아이들은 유치원과 학교에 가기 전에, 또는 밥을 먹기 전에 복통을 호소하는 경우가 있습니다. 부모의 눈에는 꾀병 같아 보이지만, 아이들은 심리적인 원인으로 복통을 호소할 수 있고 정말 배가 아픈 상태입니다. 그러니 꾀병이라며 야단치기보다 아이가 왜 유치원에 가기 싫어하는지, 왜 밥을 먹기 싫어하는지를 살펴 함께 해결 방법을 찾아보는 것이 좋습니다. 또 배가 자주 아프다고 하는 아이들은 소화기계의 기능이 부족한 경우가 많은데, 한의학적으로 소화기계의 기능을 더해주는 방법도 도움이 될 수 있습니다.

Q444 아이가 요즘 대변을 보기 전에 종종 배가 아프다고 해요. 괜찮을까요?

A 아이들은 대변을 보기 전에 배가 아프다고 하는 경우가 있습니다. 대변을 보기 위한 장운동이 아이들에겐 불편한 상태로 느껴질 수 있습니다. 복통이 심하지 않고 대변을 본 뒤 복통이 없어진다면 걱정하지 않아도 됩니다. 그리고 대변이 딱딱해졌을 때나 며칠 동안 대변을 보지 못했을 때에도 아이가 복통을 호소할 수 있습니다. 이럴 때는 물을 충분히 마시게 해주고, 섬유질이 풍부한 과일과 채소를 많이

먹을 수 있도록 해주세요.

Q445 아이가 복통을 호소하면서 설사를 해요. 괜찮을까요?

A 아이가 복통과 함께 설사를 하면 장염일 가능성이 있습니다. 복통과 설사가 심하지 않으면 집에서 식생활 관리를 하며 지켜볼 수 있습니다. 하지만 설사를 계속 많이 한다면 병원에 가서 정확한 진찰을 받아보는 것이 좋습니다. 설사를 하면 수분 손실이 많아지므로 물을 충분히 마시게 하는 것이 중요합니다.

Q446 아이가 배가 아프다면서 토할 것 같나 봐요. 괜찮을까요?

A 아이가 체했거나 장염일 가능성이 있습니다. 아이가 식사 후에 복통과 오심을 호소하고 배꼽 위쪽을 만질 때 아파하면 체했을 가능성이 크고, 복통과 함께 구토와 설사가 나타나면 장염일 가능성이 큽니다. 복통이 지속되면 병원에서 정확한 진찰을 받아보세요.

Q447 충수염의 증상은 어떻게 나타나나요?

A 충수염으로 나타나는 복통은 먼저 배꼽 주위에서 시작해 배 오른쪽 아래 부위로 이동합니다. 배를 만지면 더 아프기 때문에 아이가 못 만지게 하면서 움직이지 않은 채 가만히 누워 있을 수 있고, 발열과 구토 증상이 함께 나타날 수 있습니다. 그러나 아이에게 전형적인 충수염 증상이 모두 나타나지 않는 경우도 많습니다. 충수염 증상이 의심되면 빨리 병원에 가서 정확한 진찰과 필요한 처치를 받게 해주세요.

Q448 장중첩증의 증상은 어떻게 나타나나요?

A 장중첩증은 장의 한 부분이 다른 부분으로 말려 들어간 상태입니다. 일반적으로 생후 2개월부터 만 2세 사이에 나타납니다. 장중첩증이 있는 아이는 다리를 끌어당기며 자지러지게 울다가 복통이 사라지면서 괜찮은 모습이 반복해서 나타납니다. 또 구토를 하거나 혈변을 볼 수 있고, 배에 덩어리 같은 것이 만져질 수 있습니다. 이러한 모습이 보이면 빨리 병원에서 정확한 진찰과 필요한 처치를 받게 해주세요.

Q449 아이가 자주 배가 아프다고 하는데, 한의원에서 치료가 가능할까요?

A 배가 자주 아픈 아이들은 소화기계의 기능이 약할 수 있습니다. 이런 아이들은 한의학적인 방법으로 약한 소화기계의 기능을 더 해주고 원활하게 해주는 치료를 해주면 됩니다. 아이의 약한 소화기계의 기능을 관리해주면 복통에 도움이 될 수 있습니다.

▌3. 성장통

저녁에서 밤 동안 아이의 다리에 통증이 나타나요

성장통은 만 2~12세 사이의 아이들에게 저녁과 밤 동안 다리에 나타나는 통증이고 허벅지와 종아리에 양측성으로 나타납니다. 통증이 심하면 아이는 잠들기 힘들 수 있지만, 대개 아침이 되면 통증은 사라집니다. 성장통은 아이가 낮에 많이 활동하면 더 심해지는 경향이 있고, 일반적으로 1~2년 정도 지속됩니다.

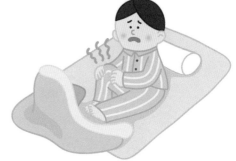

성장통의 원인은 아직 밝혀지지 않았어요
성장통은 아이들에게만 나타나기 때문에 아이의 성장을 원인으로 생각하지만, 사실 아이의 키 성장과는 관련이 없습니다. 아이의 키가 많이 자라는 시기에 성장통이 나타나는 것은 아니고, 성장통이 나타난다고 해서 아이의 키가 더 자라는 것도 아닙니다.

마사지와 찜질이 통증을 완화시켜줘요
성장통에는 마사지와 찜질이 많은 도움이 됩니다. 통증 부위에 마사지를 해주고, 따뜻한 찜질이나 족욕 또는 반신욕을 해주세요. 통증이 심해서 아이가 잠을 못 잘 경우에는 타이레놀이나 부루펜 같은 진통제를 먹이면 도움이 됩니다.

Q450 아이가 밤중에 자다가 다리가 아프다고 해요. 성장통일까요?
A 아이가 자다가 통증을 호소하면 성장통일 가능성이 큽니다. 성장통은 양쪽 다리 모두 아파하는데, 이때 마사지를 해주면 아이가 편해합니다. 낮에는 통증이 나타나지 않다가 아이가 활동을 많이 한 날에는 더 심해지는 경향이 있습니다.

Q451 아이에게 성장통이 있어요. 어떻게 해야 하나요?

A 성장통이 나타나면 아이가 잠들기 전에 다리 마사지를 해주세요. 따뜻한 찜질이나 족욕도 큰 도움이 됩니다. 성장통이 너무 심해서 잠들기 힘들 정도라면 진통제를 먹이세요. 성장통은 아이가 활동을 많이 한 날 심해지는 경향이 있기 때문에, 활동을 많이 한 날에는 잠들기 전에 미리 마사지와 족욕을 해주는 것도 도움이 됩니다.

Q452 낮잠을 잘 때도 성장통이 나타날 수 있나요?

A 성장통은 주로 밤에 나타나지만, 낮잠을 잘 때에도 나타날 수 있습니다. 그러나 낮에만 통증이 나타난다면 성장통인지 아니면 다른 원인으로 나타나는 통증인지 정확한 진찰을 받아보는 것이 좋습니다.

Q453 아이에게 성장통이 나타나는데, 키가 크려고 그러는 건가요?

A 성장통은 키와는 관계가 없습니다. 꼭 키가 클 때 성장통이 나타나는 것도 아니고, 성장통이 나타난다고 해서 아이의 키가 자라는 것도 아닙니다.

Q454 성장통 같은데 낮에도 아파하고 걸을 때 절뚝거려요. 괜찮을까요?

A 성장통은 낮에는 거의 나타나지 않고, 아이의 보행에 영향을 주지 않습니다. 아이가 걸을 때 절뚝거린다면 성장통이 아닐 가능성이 크기 때문에 병원에 가서 정확한 진찰을 받아보세요.

Q455 아이가 성장통을 자주 호소하는데 한의원에서 치료할 수 있을까요?

A 한의학에서는 근육의 긴장을 풀어주고 다리의 기혈 순환을 원활하게 해주면서 아이의 성장통을 치료합니다. 아이에게 성장통이 자주 나타나고 성장통으로 잠을 푹 자지 못하는 날이 많다면 한의학적 방법으로 치료해보세요. 한의학에서는 아이의 성장통 관리와 함께 지금 아이에게 부족한 부분을 더해주는 치료를 함께해줘서 아이의 건강관리에 많은 도움이 될 수 있습니다.

근골격 질환:
아이의 뼈와 근육이 이상해요

아이들의 뼈와 근육이 자라는 과정에서 아이의 몸이 이상하게 보일 때가 있습니다. 이러한 모습은 아이가 성장하는 과정에서 자연스럽게 나타나는 경우도 있지만, 빨리 병원에 가서 정확한 진찰과 필요한 처치를 받아야 하는 경우도 있습니다. 이 장에서는 아이의 뼈와 근육이 이상해 보일 때 어떻게 해야 하는지에 대해 살펴보겠습니다.

▌ 1. 고관절 탈구

아이의 고관절이 정상적으로 발달하지 못한 모습이에요

고관절은 허벅지의 뼈가 골반에 고정되는 관절인데, 이 고관절이 정상적으로 발달하지 못하면 허벅지 뼈가 골반에 단단히 고정되지 못해서 느슨한 상태로 있거나 탈구될 수 있습니다. 이러한 상태들을 모두 포함하여 발달성 고관절 이형성증이라고 부릅니다.

다리의 길이와 주름이 다르고, 다리가 잘 벌어지지 않아요

일반적으로 아이가 누웠을 때 양쪽 다리의 길이가 다르거나 무릎을 구부려 누울 때 양쪽 무릎의 높이가 다를 수 있고, 양쪽 엉덩이와 허벅지의 주름이 다르게 보일 수 있습니다. 그리고 생후 2~3개월 이후에 아이의 다리가 바깥쪽으로 잘 벌어지지 않을 때 발달성 고관절 이형성증을 의심할 수 있습니다.

　발달성 고관절 이형성증은 빨리 발견할수록 더 쉽게 치료할 수 있습니다. 6개월 이전에 발견하면 교정기를 사용해 치료할 수 있고, 6개월 이후에 발견하거나 교정기로 치료가 잘 안 될 경우에는 수술을 해야 할 수 있습니다. 만약 아이에게서 발달성 고관절 이형성증을 의심할 만한 증상이 보이면 병원에서 정확한 진찰을 받아보는 것이 좋습니다.

Q456　2개월 된 아기인데 양쪽 다리의 길이가 달라 보여요. 고관절

탈구일까요?

A 고관절 탈구가 있는 아이들은 양쪽 다리의 길이가 달라 보일 수 있습니다. 탈구된 다리가 짧아 보일 수 있고, 무릎을 구부리고 누웠을 때 탈구된 쪽의 무릎 높이가 더 낮아 보일 수 있습니다. 일단 병원에 가서 아이의 고관절 상태에 대한 정확한 진찰을 받아보세요.

Q457 3개월 된 아기인데 양쪽 허벅지 주름이 달라요. 괜찮을까요?

A 고관절 탈구가 있는 아이들은 엉덩이와 허벅지의 주름이 달라 보일 수 있습니다. 하지만 허벅지 주름이 달라 보인다고 해서 고관절 탈구가 있는 것은 아닙니다. 허벅지 주름보다는 아이가 엎드렸을 때, 양쪽 엉덩이 아래의 주름이 달라 보이는 모습이 나타나면 고관절 탈구를 의심할 수 있습니다. 하지만 양쪽 주름이 달라 보인다고 해서 꼭 고관절 탈구가 있는 것은 아닙니다. 일단 병원에서 아이의 고관절 상태에 대한 진찰을 받아보는 것이 도움이 될 듯싶습니다.

Q458 4개월 된 아기예요. 기저귀를 갈아주는데 한쪽 다리가 잘 벌어지지 않아요. 문제가 있는 건가요?

A 고관절 탈구가 있는 경우, 탈구된 다리가 바깥쪽으로 잘 벌어지지 않을 수 있습니다. 일단 병원에서 아이의 고관절 상태에 대한 진찰을 받아보세요.

Q459 5개월 아기인데 고관절에서 딸깍 소리가 나요. 고관절 탈구일까요?

A 👦 아이의 고관절에서 나는 딸깍 소리는 대체로 고관절 탈구를 나타내지 않습니다. 이때의 딸깍 소리는 어른들이 허리나 목을 돌릴 때 나는 소리와 비슷합니다. 따라서 탈구로 인한 것이 아닌 근육과 인대가 부딪쳐 나는 소리일 수 있습니다. 고관절이 탈구될 때 나는 소리는 이런 딸깍 소리보다 좀 더 둔탁합니다. 아이의 고관절이 바깥쪽으로 잘 움직이는지 다리 길이가 달라 보이지 않는지도 확인해보세요.

Q460 고관절 탈구를 예방하는 방법이 있을까요?

A 👦 고관절 탈구는 유전적으로 고관절을 연결하는 인대가 약한 아이들이, 엄마 배 속에 있을 때 또는 신생아기에 여러 환경적 요인에 의해 나타납니다. 특히 신생아기에 아이의 다리를 일자로 편 채 고정해서 키우면 아이의 고관절이 제대로 발달하지 못해 고관절 탈구의 가능성이 더 커질 수 있습니다. 따라서 아이가 다리를 양쪽으로 벌리고 자유롭게 움직일 수 있도록 해주는 자세가 아이의 고관절 발달에는 더 좋습니다.

▌2. 어깨 탈골

충격을 받으면 어깨가 빠질 수 있어요

아이가 침대나 놀이 기구에서 떨어져 어깨를 부딪히거나 충격을 받을 때 어깨가 빠질 수 있습니다. 어깨가 빠지면 아이는 통증을 호소하며 팔을 움직이지 못하고, 어깨 모양이 정상인 반대쪽과 달리 부드럽지 않고 각져 보이거나 탈골된 팔의 뼈가 튀어나와 보일 수 있습니다. 아이의 어깨가 빠진 것으로 생각되면 아이의 팔을 고정시킨 후 바로 병원에 가서 처치를 받아야 합니다. 병원에 가는 동안 어깨에 얼음찜질을 해주면 어깨 통증에 도움이 됩니다.

Q461 아이의 어깨가 빠진 것을 어떻게 알 수 있나요?

A 아이의 어깨는 높은 곳에서 떨어지거나 어깨에 충격을 받을 때 빠집니다. 이때 아이는 어깨를 움직이지 못하고 심한 통증을 호소할 수 있습니다. 어깨 모양은 정상인 반대쪽과 달리 부드럽지 않고 각져 보이거나 탈골된 팔의 뼈가 튀어나와 보일 수 있습니다.

Q462 아이의 어깨가 빠진 것 같아요. 어떻게 해야 하나요?

A 집에 있는 천이나 옷으로 팔걸이를 만들어 아이의 팔이 움직이지 않게 목에 고정시킨 후 바로 병원에 가야 합니다. 이때 부모가 아이의 어깨를 직접 바로잡으려 해선 절대 안 됩니다. 이런 시도는 오히려 아이 어깨 주변의 인대와 조직을 손상시킬 수 있고, 아이가 더 아파할 수 있습니다. 병원에 가는 동안 아이의 어깨 주위에 얼음찜질을 해주면 통증을 줄이는 데 도움이 됩니다.

Q463 아이의 어깨가 빠졌어요. 또 빠질 수 있나요?

A 어깨가 한 번 빠지면 어깨를 지지하는 근육과 인대가 약해져

서 다시 빠질 수 있습니다. 그러므로 어깨가 충격을 받지 않도록 조심하고, 아이의 어깨 근육을 튼튼하게 해주는 운동을 자주 하게 해주세요.

3. 팔 탈골

아이들은 팔이 잘 빠져요

아이들은 팔꿈치 관절을 잡아주는 인대가 약해서 팔이 빠지는 경우가 많습니다. 부모님이 아이의 팔을 갑자기 잡아당기거나 아이들이 놀면서 팔을 갑자기 비틀 때, 아이의 팔꿈치 관절에서 팔이 빠질 수 있습니다. 특히 부모님이 아이의 손을 잡고 걸을  때, 아이의 손을 잡고 팔을 갑자기 위쪽으로 당기면서 팔이 빠지는 경우가 많습니다.

팔이 빠지면 아이는 통증으로 많이 울 수 있어요

팔이 빠지면 심한 통증 때문에 아이들은 많이 울고 짜증을 낼 수 있습니다. 아이들은 팔이 빠졌을 때 일반적으로 빠진 팔을 살짝 구부려 몸 옆에 붙인 뒤 손바닥을 배로 향하고 손을 배 위에 올려놓는 자세를 합니다. 이때 아이의 팔을 펴거나 손바닥을 뒤집으면 통증을 호소합니다. 만약 아이의 팔이 빠졌다면 팔을 고정한 자세로 곧장 병원에 가세요. 이때 부모가 팔을 바로잡아주려 하면 안 됩니다. 정확한 방법으로 하지 않으면 오히려 통증이 더 심해질 수 있습니다. 병원에 가서 빠진 팔을 바로잡아주면, 아이의 통증은 곧 사라집니다. 아이의 상태에 따라 엑스레이 촬영을 할 수도 있습니다.

Q464 아이의 팔이 빠진 걸 어떻게 알 수 있나요?

A 팔이 빠지면 통증이 심합니다. 그래서 아이는 통증으로 많이 울고 보챌 수 있습니다. 또 팔을 움직이면 아프기 때문에 가장 아프지 않은 자세를 찾아 움직이지 않고 가만히 있을 수 있습니다. 보통 빠진 팔을 살짝 구부려 몸 옆에 붙인 뒤 손바닥을 배로 향하고 손을 배 위에 올려놓는 자세로 있습니다. 이때 아이의 팔을 펴거나 손바닥을 뒤집으면 아이가 통증을 호소할 수 있습니다. 외형상 붓거나 평소와 다른 모습이 보이지는 않습니다.

Q465 아이의 팔이 빠지면 어떻게 해야 하나요?

A 아이의 팔이 움직이지 않게 고정한 후 곧장 병원으로 가야 합니다. 병원에서 빠진 팔을 바로잡아주면 아이의 통증은 곧 사라집니다.

Q466 아이의 팔이 빠졌는데 또 빠질 수 있나요?

A 한 번 팔이 빠진 아이는 인대가 더 약해진 상태여서 다시 빠

지기 쉽습니다. 팔이 빠진 아이의 30% 정도가 다시 팔이 빠질 수 있고, 더 자주 빠지는 아이들도 있습니다. 그래서 부모님이 아이의 팔을 갑자기 당기지 말아야 합니다. 아이가 자라면서 인대가 튼튼해지면 만 4~5세 이후에는 팔이 잘 빠지지 않습니다.

4. 사경(목 틀어짐)

아이의 목 방향이 틀어지고 머리가 기울어진 모습을 사경이라고 합니다. 사경은 선천적 요인으로 나타나고, 보통 생후 한 달 사이에 보이게 됩니다. 아이에게 사경이 있으면 사경이 있는 목의 방향으로 수유하기 힘들 수 있고, 아이가 누워 있을 때 사경이 있는 쪽으로 목이 기울고 턱과 얼굴은 반대쪽을 향하게 됩니다. 그리고 사경이 있는 쪽의 목에서 덩어리가 만져질 수 있습니다.

목의 방향을 바로잡아주는 치료가 필요해요

사경은 목의 근육이 긴장되고 뭉쳐 있는 상태입니다. 그래서 근육의 긴장을 풀어주고 방향을 바로잡아주는 스트레칭과 운동을 꾸준히 해주면 대부분 돌 이전에 목의 방향이 바로잡힙니다. 만약 스트레칭만으로 좋아지지 않을 때는 수술이 필요할 수도 있습니다.

Q467 아이의 사경은 어떻게 알 수 있나요?

A 아이의 사경은 일반적으로 신생아기에 알 수 있습니다. 아이

가 사경이 있는 방향으로 수유하기 힘들거나 한쪽 방향으로만 자는 모습이 나타납니다. 그리고 반대쪽으로 수유하거나 고개를 돌리면 힘들어할 수 있습니다. 사경일 경우 아이의 목 옆쪽 근육에서 덩어리가 만져질 수 있습니다. 아이의 사경이 의심되면 병원에서 정확한 진찰을 받아보세요.

Q468 사경은 왜 생기나요?

A 사경은 엄마 배 속에서 아이의 자세가 바르지 못했거나 또는 출산 시에 목의 근육이 손상을 받아 나타날 수 있지만, 아직 사경의 원인이 명확히 알려져 있지는 않습니다. 그리고 아이의 사경은 선천적으로 나타나지만, 유전이 되지는 않습니다.

Q469 사경이 있는 아이인데 어떤 스트레칭을 어떻게 해주는 것이 좋은가요?

A 스트레칭은 두 가지 방법으로 이루어집니다. 먼저 아이의 목을 부모님의 팔로 잘 지지한 상태로 아이의 머리를 사경이 있는 방향으로 회전시켜 아이의 턱이 사경이 있는 쪽의 어깨에 닿게 해주세요. 두 번째는 아이의 목을 사경이 있는 반대 방향으로 기울여 귀가 반대쪽 어깨에 닿게 해주세요. 이런 스트레칭을 15~20회 씩 하루에 4~6차례 정도 꾸준히 반복해주세요.

Q470 스트레칭은 얼마 동안 해줘야 효과가 있나요?

A 아이의 스트레칭은 몇 개월 동안 지속해야 효과가 나타납니

다. 그리고 아이의 사경을 빨리 발견해서 스트레칭을 빨리 시작할수록 더 빨리 좋아질 수 있습니다. 스트레칭을 꾸준히 해주면 대부분 돌이전에 목의 방향이 바로잡힙니다. 스트레칭만으로 효과가 없다면 수술을 고려할 수 있습니다.

Q471 스트레칭 말고 사경에 도움이 되는 방법이 있을까요?

A 아이를 자주 엎드리게 해주세요. 터미 타임Tummy time이라는 방법이 있는데, 엎드린 자세에서 고개를 아이 스스로 들게 해서 목의 근육을 강하게 해주는 운동으로 사경에 효과를 줄 수 있습니다. 이러한 터미 타임은 신생아 시기부터 하루에 몇 분 정도 2~3차례씩 해볼 수 있습니다. 평소에 항상 위를 보고 누워 있는 자세는 사경에는 도움이 되지 않습니다. 단, 터미 타임을 할 때는 꼭 주변 환경이 안전한지 확인하고 부모님의 감독 하에 해주세요. 그리고 터미 타임이 끝나면 꼭 다시 원래대로 뒤집어줘야 합니다.

5. 오 다리

자라면서 다리 모양이 계속 변해요

아이가 태어날 때 다리 모양은 오 다리입니다. 그러다 아이가 걷기 시작하면 오 다리의 모양이 더 심해집니다. 18~24개월 사이에 아이의 다리는 일자로 변하고, 24개월 이후에는 아이의 다리가 바깥쪽으로 벌어지면서 X자가 되고 만 4세쯤 가장 심해집니다. 만 4세 이후에는 다리가 다시 안으로 모이면서 만 7세쯤에는 일자 모양의 다리로 변합니다.

오 다리와 X자 다리는 자연스러운 성장 과정이에요

출생 때부터 만 2세 사이에 오 다리가 나타나고 양측이 대칭적인 모양이면서 키가 잘 자라고 있다면 아이의 오 다리는 정상적인 성장 과정에서 나타나는 모습입니다. 또 만 2세부터 5세 사이에 X자 다리가 나타나고 양측이 대칭적인 모양이면서 키가 잘 자라고 있다면 X자 다리는 정상적인 성장 과정에서 나타나는 모습입니다. 대부분의 오 다리와 X자 다리는 아이가 자라면서 자연스럽게 좋아집니다.

Q472 오 다리가 문제 되는 경우는 어떻게 확인하나요?

A 아이의 발을 붙여서 누웠을 때, 무릎 사이 간격이 6cm 이상이거나 만 3세 이후에도 오 다리가 지속되는 경우 그리고 한쪽만 오 다리가 나타나거나 비대칭으로 나타난다면 병원에서 정확한 진찰을 받아보는 것이 좋습니다.

Q473 X자 다리가 문제 되는 경우는 어떻게 확인하나요?

A 아이가 무릎을 붙이고 섰을 때, 발 사이 간격이 8cm 이상이거나 만 4~5세 이후에도 X자 다리가 더 심해지고 만 7세 이후까지 지속될 때 그리고 한쪽만 X자 다리가 나타나거나 비대칭으로 나타나

고, 아이의 키가 아주 작은 경우엔 병원에서 정확한 진찰을 받아봐야 합니다.

Q474 아이가 일찍 걸었는데 오 다리가 심해요. 다리에 무리가 간 걸까요?

A 아이가 걷기 시작하면 오 다리는 더 심해집니다. 그리고 빨리 걷는 아이들은 더 심해지는 경향이 있습니다. 하지만 아이가 빨리 걸어서 다리에 무리가 간 것은 아니고 아이의 성장 과정에서 자연스럽게 나타나는 모습입니다. 아이가 걸으면서 당분간 오 다리가 더 심해질 수 있지만, 만 2세 정도가 되면 아이의 다리는 다시 일자로 변합니다.

Q475 아이가 오 다리예요. 쭉쭉이가 도움이 될까요?

A 오 다리는 아이들에겐 자연스러운 성장 과정입니다. 따라서 무리하게 쭉쭉이를 해줄 필요는 없습니다. 그러나 아이의 오 다리가 문제 있어서 나타나는 모습인지 확인하고 별다른 문제가 없다면 아이의 운동 기능이 발달하고 뼈와 근육이 튼튼하게 자라기를 지켜봐주세요.

외상:

아이가 다쳤어요

아이들은 자라는 동안 부딪히고 넘어지면서 여러 번 다칩니다. 아이가 다쳐서 울면 부모의 마음도 속상하고 많이 놀라지만, 아이가 다쳤을 때 빠른 대처를 위해서는 아이의 상태를 침착하게 파악해야 합니다. 이 장에서는 아이가 다쳤을 때 당황하지 않고 어떻게 대처할 수 있는지에 대해 살펴보겠습니다.

1. 머리 외상

아이들은 자라면서 머리를 잘 부딪혀요

아이들은 자라면서 머리를 잘 부딪힙니다. 아이가 머리를 부딪히면 많이 놀라고 울 수 있지만, 아이가 머리를 부딪혀서 심각한 문제가 나타나는 경우는 거의 없습니다. 아이의 두개골은 아이의 두뇌를 단단하게 보호하고 있기 때문에, 머리를 부딪히는 자극은 대부분 아이의 두뇌에 별다른 문제를 일으키지 않습니다.

아이가 머리를 부딪히면 이렇게 해주세요
아이가 머리를 부딪히면 많이 놀라서 울 수 있습니다. 먼저 아이를 잘 달래주고, 아이가 진정되면 눕혀서 진정시킨 후 아이에게 평소와 다른 모습이 있는지 꼼꼼히 살펴봐주세요. 그리고 아이가 부딪힌 부분에 상처나 혹이 생겼는지 살펴보고, 아이가 아파하면 얼음찜질을 해주세요. 아이가 높은 곳에서 떨어져 몸을 함께 부딪혔으면, 팔다리와 몸을 만져보고 움직여보면서 골절이나 탈구가 된 부분이 없는지 살펴봐주세요.

머리를 부딪힌 뒤 다음과 같은 증상을 보이면 병원에 가야 해요
6개월 이하의 아이들은 증상을 명확히 표현하지 못하기 때문에 아이가 구토를 2회 이상 하거나 의식을 잃거나 경련을 하는 경우, 두통이 심하거나 아이가 잘 못 걷고 평소처럼 말하지 못하고 다른 모습을 보이면 병원에서 정확한 진찰을 받아야 합니다.

Q476 머리를 부딪히면 뇌에 손상이 생기나요?

A 아이가 머리를 부딪히면 많이 놀라서 울 수는 있지만, 아이의 뇌에 영향을 주는 경우는 거의 없습니다. 만약 아이가 의식을 잃거나 경련을 하는 경우, 구토와 두통이 심하거나 평소와 다른 모습을 보인다면 병원에서 정확한 진찰을 받아보세요.

Q477 아이가 머리를 부딪혀 혹이 생겼어요. 괜찮을까요?

A 아이가 머리를 부딪히면 두개골 바깥의 두피 아래에 약간의 출혈이 생기면서 혈종이 나타날 수 있습니다. 조그만 혹은 시간이 지나면 자연스럽게 줄어듭니다. 혹의 크기가 3cm 이상이면 병원에서 정확한 진찰을 받아보는 것이 좋습니다.

Q478 아이가 머리를 부딪히고 나서 두통을 호소해요. 괜찮을까요?

A 아이가 머리를 부딪힌 후 두통을 호소하는 경우가 있습니다. 그러나 두통이 심하지 않고 점차 줄어든다면 걱정하지 않아도 됩니다. 하지만 두통이 지속되고 점점 심해지거나 두통과 함께 다른 증상이 보인다면 병원에서 정확한 진찰을 받아보는 것이 좋습니다.

Q479 아이가 머리를 부딪히고 구토를 한 번 했는데, 괜찮을까요?

A 아이가 머리를 부딪히고 한 번 정도 구토하는 것은 괜찮습니

다. 하지만 계속 구토를 하거나 다른 증상이 동반된다면 병원에서 정확한 진찰을 받는 것이 좋습니다.

Q480 아이가 머리를 부딪힌 후, 울더니 계속 자요. 괜찮을까요?

A 아이가 머리를 부딪히면 많이 놀라서 울다가 잠들 수 있습니다. 아이가 잠든 동안에는 두세 시간마다 한 번씩 깨워서 아이가 부모를 알아보고 평상시처럼 행동하는지 살펴보세요. 만약 아이의 의식과 반응이 평소와 다르다면 병원에서 정확한 진찰을 받아야 합니다.

Q481 머리를 부딪히고 증상이 늦게 나타나는 경우도 있나요?

A 아이가 머리를 부딪히면 2~3일 정도는 주의 깊게 살펴봐야 합니다. 머리를 부딪히고 증상이 늦게 나타나는 경우도 있습니다. 아이의 의식과 행동, 인지가 정상인지, 혹시 경련을 하거나 구토와 두통이 심한지 확인하고, 아이가 계속 울거나 몸 상태가 평소와 다르다면 병원에서 정확한 진찰을 받아보는 것이 좋습니다.

Q482 아이가 머리를 부딪힌 뒤로 자면서 깜짝깜짝 놀라요. 괜찮을까요?

A 아이들에게 머리를 부딪히는 일은 아이에게는 정말 놀라운 경험입니다. 아이들이 이렇게 놀라는 경험을 하면 자면서 깜짝깜짝 놀라는 모습이 나타날 수 있습니다. 하지만 시간이 지나면 줄어들기 때문에 걱정하지 않아도 됩니다. 아이가 깨어 있는 동안은 부모님이 아이 곁에 있다는 안정된 느낌을 갖도록 해주세요.

2. 발목 염좌

발을 삐끗하면 발목의 인대를 다쳐요

아이가 발목을 삐끗하면 발목 관절이 정상 운동 범위 이상으로 과도한 힘을 받게 됩니다. 그래서 발목 관절을 이루고 있는 인대가 늘어나고 심한 경우 찢어지게 됩니다. 발목 관절 인대에 손상이 생기면 발목이 부으면서 통증이 생기고, 아이가 걷기 힘들 수 있습니다. 다친 인대가 다시 원래 상태로 회복하려면 발목의 움직임을 줄이고, 충분한 휴식을 취해야 합니다. 발목의 움직임을 줄이기 위해 지지 밴드나 붕대를 사용하면 도움이 됩니다. 발목이 삔 부위에 압박 붕대를 감아주거나, 아이가 잘 때 다리 아래에 베개나 쿠션을 받쳐주면 부기를 줄일 수 있습니다.

처음에는 시원한 찜질을 해주세요

발목을 삐고 며칠 동안은 발목이 붓고 통증이 나타납니다. 처음 2~3일 동안은 시원한 찜질을 해주세요. 시원한 찜질은 부기와 통증을 줄여줄 수 있습니다. 부기와 통증이 가라앉으면 이후에는 따뜻한 찜질로 바꿔주세요. 따뜻한 찜질은 손상된 인대의 회복을 도와줍니다.

Q483 아이가 발목을 삐끗했는데 시원한 찜질과 따뜻한 찜질 중 무엇을 해줘야 하나요?

A  발목을 삐고 2~3일 동안은 시원한 찜질이 좋습니다. 시원한 찜질은 발목을 삔 초기에 나타나는 부기와 통증에 도움이 됩니다. 그리고 부기와 통증이 줄어들면, 따뜻한 찜질로 바꿔주면 됩니다. 따뜻한 찜질은 다친 인대의 회복을 도와줍니다.

Q484 아이가 발목을 삐었는데 오후에 축구 수업이 있어요. 해도 될까요?

A 체중의 부하가 걸리는 발목 인대가 다친 상태이기 때문에 가능하면 발목을 사용하지 않고 이틀 정도 충분한 휴식을 취하는 것이 좋습니다.

Q485 아이가 발목을 삐었는데 X-ray를 찍어야 할까요?

A 아이가 다리를 삐면 대부분 인대를 다치는데, X-ray를 통해서 확인하는 것은 뼈의 골절입니다. 그래서 아이가 다리를 삐었을 때 X-ray를 찍어야 하는 경우는 많지 않습니다. 만약 아이가 가만히 있어도 발목을 삔 부위의 통증을 호소하고, 삔 부위를 만졌을 때 아파하거나 몇 걸음 이상 걷지 못할 정도로 증상이 심할 때는 병원에서 정확한 진찰을 받고 X-ray 촬영을 해보세요.

Q486 아이가 발목을 삐었는데 약을 먹으면 빨리 나을까요?

A 발목을 삐었을 때 빨리 낫게 해주는 약은 없습니다. 발목을

삔 부위를 사용하지 않고 충분한 휴식을 취하면 시간이 지나면서 자연스레 낫습니다. 만약 아이가 통증을 많이 호소한다면 통증을 줄여주는 진통제를 먹이세요.

Q487 아이가 발목을 삐었는데 침을 맞으면 도움이 될까요?

A 한의학의 침 치료는 다친 인대와 발목 근육의 혈자리를 자극하여 인대가 빨리 회복하는 데 도움이 됩니다. 침 치료는 아이가 발목을 다친 초기에 두세 차례 정도 받도록 해주세요. 그리고 찜질을 하고 휴식을 취하면 아이의 발목이 더 빨리 회복할 수 있습니다.

Q488 아이가 발목을 삐었는데 언제쯤 좋아질까요?

A 아이가 발목을 삔 정도에 따라 회복 시간이 달라집니다. 아이가 발목을 가볍게 삐었고 걸을 때 약간의 통증을 느끼는 정도라면, 보통 1~2주 사이에 좋아질 수 있습니다.

Q489 아이가 예전에 삔 부위를 자꾸 삐어요. 괜찮을까요?

A 아이가 한 번 다리를 삐어서 다친 인대는 다시 삐기가 쉽습니다. 그래서 자주 다리를 삐는 아이는 발목 주위의 근육을 튼튼하게 해주는 운동이 도움이 됩니다. 아이가 발목 근육을 사용하는 스트레칭을 자주 하도록 해주세요. 그리고 발 사이즈에 맞는 신발을 신고 운동할 때는 발목을 단단히 고정해주세요.

3. 상처

다친 부위는 먼저 깨끗한 물로 씻어주세요

아이에게 상처가 났을 때는 먼저 다친 부위를 흐르는 물에 깨끗이 씻어주세요. 물은 따뜻한 수돗물을 사용하면 됩니다. 물로 상처를 깨끗하게 씻으면 세균이나 먼지, 이물질 등이 상처를 통해 몸속에 들어오는 것을 줄일 수 있습니다. 만약 상처에서 피가 나면 마른 거즈나 수건을 이용해서, 상처를 꾹 눌러서 지혈해주세요.

상처를 소독하지 마세요

아이의 상처를 베타딘과 같은 소독약으로 소독하면, 나쁜 세균뿐 아니라 우리 몸의 정상 세포와 좋은 세균도 함께 죽입니다. 오히려 상처의 회복을 더디게 할 수 있습니다. 그래서 예전과는 다르게 이제는 상처를 소독하지 않고 물로만 깨끗하게 씻어줍니다. 상처에 바르는 연고역시 항생제 성분이 포함되어 있지 않은 연고를 사용하는 것이 좋습니다.

상처에서 진물이 나면 습윤 밴드를 사용하세요

출혈이 있고 진물이 나는 상처에는 습윤 밴드가 도움이 됩니다. 습윤밴드는 상처를 외부 자극으로부터 보호하고 상처를 촉촉한 상태로 유지해줘서 빨리 회복하도록 도와줍니다. 상처의 크기에 맞게 습윤 밴드를 잘라 붙여주고, 2~3일에 한 번 교체해주세요. 진물이 나지 않고 어느 정도 새살이 차오를 때까지 붙여주면 됩니다.

Q490 아이가 다쳤어요. 빨간약으로 소독해야 하나요?

A 이제는 더 이상 다친 부위를 빨간약으로 소독하지 않습니다. 소독은 나쁜 세균뿐 아니라 몸의 정상 세포와 좋은 세균까지 함께 죽여 아이의 상처 회복을 더디게 할 수 있습니다. 아이의 상처는 물로 깨끗이 씻어주고 아이가 더러운 손으로 만지지 않도록 주의해주세요.

Q491 4개월 아기가 얼굴을 긁어서 상처가 생겼어요. 어떻게 해야 하나요?

A 4~6개월의 아기들이 손을 움직이기 시작하면서 얼굴을 긁어 상처가 생기는 경우가 많습니다. 아이의 깨끗한 얼굴에 상처가 생기면 부모님은 많이 속상합니다. 다행히 아이의 피부는 회복력과 재생력이 좋아서 시간이 지나면 대부분 흉터 없이 깨끗하게 낫습니다. 평소에 아이가 긁어서 상처가 생기지 않게 아이의 손톱을 깨끗하게 잘라주세요.

Q492 아이가 넘어져서 입술을 다쳤어요. 어떻게 해야 하나요?

A 입술은 혈관의 분포가 많아 다치면 피가 많이 날 수 있지만, 그만큼 빨리 회복할 수 있습니다. 상처 부위는 물로 깨끗이 씻어주고, 상처엔 항생제가 들어 있지 않은 연고를 발라주세요. 아이가 밥 먹을 때 입을 벌리면서 아파하면 바셀린이나 립밤을 발라주면 도움이 됩니다.

Q493 아이가 넘어져서 다리를 다쳤어요. 어떻게 해야 하나요?

A 먼저 상처 부위에 이물질이 없도록 물로 깨끗하게 씻어주세요. 피가 나면 마른 거즈나 수건으로 꾹 눌러서 지혈한 뒤 습윤 밴드를 상처 크기에 맞게 잘라서 붙여주세요. 그전에 연고를 발라주는 것도 좋습니다. 연고는 항생제가 포함되지 않은 제품을 사용해주세요. 만약 상처가 크고 지혈되지 않을 때는 병원에서 정확한 진찰을 받아보세요.

Q494 습윤 밴드는 여러 종류가 있는데, 어떤 밴드가 좋은가요?

A 습윤 밴드는 폼 타입과 하이드로콜로이드 타입의 두 가지가 있습니다. 폼 타입은 두께가 두껍고 잘 흡수하는 장점이 있어서 진물이 많이 나는 상처에 좋고, 메디폼과 같은 제품이 있습니다. 하이드로콜로이드 타입은 두께가 얇고 밀착성이 좋지만 진물을 흡수하는 기능은 조금 떨어집니다. 그래서 가벼운 상처에 붙여주면 좋고, 듀오덤이나 이지덤과 같은 제품이 있습니다.

Q495 진물이 나지 않는데 습윤 밴드를 붙이지 않아도 괜찮을까요?

A 진물이 거의 없는 가벼운 상처에는 습윤 밴드를 사용하지 않아도 괜찮습니다. 하지만 습윤 밴드를 사용하면, 상처에 아이의 손이 닿지 않고 촉촉한 환경을 유지해서 상처가 빨리 낫게 해줍니다. 이때는 하이드로콜로이드 타입의 밴드를 사용하면 도움이 됩니다.

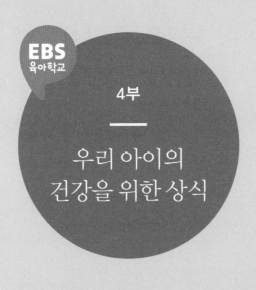

EBS
육아학교

4부

—

우리 아이의
건강을 위한 상식

1장

아이를 키울 때 알아두면 좋은
소아 한방 Q&A

Q496 아이가 감기에 걸렸는데 한약을 먹여도 되나요?

A 고열이 나거나 심한 감기가 아니라면 항생제나 해열제 등의 처방 없이도 한방약으로 감기를 치료할 수 있습니다. 감기는 바이러스성 질환으로, 감기 바이러스 자체를 치료하는 약은 아직 없습니다. 병원에 갔을 때 처방해주는 약들은 기침이나 가래, 열 등의 증상을 잠시 가라앉혀주는 대증 치료인 데 비해, 한방에서 감기를 치료하는 원리는 단순히 증상을 잠재우는 것에서 벗어나 몸이 스스로 감기를 이겨낼 수 있도록 부족한 오장육부의 기운을 도와주는 것을 겸하고 있습니다. 한방약은 독한 약을 오래 사용했을 때의 부작용 없이 감기를 스스로 이겨낼 수 있도록 도와줍니다. 요즘은 탕약 형태의 한약 이외

에 의료보험이 적용되면서 편하게 먹일 수 있는 과립제 형태의 한약도 나와 있으므로 한의원에 가서 진단한 뒤 처방받으면 됩니다.

또한 감기와 같은 질병에 걸리고 나면 인체 내의 기운이 흐트러져 예전보다 밥을 잘 먹지 않으려 할 수도 있고, 감기는 나았지만 기운이 떨어질 수도 있고, 잠을 잘 자지 못할 수도 있습니다. 감기 끝에 흐트러진 기운을 바로 정돈시켜주는 치료를 해주면 감기에 자주 걸리는 것을 막아줄뿐더러, 아이의 성장에도 도움이 됩니다.

Q497 돌이 안 된 아이에게 한약을 먹여도 괜찮은가요?

A 아직 어린 아이에게 한약을 먹여도 되는지, 혹시 한약을 먹이면 뚱뚱해지는 건 아닌지 한약에 대한 잘못된 속설로 한약을 먹일 때 걱정하는 엄마들이 종종 있습니다. 한의사의 진찰 후에 처방을 받는다면 돌 전의 아이라도 문제 될 것이 없습니다. 한약에 쓰이는 재료는 자연에서 나는 풀, 뿌리 등이라 우리 몸에 부담이 훨씬 작은 데다 자주 복용한다고 해서 내성이 생기지 않습니다. 특히 어린아이에게 한약을 쓸 때는 매우 순한 약재를 사용하므로 걱정하지 않아도 됩니다.

Q498 보약은 언제부터 먹이는 게 좋을까요?

A 아이는 생후 6개월이 지나면 엄마에게 받은 면역력이 떨어지기 시작해 감기 등의 잔병치레를 자주 합니다. 그러므로 돌을 전후해서 보약을 먹이면 부족해진 면역력을 보충해주고 아이가 체질적으로 약하게 타고 태어난 오장육부의 기운을 도와줄 수 있습니다.

Q499 보약은 어떤 계절에 먹이면 좋은지 알려주세요.

A 기본적으로 보약은 봄이나 가을 같은 환절기에 복용하는 것이 좋습니다. 기운이 급변하는 시기에 몸의 면역력을 도와주고 오장육부의 균형을 조절해주면 더운 여름과 추운 겨울을 아프지 않고 잘 넘길 수 있게 도와줄 수 있습니다.

그러나 환절기에만 보약을 복용해야 한다는 원칙이 있는 것은 아닙니다. 아이마다 허약한 오장육부로 인해 그 증상이 나타나는 시기가 조금 다를 수 있습니다. 유독 여름만 되면 밥맛을 잃고 힘들어하는 아이가 있는가 하면 봄, 가을에 비염 등의 알레르기 증상이 심해져 힘들어하는 아이도 있습니다. 이런 경우에는 아이의 증상이 나타나는 계절이 오기 전에 미리 몸을 보호해주면 그 시기를 좀 더 쉽게 넘길 수 있습니다.

Q500 아이가 땀이 많은데 더울 때 먹이면 땀으로 나가서 효과가 없다는 이야기를 들었어요. 여름에 한약을 먹으면 효과가 없나요?

A 너무 더울 때 약을 먹이면 효과가 없다는 속설이 있지만, 과거에는 지금처럼 에어컨이나 냉장고가 있는 시대가 아니라 여름 무더위를 오롯이 그냥 버텨낼 수밖에 없어 만들어진 속설입니다. 요즘은 오히려 여름에 더위보다는 냉방병이나 찬 음식으로 인한 배앓이를 걱정해야 하는 시대입니다.

한방에서는 여름을 잘 보내야 가을, 겨울까지 건강하게 보낼 수 있다고 봅니다. 특히 땀이 많은 아이라면 원기가 손상되지 않도록 여름을 잘 보내는 것이 더욱 중요합니다. 더운 여름에 땀이 많이 나고 지친다면 여름에 하는 한약 치료가 오히려 여름을 더 잘 보내도록 도움을 줄 수 있습니다. 무더위에 한약 먹는 것을 힘들어할 때는 한약을 차처럼 먹이는 것도 한 방법입니다. 오미자 같은 약재를 여름철에 묽게 끓여 물처럼 먹을 수 있도록 해주면 땀으로 빠져나간 진액을 보충해주고 원기를 회복시키는 데도 도움이 됩니다.

Q501 어린이용 홍삼을 먹어도 괜찮은가요?

A 시중에 아이들이 먹기 편하고, 맛도 좋게 나온 홍삼 제품이 많습니다. 아무리 인삼의 부작용을 없애기 위해 쪄서 만들었다고 해도, 홍삼 역시 인삼이기 때문에 인삼의 기본 성질은 남아 있습니다. 홍삼이 잘 맞는 아이들에게는 문제가 되지 않겠지만, 아이들마다 체질이 달라서 열이 많은 아이라든가 홍삼이 안 맞는 체질의 아이들은 홍삼을 장기 복용했을 때 두통이나 어지러움, 화끈거림이나 가슴 답답함, 피부 발진 등의 부작용이 나타날 수 있습니다. 또 아이들 먹기 좋게 만들어진 홍삼 제품에는 각종 첨가물이나 설탕 등을 넣기 때문에 꾸준히 복용하는 것은 좋지 않습니다.

　아이에게 홍삼이나 보약을 먹일 때는 아이의 성장에 좋다고 무턱대고 먹이기보다는 아이의 체질을 진단한 후에 먹이는 것이 좋습니다. 아이가 어떤 체질로 태어났는지, 어떤 오장육부의 기능이 약한지, 지금 특별히 아픈 곳은 없는지에 따라 아이에게 필요한 보약 처방은 달라집니다. 한두 번 먹는 것은 큰 상관이 없지만, 장기적으로 먹는다면 오히려 아이의 성장에 방해를 줄 수 있으므로 꼭 전문가와 상의한 후에 먹이는 것이 좋습니다.

Q502 보약을 먹여볼까 하는데, 아이가 안 먹을까 봐 걱정입니다.

A 아이들에게 한약 처방을 할 때는 어른에게 쓰는 약재보다 비교적 덜 쓰고 순한 약재를 사용합니다. 그래서 많은 엄마들이 걱정하는 것보다 훨씬 더 쉽게 약을 먹는 아이들이 많습니다. 종종 맛있다고 이야기하는 아이들도 있습니다. 하지만 아이가 조금이라도 쓴맛을 전혀 먹으려 하지 않는다면 약에 조청을 섞어 먹여보세요. 조청을 섞어도 약효는 달라지지 않으므로 걱정하지 않아도 됩니다. 꿀은 피하는 것이 좋습니다. 돌 전의 아기에게 꿀을 먹이는 것은 위험할 수 있고, 꿀은 열이 많은 음식이라 약효에 영향을 미칠 수 있습니다. 만약 아이가 이렇게 해도 한약을 먹으려 하지 않는다면, 그때는 증류 한약으로 시도해보세요. 증류 한약은 일반 한약보다 추출 과정도 복잡하고, 양이 더 많지만 아이가 거부감 없이 먹을 수 있습니다.

Q503 보약을 먹고 있는데 아기가 음식을 잘못 먹었는지 갑자기 장염에 걸렸어요. 장염약을 처방받았는데 보약을 같이 먹여도 될까요?

A 아이가 보약을 먹는 도중 감기나 장염 등에 걸렸거나 열이 난다면, 이때는 보약 먹이는 것을 잠시 멈추고 아이가 불편해하는 것부터 집중적으로 치료하는 게 좋습니다. 아이가 체했을 경우에도 마찬가지로 체기가 내려갈 때까지 보약 먹이는 것을 잠시 중단하세요. 증상이 좋아지면 그때부터 다시 보약을 먹이면 됩니다.

Q504 아이의 성장에 녹용이 도움이 되나요?

A 녹용은 원기를 보충해주고 면역력을 도와주는 약재 중 하나입니다. 녹용의 성질 중에 위로 뻗어나가는 강한 힘은 아이들의 성장을 촉진하는 데 매우 효과가 좋은 것으로 알려져 있습니다. 하지만 그만큼 약성이 강하기 때문에 녹용을 쓸 때는 전문가의 진단이 꼭 필요합니다. 또 모든 아이에게 잘 맞고 효과가 좋은 것이 아니며, 체질적으로 녹용이 맞지 않는 아이도 있으므로 가정에서 임의로 녹용만 달여 먹는 것은 문제가 될 수 있습니다. 전문가의 진단을 받아 제대로 처방해서 녹용을 사용하면, 다른 아이들보다 성장이 느리거나 밥을 잘 먹지 않는 아이, 잔병치레가 잦은 아이들에게 양기를 보충해주고 뼈의 성장을 도와 아이가 건강하게 클 수 있도록 도와줍니다.

Q505 선물로 생녹용을 받았어요. 녹용이 아기 성장에 좋다고 들었는데, 집에서 달여 먹여도 괜찮을까요?

A 생녹용을 직접 구해 먹는 것은 위험합니다. 시중에서 약재가 아닌 식품으로 구하는 녹용은 약용으로 쓰는 것과 원산지가 다를 수 있고, 안전성을 보장할 수 없습니다. 또 생녹용은 부패가 빨라서 잘못 보관했을 경우 쉽게 상할 수도 있으므로 특히 조심해야 합니다. 녹용처럼 약효가 좋은 약재는 용량도 신중하게 결정해야 합니다. 나이와 체격, 증상 등에 따라 아이에게 필요한 양이 저마다 달라 무조건 많이 넣는다고 좋은 것도 아닙니다. 아이에게 녹용을 지어줄 때는 절대 임의로 처방하지 말고 제대로 된 처방을 받아서 먹여야 합니다.

Q506 아이가 땀을 많이 흘리는데, 홍삼을 먹여도 괜찮을까요?

A 홍삼은 면역력을 키우는 데 많은 도움이 될 수 있지만, 열이 많은 아이들에게는 맞지 않습니다. 아이들이 땀을 많이 흘리는 것은 원기가 약해서일 수도 있고, 속열이 있기 때문일 수도 있습니다. 원인이 속열로 인한 것이라면 홍삼은 복용하지 않는 게 좋습니다. 아이가 땀을 많이 흘리는 원인이 무엇인지부터 찾아야 합니다.

Q507 한약을 먹을 때 금기 음식을 먹으면 절대 안 되나요? 문제가 생길까 봐 겁이 납니다.

A 한약을 먹으면서 못 먹게 하는 음식들이 많아서 한약 복용을 꺼리는 분들이 종종 있습니다. 그래서 한약을 처방할 때 기본적으로 피하면 좋은 음식들을 알려주는데 대표적인 것이 돼지고기나 닭고기 등의 육류, 유제품, 밀가루 음식, 녹두나 숙주 등입니다. 녹두나 숙주는 해독 작용이 있어 한약의 효과를 중화시킬 수 있으며 육류나 인스턴트, 밀가루 음식, 유제품 등은 소화 기능을 떨어뜨려 한약이 제대로 흡수되는 것을 방해하기 때문입니다. 가능한 한 이런 금기 음식들을 지키는 것이 좋지만, 한두 번 먹는다고 큰일이 생기는 것은 아닙니다. 특히 아이에게 약을 먹일 때는 조금이라도 문제가 생기지 않을까 걱정하게 되는데요. 주의해야 할 음식을 먹는다고 해서 크게 부작용이 생기는 것도 아니고, 한두 번 먹었다고 해서 한약의 약효가 없어지는 것도 아닙니다. 어쩔 수 없이 몇 번 먹었다면 다음에는 좀 더 신경 써서 피해주는 것만으로 충분합니다.

Q508 아이가 편도염에 자주 걸리는데, 집에서 할 수 있는 방법을 알려주세요.

A 한의학에서는 편도가 위치한 부위를 신장이 주관하는 곳으로 봅니다. 아이가 편도선염에 자주 걸린다면 물을 주관하는 신장의 기운이 약해지면서 화가 치솟아 염증이 잘 생기는 것으로 볼 수 있습니다. 이때는 신수를 보충하고 화기를 내려주는 치료와 염증을 가라앉히는 치료를 병행하면 아이가 편도염에 자주 걸리는 것을 예방할 수 있습니다.

그리고 편도가 부었을 때 집에서 할 수 있는 관리법으로는 아이스크림이나 얼음물 같은 찬 것을 피하고 따뜻한 물을 수시로 조금씩, 천천히 마시게 하면 도움이 됩니다. 도라지와 감초를 함께 넣어 달인 차도 좋습니다. 평소 스카프나 손수건을 둘러 목을 따뜻하게 해주고, 바람이 불거나 추운 날에는 밖으로 나갈 때 마스크를 쓰게 해주면 됩니다. 편도염과 같은 호흡기 질환은 목 뒤에 폐수라는 혈 자리를 따뜻하게 해주면 외부의 나쁜 기운이 들어오는 것을 막아주어 예방할 수 있습니다.

Q509 아이가 잘 때 땀을 많이 흘립니다. 베갯잇을 갈아줘야 할 정도인데, 한약이 도움이 될까요?

A 아이들은 양기가 왕성한 순양 체질이고, 체온과 땀을 조절하는 능력이 약해서 땀을 많이 흘립니다. 땀은 체온을 유지하기 위한 신체 조절 작용으로, 어느 정도 땀이 나는 것은 아이의 신진대사 활동이 원활히 이루어지고 있다는 증거입니다. 하지만 신체가 약해서 땀

을 흘리는 아이들도 있으니 구분해줄 필요가 있습니다. 이 사례의 아이처럼 잘 때 땀을 많이 흘리는 경우를 '도한盜汗'이라고 합니다. 속열 때문에 심장이나 혈이 더워지면서 땀을 흘리는 것으로, 평소에 그렇지 않던 아이가 갑자기 잘 때 땀을 흘리고 그 정도가 심하면 한의원에서 진찰을 받아보는 것이 좋습니다. 하지만 땀을 흘리는 정도가 심하지 않고, 밤에 잘 잔다면 아이의 체질에 의한 것이므로 크게 걱정할 필요는 없습니다.

Q510 아기 면역력을 높이는 데 도움이 되는 음식은 뭐가 있을까요?

A 한방에서는 '면역력이 좋다'는 것을 정기正氣(기운이 바르다)라는 단어로 표현하기도 합니다. 오장육부의 균형이 맞아서 치우침이나 부족함이 없는 상태를 의미하는데, 결국 면역력은 오장육부의 균형과 건강 없이는 키울 수 없는 것이라고 보면 됩니다. 그런 이유로 아이의 건강 상태에 따라 면역력을 높이는 음식이 달라집니다. 또 어떤 음식을 먹느냐 못지않게 중요한 것이 올바른 식습관입니다. 요즘처럼 먹을거리가 넘쳐나는 시대엔 뭘 먹지 말아야 하는지가 더 중요합니다. 돌이 지나면서 아이들은 이것저것 가리는 것 없이 먹는데, 이때 오장육부의 건강을 해치는 인스턴트나 밀가루 음식, 향신료가 많이 들었거나 맛이 강한 음식 등은 피하고, 제철 음식을 먹을 수 있도록 해주는 게 좋습니다.

과일 주스는 하루에 200cc를 넘지 않도록 하고, 이온 음료는 너무 많이 먹으면 신장이나 심장에 부담을 줄 수 있고, 뼈나 혈관, 면역 기능, 정신 신경계 등 다양한 분야에서 이상이 생길 수 있으므로 주의해

육아 **PiN** 처방전 ┃ **아이의 면역력을 키우기 위해 해줄 수 있는 방법**

- 성급한 약 복용은 금물입니다.
- 아이 스스로 감기를 이겨낼 수 있게 감기를 다스리는 한방 차를 먹이세요.
- 열이 나면 찬 음식을 찾는 경우가 많습니다. 그러나 찬 음식은 오히려 호흡기를 약하게 할 수 있기 때문에 피하는 것이 좋습니다.
- 햇빛을 쬐고 공기를 마시는 것만으로도 면역력을 키우는 데 많은 도움이 됩니다.
- 인스턴트 음식은 가능한 한 피하고, 제철 음식을 담백하게 요리해서 먹는 것이 좋습니다.
- 『동의보감』에는 "아기에게 얇은 옷을 입히고, 오래 묵은 면으로 만든 옷을 입히고, 날씨가 좋을 때는 바깥바람을 자주 쐬어라"라는 말이 있습니다. 아이의 면역력을 키워주는 좋은 방법입니다.
- 아이들은 열이 많기 때문에 머리는 시원하게, 배는 따뜻하게 키우는 것이 좋습니다.

야 합니다. 또한 단 음식은 최대한 늦게 맛보도록 하는 것이 좋습니다. 단 음식을 많이 먹으면 비만의 위험도 있지만, 장 기능이 무력해질 수 있습니다. 특히 설탕은 주의력결핍 과잉행동장애(ADHD)에 영향을 줄 수 있다는 연구 결과도 있으므로 주의해야 합니다. 만약 아이가 유독 단맛을 찾는다면 식습관 때문일 수도 있지만, 비위가 허약한 경우일 수도 있으므로 한의원에서 진단을 받아보는 것도 도움이 됩니다.

Q511 아기가 자주 감기에 걸려요. 주변에선 면역력이 약해 그렇다고 하는데, 면역력을 키우는 생활 습관을 알려주세요.

A 한방에서는 감기를 일컬어 감모感冒 또는 상풍한傷風寒이라고 합니다. 이렇게 부르는 데는 감기를 외부의 바람이나 한랭한 기운이 들어와 몸을 상하게 해서 생긴 것이라고 보기 때문입니다. 『황제내경』이라는 한의학 서적을 보면 "사기가 인체에 들어오는 것은 정기가 필히 허하기 때문이다"라고 했는데, 여기서 말하는 정기는 요즘 쓰는 표현으로 하면 면역력이라고 볼 수 있습니다. 손을 자주 씻고, 더러운 것을 만지지 않는 등 문제 되는 것을 피하는 것도 감기에 자주 걸리지 않는 방법이지만 근본적으로 면역력을 키워주는 방법은 아닙니다. 아이가 감기뿐만 아니라 앞으로 자라면서 겪는 많은 질병들을 이겨내기 위해서는 먼저 '정기'를 바로 세우는 과정이 꼭 필요합니다.

아이의 면역력을 키워주려면 우선 '감기를 잘 앓게' 도와주는 것입니다. 무슨 말인지 의아해하겠지만, 감기에 걸렸다는 것은 면역력을 키울 좋은 기회가 될 수도 있다는 의미입니다. 많은 엄마들이 아이가 열이 나고 기침을 하면 병원을 찾고, 항생제나 해열제를 처방받아 먹이는 경우가 많습니다. 이때 해열제나 항생제 사용은 치료를 위한 것이 아니라 감기의 증상을 가라앉히는 대증 요법으로 몸속의 면역 체계가 해야 할 일을 대신 해주기 때문에 아이 스스로 면역력을 기를 수 있는 기회를 잃어 결과적으로는 더 자주 감기에 걸리게 됩니다. 그렇다고 무조건 약을 먹이지 말라는 이야기가 아닙니다. 고열이 3일 이상 나거나 누런 콧물이 10일 이상 지속된다면, 감기로 인한 합병증이 생긴 것일 수도 있으니 이런 경우에는 약 복용이 필요할 수 있습니다.

Q512 아기의 혀가 이상해요. 마치 지도처럼 얼룩덜룩한데요. 무슨 문제가 있는 걸까요?

A 혓바닥에 골고루 퍼져 있어야 할 백태가 군데군데 벗겨지면서 무늬가 생겨 마치 지도처럼 보이는 증상을 '지도설'이라고 합니다. 한의학적으로 혀의 색깔이나 백태의 색깔, 두께, 모양 등은 현재의 건강 상태를 나타내는 중요한 지표 중 하나로, 혀를 가지고 증상을 파악하는 '설진'이라는 진단 방법이 있을 정도입니다.

지도설은 성인의 경우에는 소화기가 좋지 않은 사람에게 많고, 어른보다는 어린아이에게 더 자주 나타납니다. 아이도 마찬가지로 소화기에 문제가 있거나 면역력이 떨어져 있거나 아니면 한창 성장하기 위해 많은 에너지와 영양이 필요한데, 이를 충분히 공급받지 못해 생긴다고 볼 수 있습니다. 잦은 잔병치레로 항생제 등을 달고 사는 아이의 경우 스스로 면역력을 키울 기회를 박탈당하고, 오히려 면역력이나 체력 등이 저하되어 혀에 지도 모양이 나타나기도 합니다.

Q513 아주 어린 아이도 침 치료를 받을 수 있나요?

A 침 치료는 아이가 맞을 수만 있다면 신생아 시기에도 가능합니다. 아이에게 조심해야 하는 혈 자리도 있고, 침 치료 깊이나 방법도 성인과는 조금 다르지만 한의사가 시술할 때는 아주 어린 아기라고 해서 침 치료가 문제 될 것은 없습니다. 아이가 경기로 놀라거나 체기가 있어 내려가지 않는 증상에 침 치료는 매우 효과적일 수 있습니다.

아이들 중에는 의연하게 침 치료를 잘 받는 아이가 있는가 하면, 무서워하는 아이도 있습니다. 침을 무서워하는 아이들에게 쓸 수 있는 것이 레이저 침이나 스티커 침입니다. 레이저 침이나 스티커 침은 통증이 없어 침을 무서워하는 아이들도 겁내지 않고 치료를 받을 수 있습니다.

2장

엄마 한의사가 알려주는
『동의보감』육아 비법

엄마의 가장 큰 관심사, 내 아이 건강하게 키우기

어떻게 하면 내 아이를 좀 더 건강하게 키울지, 아프지 않고 잘 키우려면 무엇을 먹어야 좋을지는 엄마에게 가장 중요한 관심사입니다. 하지만 소중한 내 아이를 건강하게 키우는 방법에 대한 관심이 높아지는 만큼, TV나 인터넷 등 각종 매체에서 검증되지 않은 무분별한 정보들이 넘쳐나고 있는 것이 또한 현실입니다.

　광고에서는 홍삼이나 초유, 오메가3 등 건강 기능 식품만 먹으면 어떤 병에도 걸리지 않을 것처럼 말하지만, 오히려 넘쳐나는 먹을거리로 인한 비만이나 성조숙증 때문에 아이들이 제대로 자라지 못하는 경우가 많습니다. 또 항생제나 스테로이드제 등의 과도한 사용으로 면역력이 떨어져 감기 등의 잔병을 달고 사는 아이들도 늘어나고 있습니다.

자연의 이치와 순리대로 키워요

자연의 이치대로 아이를 키운다면 어렵고 복잡한 일로 생각해 겁부터 먹는 부모들이 많습니다. 하지만 조금만 생각해보면 조금도 어렵지 않은 일이라는 것을 금세 알 수 있습니다. 패스트푸드나 가공식품 등과 제철 재료로 엄마가 해주는 밥 중 어느 것이 아이의 건강에 더 좋을까요? 당연히 답이 후자인 것처럼, 자연의 이치와 순리대로 키우는 것은 바로 우리가 당연하다고 생각하는 일들을 실천하는 것입니다.

건강한 아이를 키우는 열 가지 원칙

한의학에서는 자연의 순리대로 아이를 키우는 방법을 크게 열 가지로 정리합니다. 바로 『동의보감』 소아문에 나오는 '양자십법養子十法'으로, 건강하게 아이를 키우는 열 가지 원칙에 대한 이야기입니다.

　남자 열 명을 치료하는 것보다 부인 한 명을 치료하는 것이 어렵고, 부인 열 명을 치료하는 것보다 어린아이 한 명을 치료하는 것이 더 어렵다는 말이 있습니다. 이렇게 말하는 이유는 아이는 오장육부가 아직 완성되지 않은 상태인 데다 기혈이 왕성해서 몸이 쉽게 뜨거워지거나 차가워질 수 있고, 또 그만큼 병세도 빠르게 악화되거나 호전될 수 있어 치료에 어려움이 많기 때문입니다. 그래서 아이들이 평소 아프지 않도록 예방하는 것이 중요합니다. 건강한 아이로 자라게 하는 『동의보감』의 육아 비법을 소개합니다.

1. 등을 따뜻하게 한다_요배난要背暖

아이는 체온 조절 능력이 어른보다 약합니다. 면역력도 완성되어 있지 않아 등이나 목 부위가 차가워지면 체온이 떨어지고 면역력도 떨어져 감기 같은 외감성 질환에 쉽게 걸립니다. 한의학적으로 보았을 때, 등과 목이 이어지는 부위에는 '폐수肺俞'라는 혈 자리가 있는데, 차갑고 나쁜 기운이 들어오는 통로이면서 감기 등의 호흡기 질환을 치료하는 중요한 자리입니다. 등을 따뜻하게 하는 것은 이 혈 자리를 나쁜 기운으로부터 보호해주는 의미가 있습니다. 추운 날씨에 외출할 때, 아이의 목과 등을 목도리나 스카프로 둘러주는 것이 좋습니다.

2. 배를 따뜻하게 한다_요두난要肚暖

복부는 음식물을 소화시키고 움직이며 살아갈 수 있는 영양분을 만들 뿐만 아니라 생명을 유지해주는 진기를 저장하고 있는 곳입니다. 쌀이 제대로 익어 밥이 되려면 충분한 온도의 열이 필요한 것처럼 우리가 섭취한 많은 음식물들이 제대로 소화되고, 우리 몸에 필요한 에너지와 영양분으로 바뀌기 위해서는 배를 따뜻하게 해주어야 합니다. 그런데 아이들은 열이 많아서 잘 때 이불 덮는 것을 싫어하고, 움직임이 많다 보니 발로 이불을 걷어차거나 배를 드러내놓고 자는 아이들이 많습니다. 이런 아이들은 밤새 배가 차가워져서 소화 기능이 떨어지고 배탈이 나기 쉽습니다. 특히 평소에 먹는 양이 적고, 잘 체하거나 배가 자주 아픈 아이에게 이런 습관이 있다면, 아이의 비위 기능이 더 약해지고 더 자주 탈이 나는 원인이 되므로 반드시 주의가 필요합니다. 아이들이 잘 때 답답한 것을 싫어하면 수건이나 얇은 천으로 배를 덮어주세요.

3. 발을 따뜻하게 한다_요족난要足暖

발은 심장에서 가장 멀리 있기 때문에 그만큼 혈액 순환이 잘 이루어지지 않는 곳입니다. 따뜻한 공기가 위에 있고 찬 공기가 아래에 있으면 공기의 순환이 일어나지 않는 것처럼 사람의 몸도 마찬가지입니다. 발이 차가우면 순환이 일어나지 않아 기운이 정체되기 쉽습니다. 기운이 정체되면 활력이 떨어지고, 소화에도 문제가 생겨 학업에도 영향을 줄 수 있습니다. 더 나아가 면역력을 떨어뜨리고 성장에도 좋지 못한 영향을 끼칠 수 있습니다. 발을 따뜻하게 해주는 것이 좋은데, 아직 어린 아기는 엄마가 발 마사지를 해주는 것이 도움이 됩니다. 아이들이 좀 더 크면 뛰어놀 시간을 만들어주는 것이 좋습니다. 뛰어놀면서 다리 근육을 쓰면 다리로 가는 혈액량이 늘어나 발을 따뜻하게 해줍니다.

4. 머리는 시원하게 한다_요두냉要頭冷

머리는 제양지회諸陽之會라고 하여 우리 몸에서 가장 중요한 '뇌'가 있는 곳입니다. 또 머리는 우리 몸의 모든 양기가 모이는 곳인 만큼 뜨거워지기 쉽고, 뜨거우면 병이 생깁니다. 간혹 스트레스를 받거나 머리를 많이 쓰면 머리가 뜨끈뜨끈해지는 듯한 경험을 해본 적이 있을 겁니다. 이렇게 열이 머리로 계속 모이면 두통이나 어지럼증 등의 증상이 생길 수 있고 뇌의 기능도 떨어져 아이들의 지능이나 집중력 향상에도 방해가 될 수 있습니다. 컴퓨터나 자동차 엔진에 냉각 팬이나 냉각수가 있어야 하는 것처럼 우리 머리도 제 기능을 잘하려면 시원하게 만들어야 합니다. 외출할 때 아이에게 모자를 씌우는 것은 뜨거운 햇빛을 피하는 데 도움이 되지만, 평소에도 모자를 자주 쓴다거나, 너무 오래 쓰고 있으면 머리를 뜨겁게 만들기 때문에 피하는 것이 좋습니다. 아이들과 외출할 때 어쩔 수 없이 모자를 씌우셨다면 가끔 모자를 벗겨 머리 안이 축축하게 젖어 있지는 않은지, 뜨끈뜨끈하지는 않은지 확인하고 중간중간 모자를 벗겨 머리를 시원하게 해주는 것이 좋습니다.

5. 심장과 가슴은 서늘하게 한다_요심흥냉要心胸令

심한 스트레스를 받거나 화나는 일이 있을 때 가슴이 답답해지거나 터질 것 같고, 열이 치솟는 듯한 기분은 바로 심장과 가슴에 열이 몰려 나타나기 때문입니다. 이런 증상을 한의학에선 '심화心火'라고 하는데, 심화가 계속되면 이유 없는 가슴 두근거림이나 불안함, 불면 등의 증상이 생길 수 있으며, 고혈압이나 두통 등의 심혈관계 질환까지 유발할 수 있습니다. 아이들에게 뭐 이럴 정도의 스트레스가 있을까? 라고 생각하는 부모가 있을 수도 있습니다. 하지만 아이들도 어른들이 생각하는 것보다 더 많은 일에서 온갖 스트레스를 받으며 살아가고 있습니다. 형제자매나 친구 관계, 어린 나이부터 시작되는 공부 스트레스, 부모나 가정 문제로 생기는 스트레스 등 아이들 주변에는 어른들이 미처 생각하지 못하는 스트레스 요인들이 많습니다. 그러나 아이들은 이런 스트레스 상황을 이겨낼 수 있는 방법을 모르는 데다, 여러모로 미숙하기 때문에 어른보다 오히려 신체적, 심리적으로 더 많은 타격을 입을 수 있습니다. 심장과 가슴에 열이 쌓이지 않고 서늘하게 해주려면 이런 스트레스 요인을 어른들이 적절히 차단해주어야 합니다. 그리고 아이들 스스로 스트레스를 풀 수 있는 방법을 만들어주어야 합니다. 이때 필요한 것이 바로 '몸을 움직이는 일'입니다. 너무 집에만 있거나 공부만 하게 하지 말고, 친구들과 즐겁게 뛰어놀 수 있는 시간을 만들어주세요. 또 어른들의 생각이나 속도에 맞춰 아이를 닦달하기보다는 아이의 속도에 맞추어 충분히 칭찬해주는 것도 좋은 방법입니다.

6. 갑자기 낯선 사람이나 이상한 물건을 보지 않게 한다_물령소아돌연간이상지물

勿令小兒突然看異常之物

아이들은 심장, 즉 마음이 어른만큼 튼튼하지 못하고 신경계도 약한 상태입니다. 그래서 낯선 환경이나 사람, 새로운 물건에 쉽게 놀랍니다. 아이들이 크게 놀라면 기가 어지러워져 밤잠을 설치고, 아무리 달래도 계속해서 울거나 경기를 하고, 심지어 토하고 설사를 하는 증상도 종종 나타납니다. 그리고 아이가 안정된 상태로 다시 돌아가기까지 시간이 많이 걸릴 수도 있습니다. 또 이런 경험으로 밤마다 잠들지 못하고 깨서 우는 '야경증'이 생길 수도 있습니다. 무언가에 놀란 아이들이 며칠 내에 안정되지 않는다면, 그때는 심장의 기운을 안정시키고 기를 바르게 정돈시켜주는 치료를 해주어야 합니다. 그리고 평소 아이들이 낯설고 놀라는 상황이나 환경에 놓이지 않도록 해주는 것이 중요합니다.

7. 수유와 식사는 따뜻하게 한다_유식요난乳食要暖

배를 따뜻하게 해야 한다는 두 번째 원칙과 일맥상통하는 이야기로, 음식도 적당히 따뜻한 상태에서 먹어야 속도 편하고 영양소도 더 잘 흡수됩니다. 냉장고가 없고, 얼음이 귀했던 옛날과 달리 요즘에는 얼음이나 아이스크림 등의 찬 음식을 구하기도 쉽고, 아이들이 간식으로도 즐겨 먹습니다. 이런 찬 음식을 먹을 때 입은 즐겁지만, 우리 몸은 고생을 합니다. 찬 음식을 자주 먹으면 비위 기능이 떨어져 소화불량이 생기기 쉬운데, 특히 소화 기능이 덜 완성된 아이들의 경우에는 비위의 정상적인 발달에도 안 좋은 영향을 미칠 수 있습니다. 또 소화 기능이 떨어지면 같은 양의 음식을 먹어도 우리 몸에서 필요한 에너지와 영양분을 제대로 만들어내지 못해 아이들의 성장에도 방해가 될 수 있습니다. 아이스크림이나 얼음 등 찬 음식을 줄이고 물이나 과일도 냉장고에서 꺼내 바로 먹기보다는 상온 정도에서 먹을 수 있도록 해주세요.

8. 아이가 울음을 그치기 전에는 젖을 주지 않는다_아제미정물사음유兒啼未定勿使飮乳

이 원칙은 아직 수유를 하거나 분유를 먹고 있는 좀 더 어린 아기에게 해당되는 이야기입니다. 아기들은 계속 울다가도 젖을 주거나 젖병을 물리면 금방 울음을 그칩니다. 이렇게 하면 우는 아기를 달랠 순 있겠지만, 실은 매우 위험한 방법입니다. 아기가 울고 있을 때 갑자기 많은 양의 액체가 입안에 들어가면 소화 기관뿐만 아니라 호흡기로 흘러들어갈 수 있습니다. 가벼운 경우에는 사레에 걸리거나 기침을 해서 뱉어

넬 수 있지만, 흘러들어간 양이 많거나 심한 경우에는 기관지나 폐로 직접 들어가는 상황이 벌어질 수 있습니다. 이런 상황에서 '흡인성 폐렴'이 나타날 수 있습니다. 따라서 아이가 심하게 울고 있을 때는 젖이나 젖병을 물리지 마세요. 어느 정도 진정된 후에 주는 것이 좋습니다.

9. 경분과 주사를 함부로 쓰지 않는다_물복경분주사勿服輕粉朱砂

이 말을 현대에 맞게 해석하면 독한 약을 함부로 쓰지 말라는 것입니다. 너무 당연한 말이라고 생각할 수 있을 텐데요. 하지만 우리가 아이에게 무심코 먹이는 항생제나 스테로이드제 역시 독한 약에 속하고, 전문 의료진과의 상담 없이 인터넷에 떠도는 정보로 구입해서 먹는 온갖 약물과 건강 기능 식품, 다양한 민간요법 역시 아이에게 맞지 않으면 독한 약이 될 수 있습니다. 항생제나 스테로이드제는 꼭 필요한 경우에 없어서는 안 될 중요한 약이지만, 자주 쓰거나 오용했을 경우에는 아이들의 면역력을 떨어뜨리고 병을 더 키웁니다. 감기에 걸리거나 열이 조금 난다고 바로 약을 쓰면, 아이들이 살아가는 데 꼭 필요한 면역력을 키울 기회를 없애게 됩니다. 면역력은 몸속의 나쁜 세균과 싸워서 이기는 힘이라고 할 수 있는데, 아이는 자라면서 나쁜 세균을 스스로 몰아내는 데 필요한 힘을 기르게 됩니다. 하지만 스스로 싸울 기회를 주지 않으면 약해지기 마련입니다. 그러므로 조금 아프다고 약부터 내주기보다 아이의 상태를 살펴가며 아이 스스로 싸울 수 있을 때는 지켜봐주는 것이 아이를 위해 도움이 됩니다. 아이 스스로 몸속의 나쁜 세균과 싸워야 면역력도 건강하게 성장할 수 있습니다. 아이에게 필요한 양약이나 한약 모두 꼭 전문 의료진과 상담한 후에 복용할 수 있도록 해야 합니다. 또 아이가 아플 때는 무조건 독한 약을 쓰지 말고 순한 약으로 먼저 치료하며 경과를 지켜보는 것이 좋습니다.

10. 목욕을 너무 자주 시키지 않는다_의소세욕宜少洗浴

아이의 피부는 어른에 비해 연약하므로 자주 씻게 되면 피부가 손상되고 외부 감염에 취약해질 수 있습니다. 또한 면역력이 약하고 체온 조절 능력이 떨어지므로 목욕을 자주 하면 오히려 감기에 걸리기 쉽습니다. 게다가 잦은 목욕은 피부의 수분을 빼앗아 피부 질환을 유발하거나 악화시킬 수 있습니다. 무더운 여름이라도 아이들은 하루에 한 번, 잠깐 동안 통목욕을 하는 것 정도로도 충분합니다. 특히 피부가 많이 건조하거나 약한 아이들은 목욕 후 3분 이내에 보습제를 발라주는 것이 좋습니다. 환절기나 가을, 겨울에는 피부가 점점 건조해지므로 2~3일에 한 번 정도로 목욕 횟수를 줄여주는 것이 좋습니다.

목욕이나 샤워를 할 때는 비누나 샤워젤 등으로 뽀득뽀득 씻기는 것보다 가볍게 씻겨주는 것이 아이의 피부 건강에 훨씬 좋습니다. 씻고 나서 몸이 뽀득뽀득하다는 것은 피부 장벽을 유지해주는 주요 성분들이 씻겨나가고 피부가 무방비로 노출된 상태를 의미하며, 이로 인해 피부가 건조해지고 약해질 수 있습니다. 특히 아토피 등의 피부 질환이 있는 아이들은 더욱더 주의가 필요합니다. 씻고 나서도 수건으로 물기를 문질러 닦기보다는 톡톡 두드리듯 가볍게 닦아주는 것이 좋습니다.

찾아보기

ㅇ

ㅈ

ㅊ

ㅋ

ㅌ

EBS육아대백과 소아한방 편

초판 1쇄 인쇄 2017년 2월 1일 | **초판 1쇄 발행** 2017년 2월 6일

지은이 윤정선 최민형
기획 EBS육아학교pin | **진행** casalibro
본문 디자인 명희경 | **본문 그림** 미씨
펴낸이 김영진

본부장 나경수
개발실장 박현미 | **책임편집** 박은식
디자인 팀장 신유리 | **디자인 관리** 당승근
사업실장 백주현 | **영업** 이용복 방성훈 정유 | **국제업무** 박지영
마케팅 민현기 김재호 정슬기 김선영 허성배 엄재욱 김은경 류다현
지원 오형식 이형배 양동욱 오경신 강보라 손성아 이은비

펴낸곳 (주)미래엔 | **등록** 1950년 11월 1일(제16-67호)
주소 06532 서울시 서초구 신반포로 321
미래엔 고객센터 1800-8890
팩스 (02)541-8248 | **이메일** bookfolio@mirae-n.com
홈페이지 www.mirae-n.com

ISBN 978-89-378-8940-0 04370
ISBN 978-89-378-8937-0 (세트)

이 도서의 국립중앙도서관 출판예정도서목록(CIP)은 서지정보유통지원시스템 홈페이지(http://seoji.nl.go.kr)와
국가자료공동목록시스템(http://www.nl.go.kr/kolisnet)에서 이용하실 수 있습니다.
(CIP제어번호 : CIP2017001561)